不斷嘗試

大膽創新

小心求證

——何景賢未竟之旅的三部曲

TLI六十史話

漢教之父

何景賢口述歷史

Pioneer of Mandarin Language Education -
The Biography of *Dr. Marvin Ho*

 臺灣中華書局印行

前 言、

漢語教育的拓荒者

何景賢跨越兩岸對外漢教六十年，他膾炙人口的英文名字：Dr. Marvin Ho，在國際間代表著一位八旬學者六十載無輟於耕耘的華教人生，他所一手創辦的兩岸第一所私人漢語教育機構：臺北語文學院（中華語文研習所）TLI（Taipei Language Institute）已經成為世界公認的一流專業漢語教學重鎮。

這位溫厚、篤實、堅韌如松柏的漢語傳播學者，畢生奉獻中華漢語文化，立足臺灣、放眼世界、耕耘兩岸，原籍臺灣嘉義的他生在廣州、長在北京、葉落歸根於臺灣，對祖國及寶島人文的熱愛，緣於上一代父母的血緣傳遞。在兩岸長達四十年的隔絕裡，何景賢一心想為他歸屬的中華民族盡一份傳遞香火的責任，走上華教傳播之路，充實了他的認祖之思，為夢懷多年的教育報國找到了出路。

北京十載童年回憶，一星一月都曾激起美麗的漣漪。北京離家之初，遠離了最親愛的姥姥，兒時的點滴沉澱化成了濃濃鄉愁，一分割捨一分牽掛，一分遠離一分思念，兩岸四十年分隔，離開北京回到家鄉臺灣，遭逢二二八事件，驚心的一刻硝煙四起，童年憶往，再回首，何景賢已是一名悠遊於漢文漢字、音山語海的不歸客；十二歲自北京返回臺灣家園，此去即是近六十年義無反顧的漢教生涯。

一萬年太久，只爭朝夕，是何景賢生命的寫照。豪氣干雲雄獅踞嶺，威震八方風雨、獨領漢語風騷，何景賢是語言學家，更是兩岸對外漢教的龍頭與推手。紅塵流轉事、人間山外山，語言故事文采璀璨，兩岸風雨進程俱在何景賢胸臆深處存檔。讀者隨著他的自述文字走入歷史回顧，文化認同、血緣歸屬和兩岸血脈相融的印記，每一舉步都有震天巨響從歷史激蕩中悠悠傳

揚，一部「TLI華語教育六十年發展史」，點點滴滴可以從何景賢的生平細說從頭。

六十年前，中國尚未崛起，中文在世界上了無地位，何景賢以他獨到的眼光看到中國人的語言佔世界人口六分之一，卻居然沒有任何影響力，而在偶然的機會裡，他為基督教外籍傳教士協會創辦了基督教華語學院，在毫無教學資料與條件下，從編寫華語教材、設計課程，培訓華語教師、製作語言教具，終於促使這世界第一所華語專業學校打下堅實基礎，逐漸發展到世界五大洲，外籍各行各業人士紛紛來臺研習中文，並自一九五八年起更名為「臺北語文學院」，與美國國務院簽定負責美國在臺外交官員及眷屬研習中文，六十年不輟。美國承認中共後，美國駐華大使館，及各國駐華媒體機構負責人、世界五百大工商企業機構，紛紛派員到TLI研習中文，目前已經發展成中國大陸有十所分校分散在六大沿海城市，東京、大阪及歐美廣設分校及教學點達三十處之多，並出版語言教學重要工具書如《臺英辭典》、《聖經大辭典》及《兩岸現代漢語常用辭典》，對世界漢語教學之影響及延伸，無遠弗屆。六十年來TLI在世界各地的校友已達三十萬人，培訓教師五萬人，對漢語教育的命脈與延續，舉足輕重。

何景賢曾被多次問起：你對華語教學的執著那般真誠，道路那樣長久，難道不感到累嗎？何景賢的回答就是兩個字：堅持。

他寧可一個人獨攬下所有責任和義務，在長達六十年沒有任何外援與金援的獨立奮鬥孤絕環境下，無論多苦、多累，也不願輕易放棄漢語教育這個他擁抱終身的理想。

怎樣的執著，他才能奮不顧身，堅守著千山獨行的寂寞？多大的擔當，他才能不離不棄承擔起中華語文的薪傳？怎樣的器識，他才能融攝東西語言學派諸家長短歸於一統？恆久的執著為了圓兩岸華語教育的一份宿緣，青史不滅、世人憶念，何景賢用他幾近頑固的堅持踏越一生絡繹於國際漢教的步履，孜孜不倦只為將中華道統傳諸世界。

他不向政壇求私利，不向世俗求虛名；耕耘了一世漢教這條不歸路，中

華薪火傳遍宇內，何景賢不放棄的，仍是固守六十年來的那份教育初衷。

何景賢傾盡一生，專注華語教學這一件事，這是一種意志與恆心，不遠千里以誠信、以效率，栽培洋桃洋李。他以超強記憶口述歷史，追憶透視歷史陳跡，人事更迭世事變異，遠者走入流傳千古的史書，近者走入人們豐富的記憶。

起起伏伏盡在華文華語中翻滾；興興衰衰仍在辭山語海裡撐持。貫穿這本書的就是八十華誕的作者其六十年華教生涯，透過華語傳承與弘揚，把中國文化的優美傳遍了全世界。

何景賢以畢生奮鬥終於達到了成功的進程，他踏實的步履是世人對堅定信仰和篤行的見證。志行合一、時間足以驗證真偽，堅守信念、歲月將給予功過肯定，何景賢是個有志、有識、有恆的青年創業楷模，我們除了經由本書瞭解他的堅持與堅韌，更多的是藉助本書學習他的奮鬥精神。

TLI 創辦人的話
—— 中華語文研習所 何景賢院長

　　Taipei Language Institute， TLI「中華語文產學集團」致力漢語教育六十年，我個人獨創研發的專業教學法與多元教材，讓漢語影響力從亞洲遍布全球，成為世界強勢語言。TLI的教育目標是：通過漢語教學，廣植中華文化內涵於國際友人內心，讓中文成為領導世界的龍頭主流。

TLI企業文化：

　　TLI以語言教學為工具，薪傳文化香火、從事國民外交，與時俱進、永續經營，由漢語學習突破種族藩籬，增長異族友誼，加深文化認同，促進國際交流與和平。

TLI經營理念：

　　TLI積六十年教育經驗，有教無類、以學生為尊，各行業客戶遍布環宇，以「教學保證具體成效」、「教材多元持續研發」、「師資水準專業提昇」三大特色為品牌號召，提供學習者快速有效的中文全方位使用能力，引領TLI校友邁向「中國通」之路。

TLI人特質：

　　TLI是以教學為本的全球化企業，尊重專業能力，培養具服務意識、向心力的高端人才，認同TLI企業文化與願景理念，認真負責、腳踏實地，奉行TLI校訓：忠（Loyal）、誠（Honest）、勤（Diligent）、敏（Nimble）、恆（Perseverance）五項核心價值觀，創造能日新又新、有工作激情，積極樂觀、努力打拼的合作團隊。

　　TLI提供全球教育訓練平臺，鼓勵全體TLI人發揮專業職能，持續學習進步，用最大凝聚力與實踐力，攜手同心邁向另一度甲子的輝煌！

何景賢映象

——漢教六十載

一九五三—二○一四

■1953年/十八歲

■1954年/十九歲

■1957年/二十二歲

■1958年/二十三歲，於「臺北語文學院」親自授課。

■1964年/二十九歲，攝於美國布朗大學。

■1965年/三十歲

■1966年/三十一歲，布朗大學留影。

■1966年/三十一歲，時行政院新聞局長魏景蒙（左一）與國民黨中央四組謝然之主任參訪TLI首屆華文教材書展，何院長（右一）於旁解說。

■何院長講解中文拼音法。

■1969年/三十四歲，於日本商會中華文化研習團主持開訓。

■1975年/四十歲，時臺灣行政院主辦「國家建設委員會」語文組設於中華語文研習所，由何景賢（右立者）任召集人。

■1992年/五十七歲，攝於美國布威斯達大學（Buena Vista University）建校一百週年紀念大會。

■1997年/六十二歲，時TLI於日本東京成立「東京中華語文研習所」，何院長親赴培訓漢語教師，與結業學員合影。

■2000年六十五歲，時TLI與上海中智公司合作成立「TLI－CIIC上海漢語中心」，舉行隆重揭牌儀式。由TLI何院長（右一）與中智公司陳偉力董事長（左三）、石磊總經理（左二）、張玉荷主任（左一）聯合主持。

■2005年/七十歲，是年何院長接受中央電視臺「華人紀事」節目專訪。

■2007年/七十二歲，是年1月4日何院長接受舊金山KTSF無線臺「今夜有話要說」節目專訪，暢談《兩岸現代漢語常用詞典》編纂緣起與特色。

■2010年/七十五歲，美國新聞週刊Newsweek該年度九月份封面故事人物由「中華語文研習所」創辦人何景賢獲選。

■2008年/七十三歲，何院長赴港考察孔子學院留影。

■2014年/八十歲。何院長獻身漢教六十
載,誨人不倦。

我有一個夢
我的夢就是TLI每位校友都能成為促進世界和平繁榮的天使!

　　　　　　　　　　　　　　　　　　　——何景賢

目　次

嘉義鄉親的驕傲
——監察院長　張博雅序

　　中華語文研習所（Taipei Language Institute，TLI）何董事長景賢邀請個人為其自傳《TLI六十史話：漢教之父——何景賢口述歷史》寫序，主要原因係何董事長尊翁何建民博士為嘉義新港人，後來居住於嘉義市。何董事長六十年來致力於華文教學，享譽國際及海峽兩岸，為嘉義的傑出子弟。個人曾任嘉義市市長，又為其嘉義同鄉，所以欣然同意為其著作寫序。

嘉義人開拓激勵　北平人文化啟蒙

　　何董事長於書中提到，臺灣嘉義早期居民多為渡臺墾荒者，披荊斬棘不畏艱難，開拓新天地，嘉義縣誌也特別記載何父勵學有成的事蹟，何董事長自述他自己的拓荒精神也源於此。之後他創辦中華語文研習所，將華語教學開拓至海外及海峽兩岸，面對再大難題越挫越勇，應該也是嘉義人的開拓精神所致吧！

　　由於其父親在北京大學任教，所以何董事長幼時居住於北平，悠遊於傳統文化(如國學、京劇)及北平民間技藝表演，而立下個人畢生最大心願「以教授中文為方法，宏揚文化為目的。」應該也是北平文化的啟蒙。

初遇再遇二二八　體認語言力量大

　　何董事長給人的印象是位溫文儒雅的教育家，但從這本自傳中才知道他曾經多次被捲入政治危難。他十二歲回臺灣後遇到一九四七年二二八事件騷動，年幼的他雖然不懂當時本省籍與外省籍衝突的導因，但是在那緊張的時刻，因為會講閩南語而逃過一劫，讓他感受到溝通與語言的重要性。至一九九一年，由於臺灣政治情勢轉變，政府為還原二二八事件真相成立「行政院二二八事件專案小組」，景賢董事長則以社會公正人士身份擔任七人小

組委員之一，並同時為「二二八事件研究小組」委員。最後，二二八事件研究小組完成了二二八事件研究報告，客觀呈現二二八事件的起因與結果。

　　一九四七年十二歲的他初遇二二八事件，而在四十四年後的一九九一年，五十六歲的何董事長再遇二二八，時空不同，角色轉變，倒是一個很特別的歷史觀照。

　　書中更提及他唸高中時期白色恐怖的經歷，幸好最後化險為夷，這也是他與政治保持距離，全心投入華語教學的原因之一吧！

由臺北語文學院　帶動世界華語潮

　　一九五六年九月，二十一歲的何董事長和安篤思牧師創立了基督教語文學院，是臺灣第一所民間華語學校，專門教導在臺的外籍傳教士華語。一九五八年更名為臺北語文學院，一九七六年改成財團法人私立中華語文研習所，以華語教學為工具，行國民外交之實，教導外籍人士深入瞭解中華文化內涵。

　　何董事長特別到美國布朗大學取得語言學碩士學位，並獨創專業的華語教學法。現今電子科技進步及語言學習方式多元，但在當年連一般的教學法都未上軌道，他卻能以結合語法翻譯、直接教學、聽說及視聽四種教學法，針對華語語言特性，創新了華語教學法。尤其以學生為中心的教學法，讓學生透過情境學習華語，更是不同於傳統之單向教師中心教學法。迄今已有六十多個國家二十多萬學生到TLI學華語，其中許多人成為各國政府領導要員、國會議員、企業界、媒體、宗教界或國際組織領袖、駐臺灣或駐中國大陸使節；甚而世界一千大企業派駐到中國大陸或臺灣的負責人多半為TLI學生。

　　何董事長夫人朱婉清女士，才情兼具，為出色的記者和女作家，擅長於京劇和崑曲藝術。她擔任行政院組長時曾搶救及保護中國傳統藝術，促成臺灣國光劇團及國立臺灣戲曲學院成立，後亦擔任中央廣播電臺董事長。她於離開公職後也投入TLI的海外拓展，積極幫助外國大學成立中文教學機構，與

海外學校合辦教學課程，到世界各地設立TLI分校，她目前為TLI集團總裁。

　　TLI迄今在全球五十多個城市設立六十多個分校與教學點(含大學中文合作院系)，已培養出五萬多名華語優秀教師。據統計，全世界目前約有四千萬人正在學習華語，尤其美國等西方國家更興起了華語學習熱潮，TLI應該也是一關鍵推手。

　　何董事長在許多場合常提到「教華語是以宣揚中華語言文字精髓，推展國際交流為基礎，終極目的在傳播中華文化，使華語成為國際上的強勢語言。」的理念，我個人對於他的華語教學理念與使命感頗為感動。

編撰兩岸漢語詞典　致力雙方破冰交流

　　TLI自一九九六年開始進入中國大陸市場，先後在北京、天津、蘇州、上海、大連、廣州建立分校，並且透過兩岸的研討會探討兩岸語言文字差異問題。

　　何董事長特別致力於編撰大型詞典，為華語奠立基礎工程。他與北京語言學院簽署合作編撰兩岸現代漢語常用詞典，二○○三年由北京語言大學先行出版(共一千五百四十六頁)，TLI於二○○六年九月正式出版《新編兩岸現代漢語常用詞典》，新版詞典全書二千零九十三頁，共二百六十萬字，涵蓋八千個漢字、四萬五千詞彙，其特點反映兩岸華語在字形和語彙上的異同。新版的詞語包括「四不一沒有」、「不沾鍋」等現代常用的詞語，除了讓兩岸民眾了解到兩岸用語的差異，也幫助外籍人士研習中文的方便及語言文化交流。

　　更值得一提為，何董事長曾於一九六三年起動員TLI臺語教師及臺灣南北兩地臺語專家數十人，和該校語言學顧問主編的《臺英詞典》，耗時七年於一九七○年終於完稿出版，並定名為《臺英詞典》（A Dictionary of Southern Min）問世。因為該詞典的出版，讓語言學習者和外籍傳教士等，得以有效率地學習臺語，在當時學習資訊貧乏的年代，確實是一個新創舉。

一代宗師漢教創辦人　展現華語文化軟實力

　　二○一○年九月一日美國新聞週刊Newsweek，以何董事長為封面代表人物，其專訪主題為「何景賢和TLI在國際華語教學和文化交流的貢獻」，該週刊稱譽何董事長創造了無數「漢教第一」的歷史紀錄，堪稱臺灣華語文歷史上的頂尖標竿。

　　美國哈佛大學教授約瑟夫・奈伊（Joseph Nye）在一九九○年代初期提出的軟實力觀念，不同於軍事與經濟的硬實力力量，透過語言這項文化軟實力，同樣可以創造出活躍的競爭力，何董事長做到了！

　　本書由作者之祖籍、家族、出生、初回臺灣、成長、創立TLI、帶領TLI走向世界、和平使者及比翼雙飛等十二章，描述他從出生於大陸，十二歲後舉家回故鄉臺灣，參與並見證了臺灣政治威權到轉型，經濟由貧瘠到發展，兩岸由敵對、解凍到相互交流，整部自傳宛如一部臺灣變遷發展史。何董事長書生報國赤子之心，躍然於字裡行間，章章精彩，讓我拜讀時欲罷不能，真是一本頗值得閱讀的鉅著，特為之序。

　　　　　　　　　　　　張博雅　二○一四年一○月一○日

註、張博雅女士曾任嘉義市長、衛生署長、內政部長兼臺灣省主席、中央選舉委員會主任委員，現任監察院長。

盡心盡責的教育家
——陳誠文教基金會董事長　陳履安序

景賢兄是一位盡心盡責的教育家。

一九六六年景賢兄自美返國接任「臺北語文學院」院長迄今，他淡泊名利，數十年來，一步一腳印的去做他想做的事。

在那個時代，學習中文是屬較冷門的教育事業，直到十多年前中國開始崛起，有意學中國語文的外國人大增，學習中文變成了熱門事業。他以累積的豐富經驗，默默的、陸續在中國各大都市成立了分院，並奔波各分院督導院務的發展。

他關心每位來學習的人，針對學生的需要，設計課程，我和我內人都曾經在學院上過臺語的課程。在他的學生中，有很多外國政府官員、大使、公使、企業家等等，因為景賢兄謙和有禮，拿捏分寸的待人之道，使不同背景的學生，都能快樂的學習，並且在結業後和他維持很好的朋友關係。

我認識景賢兄四十多年，每次相聚都能感受到他的親切和關懷的心。

陳履安　二〇一四年一〇月七日

註、陳履安先生首任教育部次長、國立臺灣科技大學校長、國科會主委、經濟部長、國防部長、監察院長。

不知老之將至

——國立臺灣大學名譽教授　孫震序

　　何景賢先生和我是老朋友。我們從上個世紀六〇年代參加《思與言》雜誌，七〇年代擔任國民黨青年工作會委員，九〇年代擔任中國現代化基金會董事，相識至今已經五十年了。臺灣中華書局為景賢兄編了一本《TLI六十史話：漢教之父——何景賢口述歷史》，景賢兄寄來「樣書」，囑我作序，我覺得十分寵榮。

　　景賢兄在一九五六年還是淡江大學（當時是淡江英專）的學生時，就和他的美國傳教士老師安篤思(Egbert Andrews)教授創辦「基督教語文學院」(Missionary Language Institute)。最初的目的只是教外國傳教士說華語，包括國語和臺語，後來由於教學效果好，遠近馳名，加以是臺灣唯一教外國人中文的專業學校，要求就讀的外籍人士漸多，包括新聞記者、學者、工商業者和科技業者，在經賢兄的建議下，改名為「臺北語文學院」(Taipei Language Institute)，簡稱TLI。一九六〇年TLI和美國國務院簽約，培訓美國的外交官、在臺灣服役的軍事顧問團和協防人員，直到一九七九年美國改變和臺灣的關係與中國大陸建交為止。

　　一九六六年景賢兄從美國布朗大學(Brown University)學成歸國，出任TLI院長。他革新組織，編定新教材，充實教師陣容，提升教學水準，成立學生會以增進學校和學生之間的關係，並確立「以學生為中心」的教學方針。一九七五年「臺北語文學院」更名為「中華語文研習所」，改組董事會，原來由十三位外籍傳教士擔任的董事依法改由華籍人士擔任；景賢兄以常務董事兼任所長。

　　隨著TLI的名聲遠播，以及中國大陸崛起，世界學習中華語文的需要大量增加，各國到TLI學中文的學生不斷增加，TLI也在北美、歐洲、日本和中國大陸不斷設立分校。目前TLI在全世界有二十餘所分校，在職和曾經任職的教

師二萬餘人，校友三十餘萬人，很多在政府和民間各界位居要津，讓景賢兄一手創建和帶領的TLI王國，無遠弗屆，無所不在。二〇一〇年景賢兄整合他五十年辛苦經營在全世界累積的資源，成立「TLI國際產學集團」，除了漢語教學和出版之外，還有「國際教育事業群」、「文化藝術事業群」和「產業科技事業群」，希望對宣揚中華文化做出更多貢獻。

景賢兄祖籍臺灣嘉義新港，出生於中國大陸廣州，在北京度過快樂幸福的童年，十二歲回歸臺灣，接受完整教育，赴美國取得高級學位，一生獻身華文教育。他熱愛臺灣，心懷故國，他的外祖父母都是廣東中山縣人。他為第一段婚姻所生的兩個兒子取名宜中和宜山，為的是紀念推翻帝制、肇建民國的革命領袖孫中山先生，就像我的孫女出生在美國取名憶華，孫兒出生在臺灣取名靖華，景賢兄和我的心情應該是一樣的。

TLI系統不是一般普通教中文的語文學校。景賢兄經營TLI是以語文教學為載具，薪傳中華優美文化，從事國民外交。兩岸開放後，他又奔走於臺北和北京之間，努力溝通兩岸由於四十年分離造成的語文差異，並想以平民之身，促成兩岸的和平對話，栖栖皇皇，不知老之將至。

景賢兄的雄心壯志尚不止如此。他說：「我希望TLI每一位校友都是促進世界和平繁榮的天使。」如果說TLI的校友都是促進世界和平繁榮的天使，景賢兄無疑就是這些天使的天使長。景賢兄「以學生為中心」、「以學生為尊」的教學方針，讓他和TLI的校友之間建立起深厚的感情。所以景賢兄交游遍天下，但他只作道義的運用。景賢兄說：「我最怕給朋友添麻煩。」可是當朋友有事要麻煩他的時候，他往往義不容辭，一肩承擔，對個人和對國家都一樣。景賢兄在他忙碌的事業中，實在看不出有任何多餘的時間，但是仍然出錢出力做了很多促進國民外交的事，從來沒有怨言。

在TLI所成就的眾多文化工作中有兩件大事我想特別提一下，就是《臺英辭典》和《兩岸現代漢語常用詞典》。《臺英辭典》(A Dictionary of Southern Min)是一本閩南語辭典，閩南語在臺灣使用超過三百年，已經臺灣化了，而且在語音和語彙方面南北稍有差異，這本辭典是為了便利外國傳教

士在臺灣傳教和工商業人士在臺灣做生意使用。TLI傾十年之力於一九七○年完成後，被疑為有支持臺獨之嫌，不能在臺灣出版，一直到TLI在香港九龍創辦「香港語文學院」，才於一九七二年以「香港語文學院」的名義出版，再送回臺灣供外籍學生使用。二○○四年教育部將《臺英辭典》打字編排完成，以一紙公文函請「中華語文研究所」，「同意打字、編排、運用於國家語文綜合連結、檢索系統網路版計畫中，本部當善為保護貴所的著作權，倘急需簽定相關授權契約，亦請回復。」政府先予禁印，後欲加以利用，教育部未經授權，逕行打字、編排，不尊重人民的智慧財產權，景賢兄甚不以為然，斷然予以拒絕。

《兩岸現代漢語常用詞典》是中華語文研習所和北京語言大學於一九九五年在北京邀集的一次兩岸語文教育專家、學者的會議中，由景賢兄提議通過的一項巨大劃時代的語文工程，分別由北京語言大學校長楊慶華教授與中華語文研習所何景賢博士負責。這個計畫在進行之初，臺灣的教育部、文化建設委員會和大陸委員會都熱心支持，並且表示希望單獨負擔經費，但是到了後來，各自袖手旁觀，沒有分文贊助。景賢兄勇於承擔責任，商得夫人朱婉清的同意，出售婉清嫂名下在淡水的一棟住宅充當經費。這本詞典的大陸版於二○○三年以簡體字在北京出版，約一千五百頁。臺灣方面又投入三年的努力，於二○○六年十月十日問世，本書二千二百頁，較大陸版多出七百頁，幾達三分之一，共有二百六十萬字，涵蓋八千個漢字，四萬五千個詞條，其中大陸流行的有一千三百條，臺灣流行的有一千條。景賢兄的這一壯舉讓我想起我的另外一位好友三民書局董事長劉振強兄，他耗資數億，費時十載，完成三鉅冊六千一百九十頁的《大辭典》嘉惠學人。這些文化建設的基本工程都是政府應該做而不做、而且我相信縱然做也做不好的工作，真令人感慨系之。

不過政客的一些作為雖然有時候讓我們痛心和寒心，但他們只是一時粉墨登場，而國家是我們永遠熱愛的家園，需要我們疼惜和愛護。我想這就是為什麼景賢兄一經國家召喚就奮不顧身，努力以赴的原因吧？

推薦序、

　　景賢兄八十歲了，然而仍舊挺拔俊朗，任何時候看到他都是精神奕奕、笑容滿面，望之如六十許人，讓我羨慕不已！「凍齡」的秘密應該與婉清嫂有關吧！去年我因小兒結婚去北京，婉清嫂甫自威尼斯歸來，臨時邀集賓客，盛宴接待，一向大丈夫的景賢兄陪伴左右如小男子，滿臉都是幸福，在幸福家庭和成功事業中忘記歲月飛逝。我趁著寫這篇小序的機會，向景賢兄、婉清嫂敬致祝賀和祝福之意。

孫震　二〇一四年八月三〇日

註、孫震先生曾任經建會副主委、臺灣大學校長、國防部長，為著名經濟學家。

漢語教育的超級教父
——實踐大學董事長　謝孟雄序

　　何景賢兄乃是TLI的創辦人，也是掌門人，從二十歲出頭就開始一個人赤手空拳創辦洋人在臺灣學習漢語的專門學校，從教材的編纂，教法的精研，以及師資的培訓，無不親力親為，從不假手他人，前後六十年間，分校遍布臺灣、中國大陸、日本、美國各地，達二十餘校之數，先後畢業校友超過了三十萬人，培訓老師也達五萬人以上，譽為「漢語之父」或「漢教宗師」確為實至名歸，在臺灣、大陸，甚至全球真正不作第二人想。

　　五十多年前，中國尚未崛起，景賢兄便比他人有遠見，他看準了有五千年歷史文化的中文，使用人口佔全球的六分之一，必有未來發展的潛力，果不其然，一九七八年之後，大陸開放政策開始，三十多年來政經進步，已為世人刮目相看，近十年來全球學習華語的熱潮風起雲湧，很多國家已把華語列為最重要的第二外國語，便為明證。何景賢在一九五六年就能自創行業與品牌，乃是真正的見識超人、高瞻遠矚。

　　景賢兄在一九八三年，他的四十八歲中年時，結識知音朱婉清女士而宣佈結婚，嫂夫人一直在我的私人婦科診所裡看診，他們的愛子何再生更是由我本人親自剖腹接生，我是世上第一個見到在景賢年近半百時誕生愛情結晶的醫生，也是何小弟來到人間報到所面對的第一長輩。他今天已是位三十歲的翩翩美少年，英氣勃發和當年的何景賢無論在長相、風度、口才各方面都可說相當神似，希望他在事業上也能克紹箕裘，能有乃父之風，則可接續景賢衣缽矣。

　　中國的崛起已引起全球矚目，有人問二十一世紀會是中國人的嗎？這尚不能肯定，雖然中國的經濟力已超越英、德、日成為世界第二大國，但如果能從「文化」著力機會會更大，西方的資本主義發展已至瓶頸，而中華文化存在著悠久的歷史，東方哲理的漢學促導「王道」思想，以補「霸道」的缺

憾，學習華語的風潮已在全球燃燒，吾輩可以強化改造中華文化，或者以中華文化的「文藝復興」來主導二十一世紀思想，達到吾人所期望的「大同世界」和「世界和平」的境界。

景賢兄在語言學有其天生的天賦，加上後天的努力、堅持與毅力，在沒有任何外援下白手起家，支掌撐起一片天，景賢兄先翁何健民世伯與先父謝東閔先生在廣州中山大學是親密的同窗，一個唸經濟，一個學政治，同係臺灣學生不滿日人統治到中國求學，兩人的夫人又都是廣東人，我和景賢兄同於一九三四年先後在廣州同室內出生，生肖同屬狗。據我先母說，我們小時的尿布都毫不分家地互相交換使用過，真是屬於血濃於水的兄弟之情。

景賢兄小時在北京住了十年，一口京片子，說起北京話簡直就是活生生地道北京人一樣。我只會說粵語，普通話及注音也不會。我和景賢兄在十二歲二戰勝利後各隨父母返臺，中學我們唸不同的學校，兩家常相往來，大學畢業後我們也雙雙到美國留學。他讀的是名校布朗大學獲得了語言學博士，我則往費城賓夕法尼亞大學深造醫學，回臺亦在各人領域上各自奮鬥，但數十年來從未間斷地通家之好，感情實在尤勝親兄弟，基本上便是一家人，逢年過節都會聚在一起，共用親情、不分彼此。

景賢兄所畢生鑽研的「漢語」和「漢學」可說是洋人學習中華文化的敲門磚，而漢學這門學問假以時日必能成為世界語言文化的主導與主流，對世界和平、人類發展作出偉大的貢獻，景賢兄過去六十年的辛勤耕耘和奮鬥也在青史必然留名，他本身著作等身，編寫的教材字辭典等少說也有五、六百種之多，他可是貨真價實的一位漢語教育超級教父。

最後，祝福景賢兄身體健康，家庭美滿，事業發達至於至善，我們倆人和兩個家庭能攜手共度白首之盟。

謝孟雄　二〇一四年八月

註、謝孟雄先生曾任臺北醫學大學校長、監察委員，為國際知名婦科名醫、實踐大學董事長。

漢教神聖的道路與事業
——中國全國政協常委　陳雲林序

　　語言是文化的載體。我們勤勞智慧的先人創造了璀璨瑰麗的漢語言文化。遠自人文始祖倉頡造字初啟鴻蒙，到殷商甲骨文形會意，再到質樸感人的《詩經》、《離騷》，乃至後來的魏晉詩歌、唐宋詩詞、元明小說，在在印證漢語文化的源遠流長、博大精深。

　　漢語是中華民族智慧的結晶，是兩岸同胞共同的寶貴財富，傳承和弘揚漢語文化理所當然成為兩岸同胞共同的歷史責任。六十年前，景賢先生剛及弱冠，即以敏銳的國際眼光，選擇了向世界推廣漢語，向全球傳播漢語文化這條充滿艱辛但卻無比神聖的道路與事業。六十年一甲子，物換星移，滄海桑田。景賢先生始終如一，不輟耕耘，終於開花結果、桃李滿天下。今天，景賢先生創立的中華語文研習所業已遍布全球，各分校、教學點達四十餘處，畢業校友三十多萬人，培訓漢語教師逾五萬人，為漢語在全球的推廣作出了重要貢獻。

　　在我從事兩岸事務二十多年的時間裡，我與何景賢先生有過多次接觸，數度交往。令我感佩最深的是，無論兩岸關係如何風雲變幻、跌宕起伏，景賢先生始終秉持「兩岸一家親」的理念，堅持兩岸屬於同一個中國、兩岸同胞都是中華民族，一心致力於傳播漢語教學、弘揚中華文化事業，為加強兩岸同胞的精神紐帶，增進兩岸同胞的情感融合發揮了積極作用。

　　當今世界，正處在大發展、大變革、大調整時期，文化越來越成為民族凝聚力和創造力的重要泉源，越來越成為綜合國力競爭的重要因素，越來越成為經濟社會發展的重要支撐。中共十八屆三中全會提出，建設社會主義文化強國，提高文化開放水平，增強國家文化軟實力。兩岸文化交流合作前景廣闊，任重道遠。

　　令人欣喜的是在欣逢景賢先生八十華誕之際，由臺灣中華書局出版的

　　《TLI六十史話—漢教之父：何景賢口述歷史》一書即將付梓。在這本書裡，我們可以看到景賢先生一生完整的歷程，其中既有兒時在大陸成長的無憂無慮、幸福快樂，也有島內四處求學的刻苦努力、一心向上；既有為推廣漢語教學、傳播漢語文化而不辭勞苦、不懈奮鬥，也有感情豐富、熱情洋溢的真男兒本色。同時，通過這本書，我們還可以看到許許多多鮮活的人和事，感受諸多飽含智慧的哲理名言，近距離接觸兩岸關係風雲際會下很多重要歷史事件。這不僅是景賢先生個人成長、奮鬥、圓夢的歷史，也是兩岸文化同宗、血脈同源的印證，更在某種程度上是中華文化發揚光大、中華民族自立自強的縮影。

　　衷心期盼本書能為更多讀者分享，也期待更多的有識之士加入道促進兩岸關係和平發展、弘揚中華傳統文化的洪流中來。

　　是為序。

陈云林

二〇一〇年八月廿八日

註、陳雲林先生曾任中國黑龍江省委副書記、副省長，國務院臺灣事務辦公室主任、海峽兩岸關係協會會長，現任全國政協常委。

天行健，君子以自強不息
——北京語言大學常委書記　李宇明序

　　人生就是一部書，有薄有厚，有平淡有傳奇。不看這書，對人的印象總是片面的、平面的；而翻開它，細讀它，品味它，人物馬上就立體化了，豐滿起來，生動起來！我讀《TLI六十史話——漢教之父：何景賢回憶錄》，便是這種感覺！

　　我認識何景賢先生，大約是一九九九年。那年八月，「第六屆國際漢語教學討論會」在德國漢諾威舉行。閉幕式上，何先生做了「《兩岸現代漢語常用詞典》之編纂緣起與內容」的學術報告。當時，參會的臺灣學者不多，我認識的臺灣學者亦不多，故而印象極為深刻。不過，他當時並不會想到，臺下坐了個後來與他相識相知的忘年交。

　　二〇〇六年十一月，南開大學、中國社會科學院語言研究所在天津聯合舉辦「首屆海峽兩岸現代漢語問題學術研討會」，何先生是重要的邀請人物。當時我在國家語委工作，是會議的策劃者，因此與何先生有了更多接觸，可謂相識。

　　二〇一二年四月，我來到北京語言大學工作。何先生領導的中華語文研習所（TLI）與北語（BLCU）早就結為兄弟單位（臺灣慣稱「姊妹單位」），素與北語相親相愛，於是我與何先先自然也有了「兄弟（姊妹）」之誼。事業同類，心曲同調，漸成忘年之交。

　　中華語文研習所的前身，是基督教語文學院及臺北語文學院，北京語言大學的前身是北京語言學院。這是二十世紀中葉以來中國最早從事對外漢語教學的兩個學院：一是公立，一是民營；一在北京，一在臺北。一九九〇年，何先生來北京出席「第三屆國際漢語教學研討會」，與北語開始發生聯繫，歷經多年的學術交往，一九九四年雙方結為姊妹學校。

　　在對外漢語教學領域，兩校進行了多方面的深度合作。比如：一九九六

年，兩家在北語合作創辦「對外漢語培訓班」，開兩岸對外漢語教學史上合作辦學的記錄；二〇〇九年，中華語文研習所成為北語漢語水準考試的全球第七十四家考點；雙方合作的「漢語教師認證培訓線上課程」也正式啟動；二〇一一年，兩家合作推出第二屆「對外漢語師資認證進階班」；二〇一四年，《對外漢語教學心得論文集》出版，共同總結兩家對外漢語教學的經驗。

更為外界熟知的，是兩家合作編纂的《兩岸現代漢語常用詞典》。早在一九九五年，雙方在北京召開「兩岸漢語言文字合作研究學術座談會」，為了在漢語教學中解決兩岸語言文字的差異，其實也是為了縮小兩岸語言文字的差異，決定編撰一部語文對照辭書。有好事便有快步伐，同年十二月便簽訂了合作編寫《兩岸現代漢語常用詞典》的協定，兩岸分別組成詞典編纂委員會，TLI還慷慨解囊，承擔所有費用，並將詞典的中國發行版本權贈與北語。自此開始，歷經八個春夏秋冬，組織者、編纂者的辛勤勞作終有所成，二〇〇三年十月，《兩岸現代漢語常用詞典》大陸版正式發行。又三年，也就是二〇〇六年十月，詞典的臺灣版也伴隨著TLI的五十年慶典，在臺北舉行。這部具有開創性的辭書，影響巨大，並成為後來相類辭書編著的主要借鑒。

兩校這些典範性合作，其實只是何先生人生大著的一幅彩色插頁。他為兩岸的語言教育、語言學研究、文化等領域的合作交流，也有諸多建樹，是兩岸交往的文化使者。比如：

TLI在北京、上海、天津、廣州等地，設立了多個對外漢語教學點；同京津滬穗港等多地大學、同中國修辭學會等學術團體建立了密切的合作關係；創造條件促進兩岸學人互訪。

他充滿智慧地策劃「兩岸漢語語彙文字學」等學術會議；積極參加兩岸經貿文化論壇、兩岸圖書交易會、兩岸河洛文化學術研討會；幫助舉辦兩岸大學生就業洽談會，支持兩岸青年人互訪活動；還帶領京劇等文化團體來大陸交流。

　　他頂著壓力把漢語拼音引入臺灣的對外漢教學中，培養了一批熟悉漢語拼音的人員，為臺灣地區的漢語拼音應用做了師資準備！TLI的《漢語文言文選讀》有簡繁兩個版本，用實際行動支持兩岸學者早在一九九四年就提出「以繁識簡、以簡識繁、異中求同，互濟共存」的理念。

　　當然，何先生在頻繁來往於兩岸之時，還晉見了兩岸高層人士，為民族的和平統一大業做出了先行而獨特的貢獻。

　　我也是一名語言研究者，也是對外漢語教學單位的工作者，能與何景賢先生相識相知，更是因為讚賞他用畢生精力開創的TLI事業。一九五六年，二十二歲的淡江英專（臺灣淡江大學的前身）學生何景賢，就與來校任教的安篤思牧師（Rev. MR. Egbert Andrews），一起創辦了基督教語文學院（Missionary Language Institute）。一九六二年更名為臺北語文學院（Taipei Language Institute）。一九六六年何先生出任院長。一九七六年定名為中華語文研習所，何先生任所長。TLI的雄心壯志是：面向世界，有教無類，向全世界有志於學習漢語和瞭解中華民族優秀文化的人們，推展最有效能的語文教育，並借語言的互通而促進世界和平，實現文化多元化之世界大同。目前TLI在三十個國家（或地區）的五十多個城市，有六十餘所分校或教學點，培養了三十多萬漢語學習者和五萬名語言教師。

　　TLI的事業不僅表現在外延上，更在於它的「TLI教學法」。「TLI教學法」的精髓可以概括為：一、一切以學生為中心；二、切合漢語實際，重視教材編寫；三、語言與文化相結合，教學與體驗相結合。「一切以學生為中心」是它的理念，堅持採取六人以下的小班教學和一對一教學。上課的時間、地點，教學的目標、方法，全根據學生的需要而定。開設文化課程，「語」「文」雙修。不僅著重介紹文化，還創造條件或利用業餘生活，讓學生通過現實生活場景體驗文化，並在文化體驗中提高語言應用能力。提高師資水準，重視教材編寫和修訂。他們早在一九六〇年就引進耶魯大學的中文教材，並與他們合作改編。之後耶魯大學不僅出版了《中文口語教學法實況研討》，還把TLI教學法作為他們的培訓教材，而且還請何先生為耶魯大學的

中文教材進行修訂。TLI的教學理念、教學方法、教材，是TLI發展的秘笈，也是對同行的最大最長久的貢獻。

人一生兢兢業業做好一件事情，就是偉大的人生。何景賢先生用了將近五十個春秋，打造「TLI教學法」的品牌，為中華語言的國際傳播、為中華文化的國際傳播，為民族大業做出了可勒史冊的貢獻，撰寫了一部人生大書。

又是中秋。明月夜，月餅香。挑燈品讀何景賢傳記圖書，頭腦中旋繞的，總是《周易》的那兩句話：「天行健，君子以自強不息。」（乾卦）「地勢坤，君子以厚德載物」（坤卦）。

李宇明
2014年中秋　書於北京懼閒聊齋

註、李宇明先生曾任中國華中師範大學教授、副校長，中國教育部語言文字信息管理司長、語言文字應用研究所長，現任北京語言大學常委書記。

卷一、
1935 － 1947年

　　我當時好奇的發現，父親的國語，也就是所謂的普通話，在發音及用詞跟我和奶媽、聽差的他們說的話非常不一樣，因為奶媽是北京人，我也習慣說的一口京腔的普通話。

　　這時候我才知道，原來父親說的是「臺灣國語」──也就是臺灣土音。

　　這是我第一次對語音差異之大感到非常的驚奇，並且開始瞭解，父親的普通話實在需要加強。這也是我日後逐漸走向「對外漢教」之路的敲門磚。

童年憶事

我是何景賢，一九三五年一月在中國廣州出生，籍貫臺灣嘉義。一歲末跟隨外祖母——北京話稱「姥姥」回到北京，一直待到一九四七年正月，才隨父母回到臺灣。為什麼說「回到北京」呢？因為我的童年憶事就是從這裡開始的。

父親與母親

我的父親何塗生，臺灣嘉義縣新港人。他十三歲離開老家，到日本求學，一直到十九歲，完成中學教育後，再考入東京帝國大學。

在東京，父親認識了我的母親高寶鏞女士。母親生長在東京大都會旁的橫濱市，在她十九歲的時候，外祖父母攜四子二女舉家遷回廣州，因為他們原籍廣東省中山縣。在戀人高寶鏞離開日本以後，父親才發現自己無法抵抗相思之情，應追隨而往。因此，他來到廣州唸書，那是一九二八年九月的事。

父親原於日本帝國大學就讀經濟系一年級，此時，決定再次渡洋赴中，準備進入廣州中山大學。就在那個時候，他遇到了另一位插班生謝求生[註1]先生，他在上海東吳大學唸完法律系一年級後，亦欲轉讀廣州中山大學。於是，兩人相約共同拜會中山大學法學院何院長。當何院長知道他們是中山大學唯二的臺灣人，於是給予特別的照顧，也立刻為兩人預定考試日期，而當時的考場就在法學院院長辦公室。

何塗生考的是經濟學，謝求生考的是政治學。那天考完後，雙雙錄取。

當時中山大學法學院開設的系所是政經系——政治經濟系，謝求生進入政經系的政治組，何塗生則在經濟組，兩個人就此成為同學。

註1、即中華民國第六任副總統（1979-1984年）謝東閔先生，時名「謝求生」。

在法學院何院長特別照顧之下，先父與求生先生一起住進了「留學中國」（當時臺灣是日本屬地）空餘辦公室改建成的免費宿舍，就在那裡開始三年留學中國的生活。

一九三一年，先父何塗生於中山大學畢業。一畢業，馬上跟先母——高寶鏞女士完成婚禮。

謝東閔先生後來告訴我，他一想，我們本來哥兒倆住在一塊兒焦不離孟，現在你突然間成了家，我沒地方住啊！於是他問我父親：「我搬到你家去住好嗎？」父親當然欣然同意。於是，謝伯伯就住進我們家裡了。一九三二年八月，我姐姐何碧英出世。在同一個時間，求生先生認識了同學的妹妹——潘女士，於是他們也突破了異鄉的寂寞，開始熱戀而成家立業。

從一九三五到一九三七年，父親任職廣州中山大學校長朱家驊先生日文秘書。因為正好碰到「盧溝橋事件」，被學校派往重慶工作。父親攜同家庭成員母親與碧英姐一起遷往重慶，因為不方便再帶一個小孩，就把我留在廣州跟隨姥姥。未料，他們的交通車在路上出了車禍，耽誤一個多月還到不了目的地，便跟重慶通電報，朱家驊先生於是改派父親到北京大學出任經濟學教授。

當時，北京已被日軍佔領而淪陷，朱家驊先生希望父親以他留學日本多年的經驗及優異的日文能力，能盡一己之力維護北大這個中國最高學府的文化與利益，並且得以繼續與重慶中央保持聯繫，所以父親任重而道遠地進入北大。而謝求生先生則轉進貴州，再前往香港從事新聞工作。

在這一段期間，因為南京的國立編譯館需要日文專家進行翻譯工作，因此父親在前往北京之前先到南京工作了一段時間，才轉到北大去教書。我當時就一直留在廣州，由外祖父母照養。

當父親在北京安定下來，便要求外祖母把我帶往團聚。

我到達北京的時候是一九三七年，一直到一九四七年離開北京，足足在北京生活了十年。

華語教學之路的敲門磚

一九三七年回到北京，對我來說，這才是第一次真正與父母親在一起生活。

我在廣州出生後，雖然前半年跟父母親住在一塊兒，實際上都是姥姥在帶我。再度回到北京，我已經快兩歲了，因為跟姥姥比較親近，而他們就住在北京什剎海一帶，於是姥姥又把我帶到什剎海同住，所以我在北京的前兩年還是跟姥姥一起生活。這時，我發現父母親們交流的語言，多半都是以日語與廣東話為主，因為父親早年留學日本，說日本話的機會比較多，而且母親在日本出生，住在日本十九年，所以日語對她來說更為流利，第二語言才是廣東話。

由於我從小跟外祖父母生活在一起，老小相依為命，可說極為缺少父母緣，每次回到父母親的家裡跟姐弟們在一起時，總覺得有受到強烈歧視的感覺。再加上個性倔強，不服從父母親的日式管教，因此常受到極端虐待，幾乎沒有什麼親情基礎可言。

因外祖母對我呵護備至，常常為了保護我，動不動就把我帶回什剎海的家，一直到四歲，我才真正從什剎海搬到北京東四六條月牙兒胡同，開始跟父母姐弟再一次共同生活。

我當時好奇的發現，父親的國語——也就是所謂的普通話，在發音及用詞跟我和奶媽、聽差的他們說的話非常不一樣，因為奶媽是北京人，我也習慣說的一口京腔的普通話。這時候我才知道，原來父親說的是臺灣國語——臺灣的土音。比方當他說「廢話」的時候，他會說成「匯發」。有一次父親指揮家裡的一個聽差的幹活兒，他說：「老狼，拿個釘子來。」怎麼會是老狼呢？原來聽差的姓藍，大家都叫他老藍。聽差的老藍就真的去拿了一個釘子來，當時我父親很生氣，指著旁邊一個凳子，說「我叫你拿一個釘子來」，又說了一次「釘子」，這個時候我才恍然大悟，父親的普通話，跟一般北京人說的普通話，真是大相徑庭，容易產生誤會。

這是我第一次對語音差異之大感到非常的驚奇，並且開始瞭解，父親的

普通話實在需要加強。這也是我日後逐漸走向教外國人華語之路的敲門磚。

母親的普通話也充滿廣東話口音，比方她說：「你系意本銀嗎？」其實她說的是「你是日本人嗎？」聽著她說「你系日本銀嗎？我系廣東銀哪！」這也讓我開始思考：為什麼父母親說的普通話跟我的同學和奶媽有這麼大的不同呢？

小學生活

家母——高寶鏞，廣東中山人。出身橫濱美術高等學校，專業是服裝設計。她對服裝設計非常愛好，也算是蠻有研究的。雖然她的普通話發音不甚純正，但是她的漢字書法，無論楷書正體或一般的行草體，都具獨特優質，美觀而吸睛。

我們家在北京東四六條月牙兒胡同，我的小學生活也就從那兒開始。我的小學讀的是普育小學，在北京東四的五條。一九九〇年我第一次從臺灣回到北京的時候，還專程到東四五條去找母校，但卻已景物全非，普育小學被拆掉了，一瓦不留。我再轉到交道口那邊兒的大中中學，那是我唸過一個學期的學校，現在也不復存在了。而且我發現北京有很多城樓、城門都逃不過被拆除的命運，物換星移，取而代之的是寬廣的街道與高聳入雲的大樓比比皆是。

回憶我的小學生活，同學們的名字大概都不復記憶，只記得一個叫做鄭開永，這個同學居然也從北京到了臺灣經濟部工作，在我離開北京三十年後，終於找來跟我聚會。

我的小學生活挺有意思的，那時有很多同學的家長都迷上京戲，同學經常會帶我到他們家裡去玩。大家多住在不同胡同的四合院兒裡，走到老遠都聽到院裡頭有拉胡琴的聲音，又聽到同學的家長在那兒唱京戲、吊嗓子，因為我的父母親都來自東洋異鄉，所以家裡的生活東洋味道重一點兒，看到有人唱京戲、拉胡琴，特別好奇。

有一天，同學的家長帶著我們去聽戲，那戲名我至今還記得，叫做《月

宮寶盒》。當時的戲院已經進步到運用彩燈和新科技結合，利用燈光的變化和佈景製造各種奇妙幻覺和變化招攬顧客，也是這齣戲的一大賣點。像這樣的戲，我跟同學連著去看了三遍，的確相當吸引人。而同學的家長因為同樣愛好京戲，所以經常彼此會交流，可是他們跟我的父母親卻很少往來，因為父親講了一口臺灣土音的普通話，母親則是一口廣東口音的國語，大概是文化代溝吧！使得交流不十分方便。

我們同學小時候都很喜歡養蠶，為了養蠶，必須到很多地方去找桑樹、採桑葉，甚至於順便採一些桑葚兒來吃。所以三、兩位同學經常為了達到吃的目的，大家可謂過從甚密。

由於北京西鄰黃土高原，北接蒙古高原，每年在春秋之際都有黃沙滾滾的情景，清晨起床打開門一看，哎呀！院子裡滿園子、滿地，連窗戶的臺階幾乎都是螞蚱（即蝗蟲，北京話叫螞蚱）。我們感到很興奮，一大早晨大家就出發，拿裝皮鞋的鞋盒兒等各種紙盒或者是籃子，想盡辦法去抓，一個早上就可以抓到幾百隻。這些螞蚱在黃沙滾滾的情況之下，就待在那兒不會飛，伸手就可以抓到，就好像揀石頭子兒一樣，非常容易。我們抓到螞蚱以後，就送到同學家裡，他們的家長也都非常開心的給我們炸螞蚱，炸螞蚱吃起來非常香脆可口，並且帶著打包回家，沒想到我才進門就被媽媽痛揍了一頓，說我怎麼會過這樣的生活，像野孩子一樣。

雖然挨到訓斥，回憶童年趣事還是感到非常刺激。

回憶中尤其香甜的是在同學家裡都可以吃到窩窩頭，在我們家裡卻根本看不到，因為我們家是南方人，習慣帶去學校的午餐是「盒飯」（即便當，北京話稱盒飯），盒飯菜色也許還蠻講究的，同學們看到以後就都拿他們的窩窩頭來跟我交換，其實我早就厭倦了家裡的大白米飯，覺得窩窩頭特別好吃，所以總是欣然同意。由於飲食文化的不同，同學之間常常因好奇而往來得更親近的例子確實不少。

週末時，同學都喜歡上景山——景山公園，大家分成兩組玩官兵捉強盜，一組是官兵，一組是強盜，我們自己用馬糞紙折疊黏製，做成手槍。不

管是官兵也好強盜也好，大家都有手槍，捉來捉去，滿山亂跑。一天下來，到晚上五、六點才滿身臭汗淋漓的回家，總被家人申斥一頓，但是大家都玩的非常開心。

大家夥兒週末還可以跑到隆福寺去看熱鬧，那兒有許多賣藝人在耍大刀或舞弄花拳繡腿的表演，也有賣膏藥的，還邊唱邊賣，非常有意思。

老北京的飲食與休閒文化

談到北京的飲食文化，在我的印象中也是非常豐盛的。在東安市場有個「東來順涮羊肉」，那兒有上百種北京小吃；也可到東四牌樓附近買各種切糕或豆汁兒；東安市場還有各式各樣西式點心，特別是起士林蛋糕，也是我們經常光顧的；以及哈德門——法國麵包房，可以買到奶油蛋糕，他們叫做cream pie，這些都是我小時候在北京生活印象非常深刻的一部分。

父親工作忙，學校課務會議與應酬也多，除了在北大任教，也在外兼任一些雜誌編輯及寫稿工作。如有空閒，便偕同其他教授們去茶樓聊天，母親則是常到南城廣東會館，跟一些太太或老鄉們聚會。

談到北京的會館，聽說現在都有四、五百所了，而在我小時候就有兩、三百所。會館的興起有兩大原因：第一，清朝實行迴避原籍的任官制度，官員不可以在本省做官，在本省考上狀元舉人後，必須外派到別的省縣服務，表現優異者，才有機會到北京來做官。於是來京做大官的，多為各省的精英，逐漸分別成立同鄉會，讓住在京城的鄉親可以聚聚。另外，清朝三百年的盛世，工商業非常發達，各地來京的商人留下來成立會館，供上神像，讓鄉親在此說說家鄉話，獲得精神上的安慰和滿足。

在會館裡，鄉親們可以無拘無束的聊天、看戲、嗑瓜子兒。或者正式成立同鄉董事會，找有錢有勢的老鄉捐錢，來為鄉民們服務，支援同鄉的事業，久之自然形成一股凝聚的力量，所以各種同鄉會在當時也非常流行。

記憶中的北京城

　　北京市是一座具有三千多年歷史的文化古城，地勢險要、宮廷雄偉，記憶中，這兒充滿名勝古跡、園林，美不勝收。

　　北京市的美景令人懷念，古老而莊嚴的廟宇處處林立，另外還有太廟、雍和宮、北海公園、中山公園、景山公園、中南海公園。小時候，中南海公園自由開放，當時跟北海公園一樣都可自由出入，今天的中南海已經是行政中樞。還有西山公園、天壇、萬壽山、頤和園、十三陵、長城，這些地方一直吸引著我們的海內外親友，也成了大家到北京必遊之地。

　　憶兒時，姐姐何碧英大我兩歲，常跟她來往的有一對雙胞胎姐妹Jean和Joan。據說她們的父親是周作人，即中國現代文學作家魯迅的胞弟。她們當時從東四六條的聖心幼稚園便開始當同學，到後來就讀「貝滿女中」，我姐姐也唸貝滿，多年來一直是同學，來往非常密切。她們經常結伴到金魚胡同、王府井逛街，或者到女青年會去看洋裝、做洋裝。有時候也會帶著我，跑到西堂子胡同那一帶，甚至於到真光戲院、平安戲院去看電影，如果我沒看到的，她們看完回來就給我講故事。

　　姐姐唸貝滿女中的時候，我在「大中中學」讀書，但在大中中學只唸了一個學期。那時是一九四七年的正月，正好有機會參加臺灣留京返鄉的一個團體，大概有一百多人就在那個時候從天津塘沽港搭「海平輪」回到臺灣。

　　沒想到回臺灣的第二個月就碰到了「二二八事件」。

　　那個時候搭同一條船回來的，還有姐姐的同班同學陳恩琦，她和我一樣走上了教華語這條路，在我主持「中華語文研習所」的時候，我們是同事，陳恩琦後來又到了美國的華盛頓大學繼續任教，一直到七十五歲退休。

我的父親

現在把先父何健民先生的生平稍微介紹一下。何健民，一九〇六至一九七九年，享年七十三歲。這個資料我是從臺灣省《嘉義縣誌·人物志》的第一章「學術篇」找到的。

▲1968年，何健民教授於六十三歲獲美國加州大學經濟學博士學位。（攝於自宅）

何健民，字塗生，又號鐵山，臺灣省嘉義縣新港鄉人，一九〇六年出生。

先祖從福建省平和縣移民而來，傳至第八代即先父何健民。這個家族在鄉里中有一些清望，可謂「累世清芬」，也就是沒有做特別的生意或者從事農務。先父自幼父母早逝，據說我的祖父名何遠，因為我與父親並不十分親近，所以從未聽他述及家世，至於這一些資訊，我是從《嘉義縣誌》裡找出來的。

先父自小跟著哥哥何寄生和一個妹妹相依為命，雖然遭逢危難，境遇清苦，卻始終秉性勤奮，努力向學。父親在他童稚時就知道習藝，苦讀不懈，此後雖然經歷坎坷窮愁，可是沒有一天不讀書，即使不上學校，也從不把手邊的書放下來，可說是活到老、學到老，從無一日釋卷。

求學

一九二〇年，父親剛剛滿十四歲的時候，得到哥哥和一些親友的資助，負笈東瀛深造。在艱辛的半工半讀當中，完成了中學教育，順利考進東京帝國大學經濟系就讀，在當年極為難能可貴。

一九二七年，先父因日本用殖民者的身份奴役臺灣、積極侵華，對日本人的暴行非常痛心不滿，毅然決定輟學，回到中國。

　　不過另一個理由是父親正在追求先母高寶鏞女士。先母是在日本土生土長的華僑，出生在東京旁邊的橫濱。我的老爺，就是高寶鏞的父親，高老先生在日本經商，生意興旺。先母在東京生長了十九年，讀完小學、中學，在她考上東京美術專科學校後，正逢老爺在日本辛苦大半輩子，有「落葉歸根」計畫，遂舉家遷返廣州市，先父為追隨愛人，也順勢離開日本，轉到廣州國立中山大學政經系經濟組繼續研讀。

　　這當中有一段小插曲。有一天，先父在廣州中山大學校園裡與他一生摯友——來自臺灣彰化的謝東閔先生相遇。東閔先生在臺中一中畢業後離開臺灣，先到上海東吳大學就讀法律系，一年後，他覺得法律既非他的專長也不是他的愛好，於是轉讀中山大學，跟我父親在校園巧遇。由於兩人都是在外地唸完大學一年級後，同時轉學到中山大學參加插班考試的學生，兩人自然一見如故。

　　於是他們先到中山大學法學院求見院長，與院長相談甚歡，因為何院長也曾經留學日本，再聽聞何健民跟謝東閔都來自臺灣，頗有好感，於是建議：「你們兩人剛來，財力不怎麼好，不如我安排個地方讓你們免費居住。在法學院有一個空房叫致公堂，你們就搬到那裡去住，我也不會收你們的房租。」他們算是遇到了貴人。從此安心地住在致公堂，一住三年，直到中山大學畢業。

　　因為他們必須要參加插班考試才能入學，何院長安排他們在一九二八年九月某日的中山大學法學院院長辦公室進行考試，兩人也都順利通過。東閔先生進入政經系政治組，先父何健民進入同系的經濟組。

　　先父當時用的名字是何塗生，謝東閔先生用的名字是謝求生。然而兩個人的籍貫不能填寫臺灣，因為臺灣當時被日本佔據，成了日本的屬地，所以他們便以福建省籍貫登記，在此註冊讀書。據東閔先生跟先父兩人同時跟我說過，他們當時生活非常艱苦，兩個人一天吃一個麵包，儘量喝白開水來度日，他們在中山大學努力苦讀的情況可見一斑。

　　一九三一年秋天，兩個人同時從中山大學畢業了。

　　先父因為早期留學日本，當時已完成中學教育，也具有日本東京帝大一年級的教育程度，日文流利，中山大學校長朱家驊先生對先父非常賞識，要他到校長辦公室擔任校長日文秘書，也為他在嶺南大學安排兼任講師的工作。

　　一九三七年對日抗戰開始，發生七月七日盧溝橋事變，全國奮起對日抗戰。這時，朱家驊想調先父到重慶繼續教育工作，可是先父率同家屬母姐三人在路途中發生車禍，朱家驊便改派他到北京，當時朱家驊已經擔任教育部部長，轉派先父到已被日軍佔領的淪陷區北京，入任北大教書，留守故都，希望能借助家父留學日本六年的日文基礎，替北大保留一些元氣。

執教生涯

　　北京，那個時候叫做北平[註1]。我大概是在一歲底的時候，從廣州由姥姥帶回，我們全家就算團圓了。

　　我有一個姐姐何碧英，有兩個弟弟：何景陶出生於南京，何景雲出生於北京。我們分別相差兩歲，姐姐大我兩歲，兩個弟弟分別小我兩歲、四歲。

　　在北平生活期間，先父開始在北大經濟系教書，生活安定。一九三九年，他拿了一年的公費休假進修（sabbatical leave），這一年的進修假他去了趟東京，在東京帝國大學進修經濟學碩士，完成了碩士學位，再返回北大繼續執教。直到一九四五年八月，中國抗戰勝利，臺灣也光復了，當時臺灣人在中國大陸都亟盼返鄉，其中在大陸的大學畢業、學習有成、工作積效優異的人才有數十位之多，都被當局看中，希望他們能夠回到臺灣協助建設工作。可是先父因為正在北大教書，家庭穩定，已經習慣北京的整體文化和生活，所以他沒有選擇回臺灣。他的同學謝求生，也就是謝東閔先生，另外

註1、北平於明朝改稱北京。史載，辛亥革命後，中華民國臨時參議院決定建都北京；蔣介石在南京成立國民政府後，將北京改稱為「北平特別市」；1949年中華人民共和國成立時，再度易名為「北京」並通用至今。

還有連震東、黃朝琴、李萬居都在此時從大陸各地分別回到臺灣服務桑梓。我父親比他們晚了一年，一九四六年下旬才回到臺灣臺北。

一九四七年正月，北大正發生學生遊行抗美活動，大概是因為美軍對北大的女學生不禮貌，引起北大學生的憤怒，一些憤世嫉俗的學生，趁機強烈發起大規模遊行抗議活動，引起北京各大學響應。這時，父母終於決定回臺灣生活。當時我們全家人到天津塘沽港口，等了一個月，才得以搭乘海平輪回到基隆，再轉至臺北。

父親回到臺灣以後，領導高層發現他在大陸有工作和就學的經驗，便積極網羅他從事臺灣的建設工作。他先任職於臺灣省行政長官公署，後來改成為臺灣省政府，再外派到新竹擔任省立習藝所的所長。期間因為蔣中正總統的一次邀約談話，而離開公職。

一日，蔣總統召見了我的父親，請他談一談對臺灣經濟建設的想法，先父認為應採開放政策，招外資投入臺灣，給予免稅五年優惠，鼓勵民營，刺激工商。這一番談話當場激怒了蔣總統，他說：「我要在五年內反攻大陸，臺灣只是一個生聚教訓基地！」他將先父以經濟為師、鞏固臺灣先安定民心的做法視為「書呆子之見」，竟不歡而散。先父後又在臺北淡江大學、實踐大學教授經濟和歷史課程，前後在臺灣居留十四年，直到一九六〇年，應美國加州州立大學邀聘，擔任遠東史教授，就此辭去臺灣的一切工作，到美國講學。我的姐姐、大弟，也在一九五四年前後分別移民到美國讀書。

先父在加州大學教書的同時，仍沒有放棄學業深造，繼續進修哲學博士學位，直到一九六八年，當時已經六十三歲，記得那一年，他拿到博士學位時，我特別從美國布朗大學到加州參加他的授位典禮，內心感到非常驕傲。父親能夠在如此高齡，而且已經在中外大學任教，又著作等身的情況下，仍然努力進修，可說是學而不倦、習而忘齡。

因此我總是以父親為標竿和榜樣，雖然我當時已經拿到碩士學位，後來仍決定在布朗大學繼續把博士學位讀完，正是受先父學而不倦的精神感召。

父親的晚年生活

先父於一九七○年在美國正式退休，退休之前，他曾經有三年的時間轉到美國伊利諾州的北伊利諾大學擔任教授，並且從事英文著述，在七年期間，他完成的著作有：英文版《中國通史》、九冊小說、七冊戲劇，連同國內外發表的中文、日文論著不下四十多種，可說真的是一位了不起的學者。

先父常年寄居海外，心卻時時繫念臺灣。

民國六十八年，也就是一九七九年五月二十三日，蔣經國先生出任中華民國第六任總統，父親的同班同學謝東閔出任副總統，特別邀請先父這位故友回臺出席就職大典。不料，先父在五月三日抵達臺灣，五月十三日就不支病倒。

回到故鄉，一方面探視親友，一方面就醫診治，發現他得到肝癌，住進臺北長庚醫院後才發現已是肝癌末期，經過全力診治，延到六月二十四號終告不治，享年七十三歲。在他過世時，先母高寶鏞女士還在美國伴隨兒孫，來不及趕回。

其實先父、先母兩人因為在美時，就因常有不同意見而一直處於分居情況，大概有二十年不相往來，最後先父獨自一人在美國生活，後能在臺灣過世，於家鄉終了一生，也算了無遺憾。

他的姓名和生平被臺灣《嘉義縣誌》錄在人物志裡面，我相信父親死而瞑目了。

先父過世前，謝東閔副總統多次親往醫院探視，二人以臺語及日語追憶往日種種歡樂時光與情懷，讓旁觀親友及隨扈等無不動容。

先父過世祭典由謝副總統商請總統府蔣彥士秘書長出任治喪會主任委員，政府首長、工商大老、各大學校長及同鄉代表組成治喪委員會，祭典上，謝副總統到現場默哀良久，並一一慰問家族親人。到場公祭及全省門生故舊達千餘人，以一個書生而言，這種盛大的治喪場面可謂備極哀榮。

▧1971年，中華民國退出聯合國，謝東閔（左）以臺灣代表身份力爭，時與逾五十載摯友何健民（右）於紐約合影。

北京的童年生活

　　我在一歲末，從廣州跟著姥姥搬到北京與父母團圓，住在當時北京市東四牌樓五條跟六條胡同之間的月牙兒胡同十八號。

　　現在來回憶一下我在北京的十年童年生活。

　　我當時唸的是「普育小學」，校址在五條胡同，從月牙兒胡同我們家走到普育小學，只有五分鐘路程。小時候的生活多彩多姿，在我進入小學之前，跟姥姥一起住在什剎海，家裡還有兩個舅舅，他們都是在日本成長，學科技工程的人才。

　　我當時回到北京本來是為了跟父母團圓的，家裡又有姐姐及兩個弟弟，當然也有奶媽、聽差的這些人，家道小康，生活應是舒裕的，可是因為父母親受的都是日本教育，個性比較嚴肅，而我一歲之前一直與姥姥住在一起，生活習慣很多地方都跟他們有些格格不入，不易融入，姥姥為了疼我，怕我受父母的責打，就把我帶到什剎海與他們同住。

　　我在什剎海一待就是三、四年。

　　小時候的生活大半依著姥姥還有老爺，幼稚園也是在那兒斷斷續續的唸了一、兩年，當然我對於在幼稚園生活的情況已經是非常模糊，直到進到小學之後，才遷回月牙胡同與父母生活在一起。

　　進入普育小學後，我就開始感覺到生活多彩多姿，有同學的來往，在學校也有老師教學方面的受益。

老北京文化

　　小時候的印象中，父親十分注重祭祖。

　　每年大概是在舊曆年、年初七和清明時節舉行祭祖儀式。祭祖原來是中國傳統文化中非常核心的一部分，也是中國文明延續幾千年來一種不變的內在筋脈。祭祀祖先不僅表達後人對祖先的追思，也更成為凝聚家族團結的力量，進而成為連接整個社會的紐帶。祭祖的意義是慎終追遠，為重要的中國傳統文化。

　　每年過年，我們這些小孩子最喜歡跟著姥姥一起吃臘八粥，大概在臘月初八的時候（農曆十二月八日），北京大多數地區都有吃臘八粥的習慣。臘八粥用大米、小米、綠豆、紅豆、花生、大棗等八種不同原料熬煮成湯，有時候會加入一些瓜果，味道非常甜美，小孩子最喜歡吃這種甜食。

　　另外也有在除夕前一個晚上大家吃團圓飯的習俗，第二天舊曆年初一的時候，便穿上新衣、戴上新帽，到處向大人拜年拿紅包，這些都是小孩子在童年所盼望且比較有意思的家庭生活。

　　北京在正月十五元宵節這一天有燈會，也會放煙火，大家伙兒吃湯糰、

猜燈謎,這元宵之夜,燈火非常的明亮。大人們在此時最喜歡的活動就是猜燈謎,把詩詞形式的謎語寫在燈紙上,給人家來猜,猜到的就有各種獎品獎勵,非常熱鬧有趣。元宵活動常常是在廟會這些地方舉行,雖然不大記得去過哪些廟會,但是總覺得小時候跟著大人長輩,這些好地方我一個也沒有缺席過。

北京生活記趣

我的母親喜歡帶著孩子們逛大柵欄或雜貨店。記得大柵欄是在北京前門附近,那兒賣的東西非常繁雜而且有趣,價錢也非常便宜,所以遊人如熾,不但是大大小小一家人平常的好去處,尤其是在過節的前後,家家戶戶一定會去那兒湊湊熱鬧。

我們也常逛什剎海,什剎海那一帶風景非常好,印象中楊柳樹特別多。但到了一九四五年前後,什剎海已經沒有過去的那種詩人雅興,一般已認為該用西湖春、秦淮夏、洞庭秋來讚美風景,沒有什剎海的份了,我所看到的什剎海也已經變成大魚池,我跟同學常常拿著漁網或提蝴蝶網到那邊去撈活魚,是我們當時非常喜歡在週末一起去玩耍的好地方。

母親注重運動,關注我們的健康,所以把我們帶到女青年會學溜冰。我記得女青年會好像在東單,我們還常到北海公園、中南海公園去游泳。夏天,中南海公園是對外開放的,並不是現在的政治中心。我在中南海第一次游泳是五歲時,所以記憶猶新。我個人對游泳很有興趣,多次在臺灣參加游泳比賽,到了大學參加青年活動,也常在中學組游泳比賽中得到名次,我想,這必然跟小時候家裡注意孩子的體能健康有關,而且頗有幫助。

父親也很喜歡帶我們去香山、故宮、雍和宮、頤和園,也到孔廟、國子監這些地方,遠處到天壇。他也附庸風雅,帶我們到琉璃廠去看看字畫、古董,當然像太廟、長城這些地方都是我們必遊的勝地。

印象中,北京有很多的城牆和城門,我們常常跑到皇城根去玩,北京的城牆給人的感覺又寬又長,有寬闊的護城河圍繞,內城的城牆也覺得形象高

大非常。

　　據說北京的外城牆建成於明代中期，有十六個城門，每一個城門都有它不同的名稱、含義，也有不同的用途，這都是老北京城市規劃和建築文化的奇觀。另外可以回憶的還有童年常去的鐘樓、鼓樓，它在交道口什剎海附近，我中學唸的「大中中學」就是在交道口。鐘樓和鼓樓好像從元朝起就建成了，歷經元明清三代，是京城的報時中心。鼓樓有很大的鼓，鐘樓有一個大懸鐘，所謂晨鐘暮鼓、尋律韻通，過去的文武百官上朝，百姓生息勞作都是以這兩處為標準。

　　回憶中當然也包括長城，我們去的長城多半在八達嶺一帶。當時聽說因為早期中國經常受到外敵攻擊，過去的統治階級就蓋起長城自保。我從姥姥那兒聽到民間故事「孟姜女哭倒長城」，內心感到非常不忍，但這是古代皇家為了防備北方大草原來的強悍遊牧民族而建築的軍事防禦工程，也的確有這個必要。

　　長城蜿蜒數千里，號稱「萬里長城」，現在也納入了聯合國教科文組織世界文化遺產，實在是很偉大的建築。

　　一九九○年，我從臺灣再次回到闊別四十多年的長城，突然感覺到怎麼跟小時候看的不一樣了。小時候看到的長城建築雄偉，可是四十多年來幾經遊歷看遍天下，再回到長城，就感覺到──呃！長城變小了。但這畢竟是中國也是世界上最為引人注目的一個文化遺產。

中華綜合藝術團

　　回想起小時候父母帶我們去過的地方，如經常造訪的隆福寺、天橋，都很好玩，記憶中也和同學一塊兒去過。

　　在這些地方接觸到的民俗文化如：捏面人、糖葫蘆，非常吸引小孩子的目光，所有同學都搶著買。在隆福寺跟天橋也常看到雜技表演，耍刀、舞槍、變魔術、賣藥的唱作俱佳。

　　中國的雜技歷史悠久，在世界上非常有名，據說在漢代就發展出一整

套表演體系，包括形體技巧、耍弄項目，還有高空翻滾等，另外像功夫、摔
跤、中國拳術，不止在隆福寺，在老北京的天橋也同樣聚集很多這方面的民
間雜技高手。

小時候非常喜歡這些雜技表演，沒想到在一九七六年美國二百週年國慶
的時候，臺灣當局要組織一個名為「中華綜合藝術團」的慶賀團，居然請我
擔任領隊。

當時團員共有七十八名，他們都是被臺灣政府徵召，拿著臺灣護照在海
外各地，如美國拉斯維加斯或者是在歐洲、中東、甚至是在馬來西亞、澳洲
表演特技著名的行家。政府為成立「中華綜合藝術團」，便把他們全部徵召
回臺，從五、六百人當中精選七十八人，我奉命擔任領隊，同時也帶了五、
六名由臺灣政府選派的職員，還包括美國仲介公司代表，在美國四十個州的
不同城市演出四個月，所有票卷早在半年前就被訂購一空了，表演場地多半
在著名的表演場所，如洛杉磯希臘劇場、華盛頓的甘乃迪中心，或是一流大
學表演中心及運動場。

表演地區除美國四十個州外，我們也到加拿大八個城市公演。在前往
美、加最後四個月的表演之前，我們還先到香港公演一個多月，再到馬來西
亞的每個城市都演出一個月，也到了新加坡和印尼雅加達。

在一九七六年，我幾乎十一個月都在國外。

那一年，我已經是「臺北語文學院」院長，又兼任幾所學校教授職，
怎有空擔任綜藝團的領隊呢？也許就緣於小時候常常接觸這些雜技、功夫的
表演，在天橋跟隆福寺趕熱鬧看雜耍，總感覺非常有興趣。沒想到終於有一
天，竟變成一個代表臺灣官方在世界各地、五湖四海表演的雜技團領隊，在
我人生規劃中從未想到會穿插這一角色，現在回想起來，還真是有「勝讀十
年書之感」，尤其在親臨國際演出場合時，看到中華傳統文化受到萬千國際
朋友的讚揚，實與有榮焉。

1976年，臺灣「中華綜合藝術團」巡迴世界演出前，在臺北密集訓練三週，團長何景賢（三排中）於精神講話、鼓勵士氣後與團員合影。

何院長與「中華綜合藝術團」於世界巡迴演出中乘船遊覽曼哈頓紐約港，參觀「自由女神像」合影。

1976年6月，馬來西亞吉隆玻市長（右一）歡迎「中華綜合藝術團」巡迴大馬全國一個月演出，團長何景賢（左一）受到市民熱烈歡迎。

1976年美國建國二百週年慶，何院長奉命率「中華綜合藝術團」巡迴全美四十州公演，行前接受教育部蔣彥士部長歡送。

普通話與國語

另外再來說說我在北京生活、唸書的情況。

在北京求學期間，令我印象最深刻的一位老師是「成老師」，他是我五年級的國文老師，那個時候成老師教學要求很嚴格，幾乎國文課本內每一課都要求我們背誦、抄寫，還一定要用毛筆字寫。我記得全班同學沒有一個人沒挨過他打手心板兒的處罰，我挨過次數不多，但是打得非常重，有一次把我的手掌、手指頭都打破了，成老師蠻著急的，親自把我帶回家跟家長解釋我挨打的原因，同時還帶到醫生那邊去上藥。

現在我已經是八十歲高齡了，特別打電話給我八十二歲僑居美國的姐姐，問她記不記得小時候在普育小學有沒有挨過成老師的打，她說：「我怎麼不記得？沒有一個同學不記得他！」她說：「我也被他打過手心。」我姐姐是全校最好的學生，一直都是模範生，常常被學校表揚拿獎狀，居然她都挨過成老師的手心板，我到今天，能夠在中文上還有一些喜好和基礎，應當是受到成老師當時嚴厲授課的影響。

有人問我說：你小時候在北京長大，怎麼你的口音不像老北京呢？老北京人有時候話說得快，我們都聽不懂，怎麼你的發音讓我們聽起來很順耳，很容易聽得懂，不僅字正腔圓，而且咬字和表達的音質都非常純正優雅。我想了一下，說：其實真正老北京人說的話都是土話，說得太快，捲舌音說的又多，從鄉下進來北京城的人也多，大家說話既快速又捲舌，而且嘴唇都不太打開，聽起來好像是閉著嘴含著什麼東西在那兒說話似的。我也是等到後來走入這一行——漢語教學，特別是對洋人教授漢語的時候才將此仔細作出分辨。

我在北京就學的時候，學校的課本不叫國文而叫做「國語」，我們說的話就叫「國語」，有人說今天在大陸說的普通話就等於國語，這一點我僅同意九成。

所謂國語跟普通話相同的地方，就是大家都以「北京音」為標準音，以「北京語彙」為標準語彙，以「北京的語法」為標準語法。但不同的是，

普通話裡頭多了一些農民用的語彙，比方他們喜歡說「消滅」、「搞」、「抓」，如：把這個經濟「搞」上去；這盤菜還有兩塊兒肉，你把它「消滅」掉吧！我們要先「抓」科技！這些話雖然並不符合修辭學，聽起來也上不了檯面，但是畢竟是大多數民眾（百分之九十的農民）使用得非常習慣的話語。

　　普通話跟國語不太一樣的地方在於國語經過修辭，比較注意交際禮貌，是在公開的場合或殿堂上人與人之間相互尊重的一種文化語言。普通話就不用考慮那麼多了，想什麼就說什麼，反正大家都是生活在一起的老百姓，人人都一個樣，說穿了，沒什麼！

　　一種是足以登大雅之堂的語言，一種則是在日常生活中流通的話語，我想，這兩者大致上可以如此區隔。

北京十年回顧

　　北京人常常急人所急，樂於助人，處處為他人著想，對朋友也非常關心，且不圖回報。古語云「受人點水之恩，定泉湧以報之」的傳統，在一九四七年以前的北京人身上，處處存留著。

　　從一九三七到一九四七這十年間，我生活在北京，跟北京人相處，可說是老北京啦！現在來回憶一下對當時北京人的一些看法和感覺，略表所感。

我所知道的「老北京」

　　在那個時代，也就是從一九三七到一九四七年間我所看到的北京人有幾

個特點：

第一，因為具有真誠實在的特點，他們待人都非常誠實。

北京人很實際，不管做什麼，都給人務實的感覺。崇尚真誠的人際關係，待人坦誠不欺，討厭奸詐、不實在的作風，這就是我所接觸的老北京。大多數的北京人都有君子風度，北京整個城市風貌表現出來的是樸實無華的風格，人們在商店或者市場買東西，要討價或還價都很實際，不太出現漫天要價的情況，當然在隆福寺、天橋這些比較特殊的地方，能賺一票就算一票。基本上，北京人待人接物，不管親疏遠近，都能坦誠相待，不太有爾虞我詐、相互提防的心理，在我居住的那個年代，不僅是我有這樣的感覺，經過數十年之後，在異地、在不同的城市碰到老北京，談到那個時代，大家對北京人都有同樣的感覺，就是跟北京人打交道比較放心。雖然也有一些人出於各種原因欺負外地人，或者有一種「首都人天子腳下」的優越感而輕視外地人，但畢竟是少數。

第二，老北京很有人情味，在很多地方都可以感覺得到。

比方說老北京的四合院中，相互沒有血緣關係的幾個家庭，共同生活在同一個空間，兩、三個家庭，甚至四個家庭住在一個四合院裡，彼此之間相互關照、有福同享、有難同當，這是一種自然形成的友善和睦的人際關係，這種生活方式也很容易產生互相照顧的感情，這種感情世代相傳，逐漸沉澱下來，形成一種穩固的文化特徵。在現代北京人的日常生活中，仍然維持著良好的人際關係，可是已沒有過去那樣普遍。我待在北京的那十年中，所感覺到的都是非常濃厚的人情味，到飯店吃飯或喝茶，大家幾乎都搶著付錢，常出現相互之間各不相讓、爭得面紅耳赤只是為了要搶付錢，而且並沒有一點只是做樣子的感覺。所以有人說中國的飲食文化挺有意思，不管大江南北，各種菜色現在已經很難說是江南菜、川粵菜或是東北菜，很多餐館烹調的時候，把各地方菜色融合在一起，相互兼揉，在一道菜裡你中有我、我中有你，講究色香味，都很整齊，這也算是人情味的一種。

第三，北京人相當古道熱腸，交朋友注重友情，且可以維繫非常長久，

甚至可以維繫到兩三代。

老北京人和朋友交往，寧可自己吃虧，也不願損害對方，講究患難之交的感情。他們常說，「海內存知己、天涯若比鄰」，所以他們不只是希望在國內結交五湖四海的朋友，天涯各地的朋友也都像鄰居一樣，希望相互以禮、以誠相待。

北京人常常急人所急，喜歡幫人忙，處處為人家著想，對朋友也非常關心，且不圖回報。只要到北京人家裡做客，你都會感覺到主人的熱情款待，把家裡最好的東西拿出來待客，完全真心實意，甚至於把自己的那一份也真誠地推出來給客人吃，性格直爽豪放，不願片面接受別人的恩惠，很注意禮尚往來。古語所云：「受人點滴之恩，當泉湧以報」的傳統，在一九四七年以前的北京人身上還處處還存留著。

這是我在北京十年生活中，對老北京的一些感受。

四十三年後，我再度回到北京，所看到的已有不同。經過四十三年歲月洗禮，新中國成立，新北京也另有風貌，當然很多新的文化進來衝擊著這個城市，每一個家庭與家族也不像過去幾乎可以五代同堂，不同的表親都能夠擠在一個房間裡、一個家庭裡。新的世代畢竟是要走新中國的路線，所以人際的關係多少都更獨立而淡薄了。

至於「海內存知己，天涯若比鄰」這樣的文化傳統，是否還能繼續傳遞下去？我現在還在觀察中。

卷二、
1947 ~ 1958年

一九五六年六月，華語學校在美國紐約市對面新澤西州立案，創辦人就是安篤思牧師跟何景賢。

當時登記的校名是Missionary Language Institute「基督教語文學院」，校址就設在臺北市。經過兩年時間，我們的學校已遠近馳名，外國人都知道臺灣有一所華語學校，這也是臺灣第一所華語學校。

因為教學需求，我們在一九五八年把耶魯大學的拼音和教材引進臺灣，然而我們的教學法卻被耶魯大學於一九六一年採用。耶魯大學不但出版了我們的教學法，還委請我們為耶大代為培訓華語教師。

返鄉之途——臺灣

一九四七年正月，我結束了在北平快樂而幸福的童年生活。跟隨母親、姐弟五人，離開了生命中寶貴的第二故鄉——北平和最親愛的姥姥，踏上了陌生、迷茫而毫無憧憬的返鄉之途——臺灣。

當時的心情無可言喻。離開我最親愛的親人——姥姥，這是我心中最最不捨的痛，這種生離之痛，一直到六十五年後的今天，未曾一日忘懷。

當時，我們在天津等著上船，因為塘沽港結冰，海平輪是一百多噸客貨兩用輪船，沒辦法開船，我們足足等了三個星期，終於在一艘破冰船花了一個禮拜時間把港口內的冰塊崩解後，才順利離開塘沽而奔向基隆。

當時跟我們同船的還有姐姐的同班同學陳恩琦，以及我的初中同班同學王亞君和她的弟弟王定和，到了臺北後，我們都在和平中學讀書，王定和後來成為了臺灣電視公司的著名演員。

我們抵達基隆港，上岸以後，由父親以前在天津的老友劉翁雲先生親自雇卡車到基隆碼頭，把我們接到臺北大龍峒家裡。記得劉翁雲先生一直住在天津，他的夫人是臺灣人，跟我父母是非常要好而來往頻仍的朋友，他們有兩個兒子——劉亢龍和劉亢虎，兩兄弟年齡跟我們差不多，到了大龍峒後，我們幾個男孩子便玩得非常投機。

然而，我記得在兩個禮拜之後，就碰到了「二二八」事件。

二二八驚魂

　　當時並不知道這一天原來就是二月二十八日，也是臺灣發生「二二八事件」一個非常慘痛而值得紀念的日子。

　　在一九四七年二月二十八日這一天，因為覺得在家裡待的太悶，所以家長就讓亢龍、亢虎兩兄弟，陪我帶著十一歲與九歲的景陶、景雲兩個弟弟，一起從大龍峒經過中山北路走向「圓山動物園」，也就是現在著名的「圓山大飯店」附近的動物園。

　　當時走在路上，看到這邊一群人、那邊一群人，神情都非常奇特，好像蠻激動的，因為他們開口閉口講的都是閩南話，其實我也不太聽得懂。這時候，有五個男青年看到了我們，一邊朝這邊走過來一邊大喊：阿SUA、阿SUA，意思就是「阿山」[註1]，說我們是從大陸來的「阿山」。前面的大人立刻圍過來，用兩、三部自行車把我們擋住，然後又有幾個大人衝過來，作勢要打我們，我們一看情形不對，劉亢龍就大聲喊：「快跑！」

　　我們幾個小孩向圓山動物園方向沒命的快速奔跑，一路上都有一堆堆的人們大聲呼叫，也跟著做出要追打我們的樣子，等到我們跑到圓山動物園，也沒有心情看什麼動物了，幾個孩子止不住內心的恐懼，拼命的往最高的山丘走，我們走到山頂躲著，一直待到晚上六、七點，既沒有水喝也沒有東西吃，又餓又渴，也不知道外面到底發生什麼事情，我們到底什麼地方得罪了什麼人，為什麼會被一路追打？

　　直到晚上八點鐘，天全黑了，父親終於找來了。因為他會講臺灣話，到處打聽我們的下落，最後走到圓山動物園山頂上找到了五個孩子，我們這才得救了。

註1、當時臺灣泛稱大陸為「唐山」，臺灣人稱外省人為「阿山」。

父親叫我們一路保持安靜，千萬不要開口說話，靜悄悄地跟著他從山頂往下走，接連山路的是一條鐵路，走在鐵路上，非常黑暗，我們踏著月色，跟著父親默默地走路，一句話都不敢講。

不知道過了多久，才終於走回到大龍峒劉翁雲先生住家。

當時並不知道這一天原來就是二月二十八日，也是臺灣發生「二二八事件」非常慘痛的一個值得紀念的日子。

一九四七年，「二二八」事件正巧被我碰上了，沒想到四十三年後，臺灣行政院成立「二二八」專案小組，我被行政院和總統府聘為七人小組的成員之一，可以說是最合適的人選了。

從一九四七年二月二十八日一直到現在，我們都生活在「二二八」事件演變的陰影狀態之下。

行政院在一九九一年成立的「行政院二二八專案小組」，以行政院副院長為召集人，主要成員有內政部長、行政院秘書長、總統府副秘書長，再加上中國國民黨中央副秘書長，總共五位。

這五位都是黨政公務人員，大家覺得應該再找一位社會公正人士，就是沒有任何派系的一員，各方曾經提出若干人選，最後因為我的身份被認為比較中性客觀：父親是臺籍，母親是生長在日本的廣東人，而我在大陸唸過十年書，回到臺灣又經過了數十年的成長，沒有任何政治色彩，也算是一位社會公正人士。

▼1991年，臺灣「行政院二二八研究小組」成立。(前排左起陳三井、張玉法、何景賢、葉明勳、陳重光、李雲漢、遲景德、賴澤涵)

　　「專案小組」在第一次會議後，就決定在「行政院二二八專案小組」下另設一個「二二八研究小組」，從社會各方面推薦八位歷史學家參與研究此事件發生的經過。

　　這八位歷史學教授分別來自中央研究院、國史館、師大、臺大的歷史系主任及黨史館的代表，我是以「行政院二二八專案小組」成員的身份參與，每個月一次全程出席這個研究小組，進行整日論文討論會。整整一年的時間，終於寫成《二二八事件研究報告》。

　　自此，我對「二二八事件」發生背景有了比較深刻的瞭解。現在簡單的將此研究調查經過與決策做一些介紹。

回顧二二八

　　臺灣因為經過日本統治五十一年，大多數人民都對祖國有深刻的懷念之情。

　　在日本投降、臺灣光復後，臺灣人民過了逾半世紀的「殖民地」孤兒生活，接受日本奴化教育，雖然在思想上或多或少中了日本人的遺毒，但是自從抗戰勝利以後，大家仍對祖國寄予深切希望……

　　沒有想到，從一九四五年的十二月二十五日到一九四七年正月，蔣介石派來以陳儀為首的數十位接收大員們，這一年多來的表現讓大多數臺灣人感到非常失望。

　　官員們不但有嚴重貪污行為，而且經濟管理無能，讓老百姓感到生活困苦、前途迷茫，再加上各種現實環境的教訓，使得本來對祖國有深刻懷念的

臺灣人，慢慢對祖國領導能力懷疑起來。

人民基於懷疑而感慨，從感慨而失望，最後由失望變成沮喪。於是他們比較了一下，覺得似乎日本統治時代的生活遠比光復後來得好，也有人覺得日本奴化臺灣的統治方式比國民政府更好。不幸的，「二二八事件」發生了，就此埋下了超過半世紀臺灣人對大陸人仇恨的種子。

現在回過頭來再說說二二八之前這一天到底發生了什麼事情。

歷史的那一天

「當時這些衝動的群眾已經是見到外省人就打，見穿制服的打的更厲害，當時的管稅務、利率和監獄的這些公務員及總務科長這一類更是被追殺的一塌糊塗，外省籍的公務員、員警、憲兵在街頭挨打的為數不少，特別是在萬華，太平町，永樂町，本町和新公園一帶，外省人的職員宿舍、商店也有受攻擊騷擾的，確實的陣亡數字不詳。」

——戴國輝（二二八研究專家留日的法學博士）

在一九四七年二月二十七日當天下午七點半，煙酒專賣局[註1]有六位查緝股的科員為檢查走私的香煙販子，開了一部中型卡車，到達臺北最熱鬧的太平町——也就是現在的西門町一部份區域，停在「天馬茶室」附近的香煙攤。當時這些煙販的商品多半是走私來的，所以一見緝煙人員到達，攤販們便眼明腳快、一哄而散，各自逃開了。只有一位名叫林江邁的女煙飯走避不

及，情急之下抱住一個稽核員的大腿苦苦哀求，希望他能夠手下留情，把沒收的錢跟香煙都還給她，過程當中，這位科員傅學通情急之下拔出了手槍，用槍托對著她的頭敲了一下，她的頭部竟然就出血了，圍觀的民眾感覺查緝員欺人太甚，大家大聲吵鬧、憤憤不平地圍向這六個稽核員。

　　稽核員們一看苗頭不對，六個人都拔出槍來，並往永樂町大戲院方向逃跑。逃跑過程中，有一個人對著追他的民眾發射了三顆子彈，居然把一個憤憤不平的老百姓陳文溪當場打死。他錯殺百姓後便和同伴一起躲進派出所，而這批老百姓也集合了數百人將派出所團團包圍，派出所警員只得把六位稽查員轉送到中山堂的憲兵隊，於是群眾又追殺到憲兵隊，要他們把兇手交出來，這個時候天下已經大亂。

　　根據我找到的資料，臺灣知名二二八研究專家戴國輝[2]曾寫下這麼一段話：「當時這些衝動的群眾見到外省人就打，見穿制服的打得更厲害，當時的管稅務、利率和監獄的這些公務員及總務科長這一類人，更是被追殺的一塌糊塗，外省籍的公務員、員警、憲兵在街頭挨打的為數不少，特別是在萬華、太平町、永樂町、本町和新公園一帶，外省人的職員宿舍、商店也有受攻擊騷擾的，確實的陣亡數字不詳。」他雖然是這麼說，可是後來在另外一份文獻裡面，又見到了一些數據。

　　在鄧孔昭先生編寫的《二二八事件資料集》第六十五頁至一○二頁有這麼一段：

　　從二月二十八號上午十點半，臺灣民眾開始毆打外省人起，一直打到下午七點多鐘，打風才稍稍平息，因為那個時候有的外省人被打死的已經打死，被傷的已經打傷，幸而未被打到的外省人都一個個蟄伏在自己的家裡，或躲在臺灣朋友的家裡不敢出來，據估計就在二十八日這一天，外省人被打死的便有一百多人，打傷的共九百多人，所以在這一天之內臺北城的每一個

註1、即今「煙酒公賣局」。
註2、戴國輝先生為留日法學博士，後任中華民國大法官。

角落裡，差不多到處都是橫臥著外省人的屍體，到處都留著外省人的鮮血，「阿山」、「阿山」，幾乎已經成了臺灣人洩憤的口語，入晚以後，臺北變成了一個恐怖的死城，但瘋狂的民眾依然群聚在中山公園內開群眾大會討論一切與政府交涉的對策。然而在這個僅有的片刻寧靜，到八點鐘以後，卻又被臺灣省警備總司令部的戒嚴令打破，因為該部為了想防止事件再擴大並保護各機關起見，特別將臺北市僅有的一千多名軍隊，包括一個員警大隊以及憲兵隊，包括臺灣供應局汽車二十一團的少許兵力，加起來不過一千多人。為什麼臺灣在當時二二八事件發生的時候兵力會那麼少，因為大多數的兵力都被蔣介石調回大陸去參加內戰去了。

行政長官陳儀向大陸蔣介石報告說是臺灣這裡的情況告急。因為缺少兵力，於是在三月九號，大陸派來兩營憲兵，他們搭的那條船剛好就是我從天津離開到達基隆的這條船——海平輪，就是那個一百多噸的小輪船送來了一批人，從基隆登陸以後，就有很多的老百姓，被警備總司令部宣佈是暴民的一群人，就到基隆去圍著基隆港不准向他們開槍，不希望他們登陸，於是兩邊槍戰就開始了，好在因為只是一個船對著一個小港口，當然軍隊總是具備相當的武器，他們最後仍然順利的登陸，一路從基隆開到臺北，凡是堵塞他們道路或試圖攻打，民眾就會受到相當大的損失。

經過後來統計，經過行政長官公署民政處在二二八之後的三月底的調查，當時公佈外省籍公教人員死亡六十名，受傷一千二百五十二名，失蹤八名。非公教人員，就是一般的外省老百姓，死亡二百七十八名，受傷三百二十名，失蹤二十四名。至於軍隊和臺胞死傷，也有過統計。

經過一段時間，到了五月二十六號，再公佈的時候，提出了正式的傷亡人數是三百九十名，受傷二千多人，失蹤七十三人，以上的軍人都是外省籍。他們也公佈了臺灣省人的損失。

《二二八事件資料集》公佈的調查內容只到五月二十六日為止，當時死亡的人數統計都以外省人為主，至於軍隊和臺胞死傷的確實數據則沒有統

計。

　　一九九一年，行政院「二二八專案小組」經過一年的調查，在終了的最後一天，突然冒出一個所謂的人口專家，根據他所做的推算，估計約有七萬多名臺灣人被打死，可是與會的八位歷史學家認為這個數字沒有根據，不能夠做為結論，於是提出一個公開調查計畫，讓受難家屬向「行政院二二八專案小組」登記，凡是登記有名有姓都算一名，甚至是失蹤人口，就算沒有看到屍體也算。累計一年共登記有六百多人，延長到第二年還是不到一千人。一直到了六年後，數字大概就在一千人左右。

　　我認為，在歷史的領域中摸索，一定要具有寬闊的視野和胸襟，而且要公正，不能有情緒的糾纏，提出的證據才具有公信力。雖然確實數字仍不明朗，但是「七萬多人」這個數字實在是沒有憑據。我想，終有一天「二二八」的研究報告會有一個「水落石出」的真相說明吧！

寶島的求學生活

　　「二二八事件」過後，我在寶島臺灣開始正式學業進修生涯，也就是學生生活。

　　本來以為自己可以跟其他同學一樣在家裡做乖兒子，然後按部就班地，從小學、中學一直讀到大學，順利畢業以後出國留學或者就業成家，這是我的親友與大多數同學所走過的路。但是真沒想到，我的求學過程竟是相當的曲折。

　　我在寶島臺灣的求學過程曲折主要有幾個原因：第一、由於我的籍貫

分屬中國的海峽兩岸——臺灣、廣東，父親是臺灣人，母親是廣東人。父親生長於臺灣，又曾到日本和中國廣東留學，直到大學畢業；母親則是日本華僑，直到十九歲才回到祖國，在廣東跟父親成家，再因對日抗戰，父親的工作環境一再變遷，從廣州、南京、北京到臺灣。家庭因素使得我的求學生涯充滿曲折。

第二、由於國共內戰，到了一九四七年一月，父親跟母親與姐弟們一家人先後分兩批回到臺灣，形成我的學業一再中斷與改變。

第三、因為父母及姐弟從一九五〇年初陸續移民美國，為了讓全家移民成功，把我與小弟景雲當作留臺人質，而且逼我去學農，轉到農業學校，希望我將來在臺灣做一個偉大的農民，也為我們的家族留一個根。

因此，我的中學一共讀了四所學校，分別在海峽兩岸。又讀了四所大學，兩所在臺灣、兩所在美國，同時還有一所在印度。我的讀書歷程，可謂極其曲折而繁瑣。

中學生活

在「二二八事件」之後，一九四七年的三月，臺北和平中學開始成立。它是針對臺灣一九四五年十二月二十五日光復後，從大陸轉進或返臺工作人們的子弟所成立的中學，後來歸屬於臺灣國立師範學院，最後改為師範大學附屬中學。所以「和平中學」曾改名三次，從「和平中學」到「師院附中」，後來變成「師大附中」。

在我進入和平中學唸到初二的時候，因同學間的誤會衝突，父親基於「息事寧人、和平收場」的想法，於是把我轉學到臺北縣府板橋市「縣立板橋中學」插班續讀。

一九四九年我在板橋中學畢業，那時國共內戰方休，蔣介石政權失利，率軍民二百萬人遷移臺灣。我在一片反共歌聲、反共口號中於板橋中學畢業。畢業以後不久，縣立板橋中學又升格成省立的「板橋高中」，於是我繼續在板橋高中唸了一年。

　　後來因為父親決心移民美國，於是把我轉學到桃園縣府桃園市「省立桃園高級農業職業學校」，希望我唸完農業高級職業學校三年後，做一個本份而務實的農民，有正當工作，讓他們留在臺灣的這一顆小苗，未來能正常發展，其願足矣！

　　我從「和平中學」轉到「板橋中學」當然也有一些特殊的原因。在和平中學就讀的時候，同學中百分之九十以上是大陸轉來的第二代，臺籍人士非常少數，即使有，多半也是在大陸住過一段時間便回到臺灣的第二代。從和平中學（即後來的師大附中）畢業的同學中出現過許多人才，如：國民黨主席、中華民國副總統兼行政院長連戰；曾任國民黨主席、秘書長、中華民國內政部長、臺北市長吳伯雄；擔任過中華民國經濟部長、國防部長及監察院長的陳履安，這些都是當時入學時比較熟識的人物。

　　當初轉學到板橋中學是因為和平中學有一些老師覺得我個性倔強、不服管教，常常需要跟家長溝通，而且我跟同學間也時有為了一些不同看法而起爭執，這時候，男孩子血性剛強，難免會打架。而姐姐碧英和弟弟景陶在和平中學則是表現非常的優異，始終是被學校在週會上提出來表揚的模範生，我卻是一個個性完全相反，容易被老師和同學提出爭議的人物。也許是從小在家裡因我個性倔強，父母對我非常嚴厲不公道，動輒殘酷體罰，且特別疼愛其他三個恭順聽話的子女所致。

　　記得在北京的寒冬，甚至於在冰冷下雪的夜晚，父母常常叫我從遠距離的北屋走到西房去端熱水，一盆一盆端進去，給姐弟和老人家們洗腳，每晚至少費時四十分鐘，家中掃院子、掃雪等雜工，也由我一個人擔負。到了臺灣，廚房清潔、鍋碗清洗等一切雜事，自然都歸我負責。除了上學，我始終是家裡的免費長工。

　　所以在和平中學時期，也許同樣因為不服權威管教的個性，常常在班上引起事端，最後在不得已的情況之下，父親只好把我轉到每日往返公車、火車二小時車程的偏遠地點——板橋，入學「臺北縣立板橋中學」直到初中畢業。

職業學生

在板橋中學，我也結交了一些好朋友，後來他們都在各行業有相當好的表現，如曾任外交部長的程建人、美國問題專家李本京、歐洲僑選立委陳沛泉和科學界名教授毛鑫等。

當時在板中有一個訓導主任董某，後來據同學的看法，他應該是從事特務工作，在學校專門調查學生有沒有「傾匪」或是對共產黨存有幻想或期望的行為。他的言行不但是如此，還利用很多「職業學生」──即收買學生作為他的核心幹部，要他們針對班上親共的可疑分子撰寫報告，進而讓他「建功立業」，討好上級，爭取升遷校長高位。

沒想到後來我果然中了他的圈套，也成了一名受害人。

同學當中有一個孔某，自稱是孔夫子的後人，而孔某還有一個兄弟也是同班同學，孔某在班上表現正常，為人也非常有親和力，但是他兄弟就顯得非常陰沉，沒事經常向每個同學示好，並問東問西，專門打聽別人的隱私，也許他正是受制於董某，而我跟班上另外一個經常接近的同學吳經義，竟然都被他當作調查的對象，把我們視為「可疑份子」撰寫報告，指控我們兩人對國民黨領導的政府不忠貞，而這些都是我在事後發現的。

原本我計畫在板中畢業後，再回到師大附中讀高一，但發生了這樣的事，我也無法進入師大附中高中部，因為我的記錄都會跟著學校轉移，最後終於被迫離開了正常的中學階段，轉入桃園高級農業職業學校。

父親以為我倔強的個性，在這種情況下，最好轉向學農，讓自己擁有一技之長，不需要跟任何人來往，就這樣子走完一生應該是沒有問題的。

農校生活

一九五一到一九五四年，我開始了三年寄宿與
「準農夫」的生活。

▲少年何景賢。（時年
十八）

風雲人物

在桃園農校的三年生活其實也挺有意思的。

學校校長彭家瑞先生是一位非常務實而且能力特強的好校長，他對學校
的校譽和品牌都非常重視。我在這三年當中經過一番考驗，三年來被不同導
師指定擔任班長。主要是因為全班同學有一半是說閩南語的，另一半說客家
話，他們都是來自農家的子弟，而我是唯一在大陸待過，完成小學教育而且
唸到初一才回到臺灣的學生，在老師眼中水準比較高，所以特別被看重。

農校生活也有令我感到遺憾的地方。我這一生中從來沒有機會好好地
學習臺灣話，當時應該好好的跟同學們學習才是。利用現成環境學習語言應
該是非常容易的，可是剛好當時臺灣政府大力推行國語運動，全臺灣的學生
都要說國語，而且要徹底力行，凡是說家鄉話閩南語或客家話，都會被罰
錢。而我不但擔任班長，再加上這些老師們覺得我既然來自北平，國語自然
相當標準，便讓我擔任小助教，所以經常被指定領讀國文課，上課前，先要
站起來大聲朗誦一遍。但是課文中有很多古文字詞，我必須在前一天晚上查
字典，清楚的瞭解它的發音，切不可把字認錯，隔日才能順利朗讀課文。我
想，這一段時間的語音訓練，對我後來的國文基礎有不少幫助。

在桃園農校期間，我不但擔任了三年班長，而且學校幾乎任何競賽都指
定我參加。暑假期間，我還要代表學校組成「軍中慰勞隊」，到桃園縣轄內

的各軍種部隊去做精神慰勞工作，如贈送禮物、表演唱歌跳舞鼓舞士氣，或是參加他們的座談會，分享老兵思鄉情緒。

經過一個夏天之後，我居然獲選為「桃園縣模範軍友」。全縣七個省立和縣立的高中當中各選出一名，我便是桃園農校的「模範軍友」。

從一九五二年開始，蔣經國成立「中國青年反共救國團」，自任團長。所有的高中以上，一直到大學生，一律都是救國團的團員，我在全縣表揚「模範救國團團員」的時候，又再度提名當選。

另外，全縣舉辦國語演講比賽也好，辯論比賽也好，我都名列前茅，所以我在學校算是一個無人不曉的「風雲人物」。學校的訓導主任、校長對我都非常稱讚，這段時間也給我一個相當好的歷練，因為「蜀中無大將」，我這個「廖化」就出來擔任先鋒了。因此在桃園農校很多的競技場合，我都得到了優秀的表揚。

農校畢業以後，我開始思考：難道我要走上農夫這條路嗎？或走農業行政工作？不禁令我疑惑。

美國「四健會」

還記得在桃園農校高三的時候，正好美國「四健會」（4-H Club）透過「行政院農復會」的安排在臺灣成立分會，鼓勵全臺灣所有的農業學校，民間農會、農業團體學習美國「四健會」組織的方式，把農業改良工作做好，另外在桃園農校成立了養雞組、養牛組、養豬組，農業加工組（製作加工的豆漿等）、農藝組、園藝組等等，就是為了讓這些學農的學生個個都學有專長。

除了學校的正科教育之外，他們還把美國的農業技術也帶到臺灣來，於是我又成了桃園農校四健會學生委員會主席，碰上這些外國指導員，需要臨時惡補幾句英文跟他們交流一下，這也是在桃園農校的生活點滴和考驗。

農校讀完後，正好碰到臺灣大專聯考開始實施，所有的學生高中畢業後，都要經過政府統一主辦的大專聯考，等於是大陸的「高考」。經過聯考

及格，入選學生被分發到所考上的學校，才能夠開始大學生涯。

白色恐怖三十七日

由於我以職業學校的學歷畢業，並非一般的高中，所以必須要以「同等學歷」去參加考試。在我報名聯考，正努力讀書準備參加考試的時候，一天，一個不幸的日子突然降臨。一部黑色中型吉普車開到我家巷口，四位穿黑色中山裝的的中年男士對母親說，警備總司令部要傳何景賢去談話，我便莫名其妙地跟著他們走了。

沒想到這一去，有三十七天被關在警備總部保安處，地點在西門町的一個地下軍事司法單位。

當時，幾位軍情人員每天輪流八小時跟我談話，持續將近一個禮拜，不僅要我寫自傳，還要交代我在大陸讀書的情況及到臺灣後的生活情形，幾乎鉅細靡遺，每天都要交代。同時不斷地有人來審問我，總是繞著這個主題：認為我是共諜，或者是從事過一些政治工作。

我當時說，本人到臺灣才十二歲，有什麼資格做過共諜？畢生也沒有參加任何的政黨。當時，我已經是十八、九歲了，自十二歲到臺灣以後，就接受臺灣的一切反共教育，為什麼現在一直圍著「我是共諜」這個題目繞呢？後來我終於發現，原來是板橋中學的訓導主任董某，和我的同學孔某，他們共同編造羅織一些莫虛有故事，把我和另一個同學吳經義一起寫了進去。

我在學校每個禮拜都要交週記，記錄了這個禮拜到底做些什麼事情，有些什麼感想要抒發的心聲，大概我是對於當時每天都在唱反共歌曲，呼反共

口號，覺得有點煩，當然多少也受到家庭的一些影響，因為我的父親曾經被蔣介石先生召見，主要的原因是他身為在大陸和日本先後受過高等教育的知識份子，又在北京大學教過書，其他從大陸回到臺灣的高等知識份子都被政府重用了，唯有我的父親漏網，尤其他是經濟學家，著作等身，有中文、日文和英文著作，經過推薦，我父親便前去朝見蔣介石先生，但他們兩人的談話不大愉快。

當時蔣介石問：「你是一個經濟學家，國民政府已經從大陸退到臺灣來了，我們的經濟建設今後應該走什麼樣的方向，應該怎麼做呢？」

其實這是一個很好的請益方式，但不幸的是——蔣先生因是軍人出身，所以說話多半都帶著命令式的語氣，也不是很親和。我父親是一個比較內向，同時也非常嚴肅的人，所以當時他直言回應蔣介石，他認為：「臺灣的經濟應該要開放，要跟大陸有所不同，大陸既然談共產主義，一切都是國有，反觀我們臺灣的經濟條件，島內地下沒有礦物，地上面積也非常狹小，還經常有颱風、地震等問題，所以我們應該多尋求外資，走開放政策，拿我們的自由民主做標杆、做號召，歡迎外資進駐臺灣。比方說，現在鐵路、公路都是國家的，煙酒等一切民生物資也都由政府控制，經濟環境非常狹隘，這是不行的。」

他接著說：「臺灣本來只有六百萬人口，現在已經接近九百萬，所以應該要往外尋找資源，而內部也需要節省，不要常常喊著『反攻大陸』的口號，因為這個口號讓大家生活在非常緊張的氛圍裡，政局緊張，外資也就不敢投入了。」

沒想到蔣先生聽完以後勃然大怒，大聲斥責：「我們今天已經什麼都沒有了，什麼東西都被拿走了，假如政府現在什麼都不要，也不囤積糧食物資，毫無準備，那我們如何反攻大陸呢？」

先父當時保持沉默，啞口無言。過後，便表示拒絕擔任任何公職，所以後來他雖然做過一段短時間的省政府習藝所所長的工作，但仍然不是他的志趣，終於他選擇移民美國了。

家長的言行當然也會對子弟們多少產生一些影響，這也構成了一個十二歲返回家鄉的孩童被羅織「共諜」嫌犯之罪的主因之一。

入獄與釋放

當時和我一起被關在地牢裡的共諜疑犯一共有四十三位，他們多半是說閩南話的本省人，也都有點年紀了，當他們突然看到一個十八、九歲的年輕人被送進來，而且一口標準國語，一句臺灣話也不會說，紛紛好奇的圍著我探話，以為我是警備總部派來臥底的「潛伏」。

經過輪番另類「審問」，我終於感覺到其中有一、二位是警總偽裝的政治犯，另外也真有一些「胸懷大志」不滿現實的異議分子，他們已有創建「臺灣獨立國」的雄心，其中有臺灣獨立國「國務卿」，還有「內政部長」、「國防部長」等。當時每個人看到我這個情況，有的說我恐怕至少得關十年，還有人說我會被送到綠島[註1]管訓。

沒想到，三十七天之後，我就被無罪釋放了。

這一天，父親前來接我離開。放行前，他們要求我在一份檔案上簽字，保證忠心國家而且不會有任何叛國行為。然後父親帶著我到當時的省政府秘書長謝東閔家去，要我向他致謝，原來我是被謝東閔先生保釋出來的。

謝東閔先生經過我父親的請求，去看了蔣經國先生，對他說，雖然你們是寧可錯抓一萬、不願意放掉萬一的政策，但這是一個無辜的孩子，他的爸爸媽媽都是我在廣東一起生活的朋友，何景賢從出生以來，我就看他長大，絕對沒有問題。所以我被他保釋出來了，這一段是我讀中學時經過四所學校以後最曲折的經歷。

桃園農校出來以後，我的「聯考」的時間也過了，因為我雖然完成了報名，但是那三十七天正好是聯考期間，考試時間就這樣錯過了。

註1、臺灣外島屬地，設有專門對臺灣政治犯進行管訓的監獄所。

大學——開啓人生的轉捩點

這一年我的運氣不錯，正好碰到東吳大學法學院在臺北市漢口街復校，還成立了外文學系，我感到十分有興趣，便前往報考。

很幸運的，我考進了這個科系。

▲青年何景賢。（時年二十）

我在東吳大學外文系同學中有一位楊其銑，年齡大我八歲，可是我們卻同班，這讓我覺得很奇怪。原來他是國防外語學院的資料室主任，還是一名上尉，到東吳大學是為了拿學士學位。我發現他的英文程度特別好，讀書的時候便和他走的比較近，後來，我到美國布朗大學（Brown University）攻語言學，他也考進UCLA加州大學洛杉磯分校唸語言學。我們兩人不但同行，而且當他擔任東吳大學外文系副教授時，我便將他聘請到「臺北語文學院」兼任教材部主任。也由於他的相挺幫忙，我才能有機會脫身到印度德里大學，幫助他們創辦中國研究系，這是後話。

我在東吳大學法學院讀了一年，因為家人都已經移民美國，我在經濟上必須自立。但我的課表是一、三、五上午，二、四、六下午，不可能有一個工作讓我自由的跟著東吳大學的行事曆走，一般的工作，上班必須每天滿八個小時，不管是白天班還是晚上班，都要準時，不能依我個人意願選擇上班時間，因此我無法在東吳大學外文系繼續唸書了。

插班轉讀淡江英語專科學校

這時正好淡江英語專科學校在臺北招收插班生，我就在一九五五年底順利考進淡江英專就讀。

淡江英語專科學校的創辦人是國民黨黨國元老居正先生的女婿張驚聲先生。當時居正擔任司法院院長，他曾在大陸做過蔣介石的長官。就在居正擔任集團軍總司令時，蔣介石是他的參謀長，後來到了臺灣，蔣介石競選第二任總統的時候，基於一個人競選的負面政治觀感需要一位夠相當份量的人士來匹配襯托，於是蔣介石親自選擇了居正，也就是他的老長官來擔任陪選人。當然，後來蔣介石當然是高票當選。

居正的兒子居浩然先生，在北京清華大學讀書後投筆從戎，改讀軍校，然後再到美國哈佛大學研究所唸書。是一位相當有見地的知識份子，也是一位非常有個性的學人。我曾經受業於他，在淡江唸了一門由他開設的課：俄共侵華史，全班四十多個同學只有兩人及格，分數非常嚴格，而我是這兩個人中最高分者，所以居浩然先生對我刮目相看。而且淡江英專畢業的時候，當時的校長居浩然竟然親自主持每一個同學的英文口試，也給我相當不錯的分數，但我更沒想的是——後來我到布朗大學唸書，兩位為我寫推薦信函的人，一位是美國語言學家，另外一位就是居浩然校長。

居浩然先生後來因為政治鬥爭的關係，幾乎被抄家，不但沒有工作，不准他教書演講，也不准他寫文章，在這樣的艱困情況下，我把他的夫人居徐萱女士[註1]禮聘到「臺北語文學院」，派她擔任美國大使館經濟組外交官的老師，算是盡一個學生能盡的力量。

居浩然因為在國民黨數屆的代表大會裡發言聲討蔣介石，站在一個知識份子的立場，直言不諱、言無不盡，對國民黨的政權當時的所作所為，有很多批評，因此他後來不論走到哪裡，後面都有一部吉普車跟監，雖然沒有把他軟禁起來，但是一直被監視跟蹤。居浩然先生的晚年境遇相當淒涼，後來到澳洲去做寓公。他對創辦淡江大學有高度貢獻，自認受到不公平待遇，在學校鬥爭中，數次翻騰無效，猝死異鄉，至為可惜可歎。

註1、居浩然夫人出身北京清華大學經濟系，是一位才德兼備、非常優雅的女士。

華語教學的啓蒙業師

一九五六年秋天，淡江英專有一位來自美國的
教授，也是一位傳教士，出身美國一流的賓州大學，
就是我的華教啓蒙老師——安篤思牧師。

Rev. Egbert W. Andrews
Founder of TLI

安教授所開的課程叫做古典文學，我們上課後才發現課程內容其實是舊
約聖經，他幾乎就是利用這個機會來傳教。

我們當然都覺得舊約聖經非常枯燥無味，但是他的教學方法蠻有意思
的，他會跟大家用英語對話，與學生閒話家常，一個個對話，把學生的家庭
背景跟信仰都瞭解得很清楚，然後鼓勵學生用英語盡情抒發自己的想法與生
活點滴，比方說你上個週末做了些什麼？為什麼要做這些事情？你交的朋
友都是哪些人？你喜歡什麼樣的運動？你的興趣、嗜好是什麼呢？在當時
一九五六年代反共口號滿天飛的時代，這種活用英語聊天的上課方式蠻受學
生歡迎的。

這位老師是Egbert Andrews，中文名字是安篤思，沒想到在一九五六年
十月份的一天，他突然約我到他家喝咖啡，談起他對在臺外籍傳教士華語教
學的構想。

安篤思教授是臺灣省外籍傳教士協會的理事長，負責統籌規劃外籍傳
教士在臺灣的種種傳教活動，因為當時中華民國總統蔣介石宣佈：計畫在五
年之內成功反攻大陸（當時臺灣執政黨國民黨的口號是：一年準備，二年
反攻，三年掃蕩，五年成功，用這四句口號召告國人「生聚教訓，毋忘在
莒」，全民團結於五年後返回大陸的目標），這些外國傳教士都覺得五年之
後就會前往中國了，所以這段時間絕對不能浪費，那麼，他們要做什麼呢？

　　傳教士在他國傳教，一定需要學習當地語言，在臺灣傳教，就要會講國語和閩南話。於是安篤思牧師找到我，他說：「你父親是臺灣人，而你又在北京長大，國語應該非常的標準。我的教會——改革宗教長老會（Reformed Presbyterian Church）有一些兄弟姐妹（教會中教友們彼此稱呼）他們都說自己的國語非常標準，向我毛遂自薦，聲稱自己能夠教授教會外籍傳教士說中文，我想請你找個機會跟他們分別談一談，幫我鑒定一下，他們的國語的發音是否正確、標準？」

　　由於老師的情面，在一個星期日早上，我終於來到他的教會，與他們自稱能說一口標準國語的教友們會面。

　　我當時確實不好意思，思忖自己只是個二十二歲的大學生，而他們都是在四十歲以上，五十歲到六十歲的虔誠基督徒，不過我還是答應了老師的請求。一一談話後，發覺他們雖然都來自大陸，但是口語均帶著南腔北調，有些人說的是廣東國語，有的人則說福州國語或上海國語，實在很難聽到一個標準國語。

　　於是我回覆安教授：「讓老師失望了，我到現在還沒有口試到一個適合教國語的教師人選，老師的計畫是什麼呢？」他說：「我想開設一所傳教士語言學校，讓這些傳教士有機會學國語和臺語，你能不能與我合作，幫忙徵選老師？」並問我該用什麼辦法。我跟老師提出建議，可以向各大學中文系或者哲學系徵選大學應屆畢業生，或者大學四年級準備就業的知識青年，並敦請一位語言學家為他們進行語言教學訓練。

　　經過一九五六年三個月的籌備，終於在年底成立了這一所華語學校。

「基督教語文學院」成立

華語學校在美國紐約市對面的新澤西州立案,在臺灣正式建校,創辦人就是安篤思牧師跟何景賢兩個人,當時登記的校名是Missionary Language Institute「基督教語文學院」。

經過兩年的時間,這個臺灣地區唯一的華語學校已經遠近馳名,連外國都知道臺灣有這一所教華語的學校,也是臺灣第一所華語學校。

創校過程中,我們還邀請美國語言學家George Shelley親自主持,我也成立教材製作組,下分國語組與臺語組,由兩組老師參與編訂教材,當時學校已經頗有名氣,不僅美國大使館、美軍駐華顧問團、美軍臺灣協防司令部都派員到我們學校來學中文,而且臺語教材在教會傳教士支持下,也在那時快速成長,尤其特別受到中南部臺灣外籍人士歡迎。

▶ 大 學 畢 業 的 何 景 賢
(左二/時年二十四)。

華語學校的發展

　　臺語、國語兩個教學部門在「基督教語文學院」成立後，當時我以國語部主任身份帶領這些老師，扎實地作培訓。

　　為了做好教學與培訓工作，我們戮力找齊教材，除了美國芝加哥大學出版的中文會話《Conversational Chinese》，還有耶魯大學的五本教材，如：《Speak Chinese》、《Chinese Dialogues》、《Read Chinese》、《Read about China》等。我們也同時就內容進行修改，制訂自己的新教材。就此開始了我終生義無反顧的對外漢教生涯。

　　一九五八年初，我建議學校董事會成立「語言學顧問會」，當時邀請一位美國軍方具有語言學背景的謝喬治（George Shelley）和語言教學專家Miss Gratter等人來校，每個星期六上午用四個小時的時間，由George Shelley跟Gratter分別介紹美國現代語言教學法，我來替他們翻譯，同時也擔任示範。在示範過程中，我提出了很多的疑義，比方說這個理論在實務教學上根本行不通，最好換一種方法，而這些提議多半是我在課堂實際教學摸索出來的有效方法和改良式建議，結果都被採納運用。

　　這些教學法後來一共訂了五十多條，訂名為《口語教學法的討論》（Discussions of Method in the Teaching of Spoken Chinese），在一九六一年由耶魯大學出版，供耶魯大學教學參考使用。

　　很有意思的是，我們在一九五八年把耶魯大學的拼音、耶魯大學的教材引進臺灣，但是我們的教學法反而被耶魯大學於一九六一年採用，他們也出版了我們的教學法，而且還邀請我們到美國幫忙培訓華語教學的老師，這是後來的事情。

　　這個時候，基督教語文學院從許昌街基督教青年會，遷移到臺北市中正路仁愛教堂。仁愛教堂由當時蔣介石的秘書長長公子——擔任牧師職的張群

先生主持，商得張牧師同意之後，學校就在仁愛堂教堂旁租借了一塊三百坪的土地，蓋起新校舍。

1958年，美國國務院外交學院中文學校校長柯克（KoK）訪問語文學院，何院長簡報美使館學生研習中文情況，雙方相談甚歡。

1958年，何院長主持「基督教語文學院」教務行政，並親自上課講授。

卷三、
1958 - 1966年

　　一九六〇年下半年，美國國務院開始注意到我們學校的存在。因為他們需要大量培養具有華語能力的外交官，甚至是在臺服役的美軍顧問團人士。於是，美國國務院以國務卿名義與我們正式簽下國／臺語教學合作協定，此項合約一直延續至一九七九年底臺美斷交為止。

　　為廣納多元求教的學生，於是我向董事會建議把「基督教語文學院」改名為「臺北語文學院」（Taipei Language Institute）。

　　改名之後，學校在教學法與教材研發等方面，均更努力的推進。

入伍服役

　　時間到了一九五八年，當時臺灣的大學畢業生必須以預備軍官的身份先接受四個月的入伍訓練，然後再正式服役，兵役期總共達一年十個月，這是應盡的義務，每個中華民國男性國民都要遵守。

　　到了服役年齡，我被選為憲兵。憲兵是很特殊的軍種，因為它對身高、教育背景、忠貞思想各方面都有相當的考核。我被合格選入預備軍官憲兵第七期學員，受訓的學員總共有一百人。

　　全臺灣每年有數千名預備軍官被送到臺灣南部、東岸或金門、澎湖等地服役，也許是在海軍、陸軍、空軍，甚至於是在海軍陸戰隊，而憲兵的名額只有一百名，我很幸運的被選進這一百名當中。其實很多預備軍官服役的學生，都希望能優先在憲兵學校受訓，因為憲兵學校地點在臺北市，如果他們被送到南部或外島海陸空各基地受訓，要是有女朋友或家人在週末來探望，來回費時且非常不方便。

　　我的入伍時間是一九五八年九月十二日直到一九六〇年三月十一日，總共一年十個月服役期滿。兵役中，憲兵跟一般的軍種不一樣，預備軍官只需要接受四個月基本訓練，然後就會派到部隊擔任副排長，或者其它相當於少尉的軍官的身份，如編譯或者翻譯官等；而憲兵則要接受八個月的訓練，前四個月是基本軍事操練，另外四個月再做法律、勤務等專業訓練，八個月的訓練之後還要接受十四個月的服役。

　　我當時被派到臺灣的第三軍事看守所擔任所長，地點在臺北縣塔寮坑，靠近樹林鎮附近，雖然和臺北市仍有一段距離，但已經算是方便的了。我擔任看守所所長期間，發覺當時裡面的犯行人都是很年輕的現役軍人，他們對軍法不大瞭解，甚至於有時因為好玩就把軍事配備，如軍服、皮帶、鞋子等物品賣掉，卻不知他因為有軍人身份，這麼做就是違反軍法，因而受到非常

嚴格的處分。

　　當時有一位服役三年將要退役的「阿兵哥」，他就是因為把水壺給賣掉，在我接任第三軍看守所所長時被判刑下來。我後來得知他是因為需要返鄉路費，就把隨身水壺以很便宜的幾塊錢賣掉了，後來被憲兵抓到，並送到軍事法庭一審，判了他一年的徒刑，但他不服氣，於是上訴到國防部軍事法庭，結果更糟糕，判下來是兩年，當時軍法只有二審，就此定讞了。為什麼會由一年改判成兩年呢？正因為他賣的水壺是軍用品而讓他加重了一年。類似這樣冤枉的服役的補充兵們（俗稱為「阿兵哥」）很多人都因不懂軍法，不小心犯行而被送進看守所關起來，在我看來都是非常冤枉的。

　　我在看守所服役一年兩個月，算是風調雨順，我對他們恩威並施，多半是恩多過於威，而且再三告誡切勿誤觸軍法，否則得不償失。所以軍事人犯都對我還相當信服，這是在服兵役時的一段插曲。

　　在預備軍官受訓的八個月生活也是挺有意思的，一百個學員當中，各色人等都有，有後來國民黨社工會主任——法務部部長蕭天讚；國民大會議長陳金讓，他也做過國民黨臺北縣黨部主委；另外像新黨主席陳癸淼；還有臺獨聯盟主席張燦鍙，他在陳水扁做總統的時代任臺南市市長。這些人都跟我在同一個隊伍中服役，八個月生活在一起，感情就像兄弟一樣，沒想到後來大家政黨和派系都不一樣了，有的人甚至於成為了政敵。

　　這八個月的基本勤務訓練，我幾乎每天早上都被指定向全體學員恭讀「總裁訓詞」，總裁訓詞指的就是國民黨的總裁——黨主席蔣介石在軍政場合、中央常會的報告與宣示文，我要在每天早上當眾恭讀半個小時，全體學員都要集合安靜的聽完，宣讀以後還要寫心得報告。

　　我有的時候因感冒或者不方便恭讀「總裁訓詞」時，接替我的人就是陳癸淼，他學的也是語言學，跟我後來變成相當好的朋友，在擔任「新黨」主席之前，曾經做過國民黨臺中市的市黨部主任委員。

　　基本上我們後來所看到的政界領袖，不論是臺獨或新黨的領袖，還是國民黨的高層領導人，全部都曾經是國民黨員。因為在憲兵第七期的一百個學

員都必須都是國民黨員，我也不能例外。

在進入憲兵預官第七期的時候，我就被選為國民黨第一組的組長；而第二小組的小組長胡兆陽，他是當時蔣經國擔任中央幹校校長時的教育長胡軌的長公子；第三個小組的組長蔡有方，他後來在美國也成為了非常成功而富有的大企業家，在洛杉磯與遍及整個美國地區的「老東方傢俱」，就是蔡有方所有。

退役後的華教生涯

我在預備軍官任期一年十個月退役之後，又被當時「基督教語文學院」的董事長安篤思先生請回去繼續協助學校的教務工作。

回到語文學院不久後，我便覺得這個學校需要進步，不能單靠幾本美國大學出版的老教材進行教學工作。這些教材都是一九四〇年代編纂而成的，裡面的語彙、語法早已不符合當時的年代。因此我聯繫上美國耶魯大學遠東學院，跟他們商量把這些中文教材授權給我們改編。

為什麼我們當時會選擇耶魯大學的教材呢？因為「耶魯拼音」系統在教授外國人華語時，較之羅馬拼音準確且容易學習。一般來說，拼音方式有十多種之多，當時在中國大陸使用的「漢語拼音」是在一九五五年開始的，可是這套拼音教法絕對不可能進到臺灣，而國民政府自一九一一年建國以來，一直沿用的是一八四一年代的傳統的音標符號——「威妥瑪式拼音」，英文名「Wade-Giles system」。

威妥瑪式拼音是兩位英國基督教傳教士在一百多年前制定的。他們是當

時在香港和廣州的傳教士，為因應傳教，於是編了這一套拼音法。兩位傳教士，一位名叫Wade，另一位是Giles，後來研習中文的外籍人士就將兩個人各自創編的音標整合起來，命名為「威妥瑪式拼音」。

這一套拼音影響了中國大陸和臺灣一百多年，所有的中國地名和人名都以這個系統為主要標準。

引進耶魯拼音

可是到了一九六○年，我退役之後回到「基督教語文學院」，便覺得這套拼音法並不符合當時的語言教學。比方說「臺北」，威妥瑪式拼音是Taipei，所以外國人很容易說成「臺配」（配/PEI），如果是耶魯的拼音就是Taibei，用B取代P，所以就容易發音發成「臺北」；另外，「高雄」以K開頭-Kaohsiung，而耶魯是用G開始，Gao-高。因此我建議用耶魯拼音代替威妥瑪式，同時跟耶魯大學商量，將他們的部份教材拿到臺灣來，由我們作一合乎時宜的修訂。

因為耶魯大學教材編寫的時代為二戰時期，當時美國要支持中國戰場，所以政府要求無論是國防語言大學或國務院的外交學院，以及情報單位人員都要學中文，由於耶魯大學距離華府華盛頓Washington D.C.比較近，那麼就一律採用耶魯拼音。

於是我把耶魯拼音帶到臺灣。當時在臺灣教授華語的機構，除了我們之外，還有師範大學國語中心，他們以教授菲律賓、香港和馬來西亞到臺灣求學的僑生為主，他們也使用威妥瑪式拼音。後來我們引進耶魯拼音，他們也覺得非常適合，因此開始採用。於是耶魯拼音便慢慢的影響了臺灣四十多年來的華語教學。

一九六○年的下半年，美國國務院開始注意到我們學校的存在。當時他們要大量培養具有華語能力的外交官，甚至是在臺服役的美軍顧問團人士都必須學中文。於是，美國國務院以國務卿的名義與我們正式簽下國/臺語教學合作協定，此項合約陸續延長至一九七九年底臺美斷交為止。

國際華語教學學術研討會

一九六〇年十二月份,我們開始在臺北舉辦「國際華語教學學術研討會」,出席學者包括美國國務院外交學院院長、美國史丹福中心代表、康奈爾大學代表,還有國內外很多語言學專家,總計有三、四十人左右,在我們學校作了兩天的討論,是為臺灣對外華語教學研討會的創舉。

這個會議結束後,我們接續不斷的工作就是編寫教材,以及培訓華語教師,這對當時華語教學傳承是非常重要的工作。

▲1960年12月,臺北語文學院於該年度召集海內外語言學校負責人美國外交學院中文學校校長、師大國語中心主任、史丹福中心主任及語言教學專家共三十五人,舉行「華語教學學術研討會」,是為對外漢語教學國際會議創舉。

◢1962-64年,美國亞太理事會首任主席芮孝儉(Stapleton Roy/畢業於普林斯頓大學),時任臺北美國駐華大使館擔任政治組秘書,並由TLI負責其華語文課程訓練,為美國極優秀之「中國通」外交翹楚,後曾歷任美國駐新加坡大使及副助理國務卿、前美國駐北京大使(1991-1995年),對美中臺三方關係見解獨到,外交成績斐然。

一九六二年時,美國麻州泰勒學院送來了一批學生,當時很受到臺灣官方的重視,因為這批學生中有很多是美國國務院領導及他們的子弟,他們到臺灣的消息由於外電的刊載,臺灣報紙也跟進報導,受到蔣經國先生的注

意，馬上就聯繫了我，要我帶他們去跟經國先生茶敘。大家會面後的談話非常愉快，當時擔任英中翻譯的就是後來臺灣聯勤總司令溫哈熊將軍，他曾經是代表臺灣在紐約的軍事採購團團長，一直都是蔣經國擔任國防部長時貼身機要。

1964年夏，蔣經國主任於救國團接見美國泰勒學院學生代表一行十人，由何院長（右一）親率團。

　　這場會面有很多很有意思的插曲，比方說有一個外國學生主動向經國先生問候，蔣經國便問：「你們在這裡學習了一段時間的中文，對臺灣的印象怎麼樣啊？」

　　一個學生回答：我們覺得很有意思的是，晚上搭公共汽車時，發覺裡面擠得滿滿的年輕學生，他們站在車廂裡舉著一隻手抓著車子上面的手把，就怕會摔倒，身上背著很重的書包，另外一隻手還拿著書，在昏暗的燈光下閱讀，幾乎百分之八十以上的學生都是這樣子，抓著書就看，在這麼短的時間、在這麼昏暗的燈光下，他們也不放棄讀書的機會，不知道他們為什麼那麼用功？我們美國孩子就不是這樣子，晚上就是休閒時間，功課都在學校做完，從來不帶回家。

　　經國先生很高興的回答這個問題，帶著笑容說：你知道嗎，那是因為我們的青年孩子都對中華民國有信心，大家都知道將來一定能夠成功反攻大陸，他們的事業與前途都在未來，所以現在一定要用功讀書，不浪費任何寶

貴時間。

　　從這一段對話就知道蔣經國先生時時刻刻都跟他父親一樣，不忘記反攻大陸，而且抓到機會就做統戰。因為經國先生情緒良好，有的學生就問起：「聽說金門是臺灣最前線，我們很好奇，可不可以有機會去參觀？」

　　當時他一高興就說「好」，馬上囑咐溫哈熊將軍：「你們去做準備，找一個適當的時間，安排他們搭飛機到金門參觀！」

語言與文化

　　結果過了六個星期，已經是課程的最後一個禮拜了，還是「只聞樓梯響」，沒有參訪金門的消息。

　　於是我接受大家的建議，打電話給溫將軍。我說：「溫將軍，這是怎麼回事啊！學生們一直記掛著經國先生所同意的金門行，再過一個多禮拜，他們就要離開臺灣了，卻還沒有聽到消息。」溫先生有些為難地說：「我盡快在一、兩天內回答你」。

　　突然有一天溫將軍打電話來了，說是經國先生要邀請大家到「國軍藝文中心」聽京戲，但是沒有對金門的事情做任何答覆。

　　那天晚上我們如期赴約，到了「國軍藝文中心」的大劇場。他們非常優待的在舞臺前面第一排擺了十幾個籐椅，椅子旁邊都有茶几和茶點，而演出全部是功夫動作戲碼，有《五鼠鬧東京》等，非常熱鬧，文武場鑼鼓聲喧天，幾個年輕演員都是武生，身手矯健，在舞臺上翻來覆去，弄刀舞槍，孩子們看得非常高興，拍手叫好。不一會兒，戲劇看似還在繼續，但臺上的人卻突然之間都下場了。

　　他們看著我問：怎麼回事啊，演員怎麼都沒有啦？我因為只在北京看過幾次京戲，對故事情節、文武場及生旦淨末丑等等問題並不十分瞭解，當時就用一句最簡單的英文回答，說他們去Coffee break——「他們喝咖啡休息去了」。他們也說，對！對！很合理，看他們那麼賣力演出，應該下去喝杯咖啡休息休息，確實人性化。

後來，多年之後，我將這些突兀片段「劇情」告訴了我非常懂京戲的太座朱婉清，她聽到我講到這段故事，不禁大笑，並說道：你這樣可不行！從事中國語言文化的教育工作，居然對京戲這麼的外行。這位身兼臺灣師範大學「戲劇概論學」教職的朱教授於是引導我，對我做了很多的教導和說明，凡是有京戲的場合都帶我去欣賞及講解，甚至於上場親自表演，讓我得到了很多有關京劇的常識，我對她真的非常感謝。

原來當時是過場時間，於是有鑼鼓喧天地鬧著，人卻不見了的場景，我竟跟大家開玩笑說他們去喝咖啡了。

後來學外語的學生老師們都把這件故事當成是一個「文化笑談」，也是一段很有意思的插曲。

所以我們可以瞭解，教中文只是一個手段，幫助學生瞭解中國文化才是目標與根本，要瞭解中國文化得通過語言的學習，這是非常重要的關鍵。

更名「臺北語文學院」（TLI）

當時臺灣唯一對外開放的民間華語學校只有我們這一所，學生多是基督教傳教士，還算單純。後來，慢慢地，很多來自四面八方的外籍學生也紛紛要求入學。包括來自各國的記者、教授、學生，還有從事商業、科技、農業、藝術工作的外國人。

一九六二年，為廣納各方學生，於是我向董事會建議把「基督教語文學院」改名為「臺北語文學院」（Taipei Language Institute，即「TLI」）。爾後，學校在教學與教材等各方面均更加努力地推進。

TLI《臺英辭典》

學校更名之後,「教材製作部」也隨之進行業務調整,擴大教材內涵。在語言類型上,我們編訂了臺語、國語兩種語言的教材,同時也針對不同學生的學習需求,編訂政治、新聞、軍事、工商業、教育、文學,甚至於宗教各方面的教材,分別編訂三十餘種。

同時,因在南部傳教的外籍人士,還有外商,包括很多日本人也開始想學臺語,TLI自一九五七年出版《Speak Taiwanese》Ⅰ、Ⅱ冊後,不僅實用,亦受歡迎。於是我們開始再度竭盡心力編輯一本閩南語詞典——《臺英辭典》。編輯委員會成立後,我們敦聘了一位加拿大語言學家Bernard Embree教授來主持,跟臺語部所有同仁一起合作。這本詞典的編纂前後共花費了十年的時間,最後兩年,我們還將稿子送到臺南神學院做深入補充。主要是除了臺北地區臺語的音調語彙之外,南部地區的語詞也同時要顧及,所以這一部「閩南語辭典」非常細膩地兼顧了臺灣南北兩個地域的臺語。

一九六三年美國夏威夷大學送了一批學生來臺北語文學院研習華語。另外,我們在一九六四年也成立了「TLI臺中校」。

馬里蘭大學在臺美軍學分班

不久,美國馬里蘭大學(University of Maryland)與軍方協議,讓負責臺灣美軍顧問團的服役士兵,以學習中文等同取得美國馬里蘭大學的學分為獎勵,讓他們在餘暇時間到TLI學習華語,同時也防止這些美國大兵每天晚上在外頭喝酒胡鬧。於是馬里蘭大學遠東部負責人楊覺勇博士(Dr. John Young)跟TLI簽署合約,在臺灣成立「在臺美軍學分班」,中文教學由我來負責。

我將他們分成三班,同時也安排了中國歷史課程。為了這堂歷史課,我再三向臺灣學術教育界請師,大家一致公認中國歷史以英文講學者,首推葉公超先生。葉公超先生剛好跟我的親戚馬超俊先生非常熟悉,所以我有機會在馬先生家裡與他結識,同時也認識了孫中山的公子孫科先生,那個時候他

擔任臺灣的考試院長，另外還認識了高信先生——當時的僑務委員長，這些都是長輩朋友。

於是我透過馬超俊先生安排我去向葉公超先生請益，問他能不能來擔任這堂中國歷史課程的講師，可是葉公超先生告訴我：「蔣介石給我三不，第一不准演講，第二不准教書，第三不准寫文章。你叫我如何答覆呢？」

◢1963年國民黨大老，由孫中山先生親自吸收加入「興中會」的馬超俊先生（曾三任南京市長、總統資政，並親薦何院長予蔣介石總統為國民黨傑出黨員，及微召入中央委員會任部級領導，為何君婉辭），二人忘年交達三十載，合影於臺北市廣東同鄉會。

這讓我非常吃驚。葉公超先生曾擔任過兩任外交部長，而他在擔任駐美大使的時候，為了當時聯合國投票一個投票案，與蔣介石有過齟齬。

那一次的投票案，美國希望讓幾個非洲國家，連同外蒙古獨立國一同包裹進到聯合國，因為我們當時是聯合國常務理事國五個會員國之一，有否決權，美國很怕我們會投反對票，特地做了遊說，但蔣介石仍授意他去否決。葉公超說是不宜，他說：「現在要是否決『外蒙古獨立』就是得罪了美國，而且將來有一天，中國的影響力一定會慢慢地擴大到第三勢力非洲各國，他們一定會支援中國進入聯合國成為會員國，到時候我們想留在聯合國的可能性就微乎其微了，我們現在最好不要得罪那麼多國家，目光應該放遠。」

蔣介石聽後大怒，立刻把他召回臺灣。

他在完全沒有準備的情況下回來了，陪他去見蔣介石的人正是當時的陳誠副總統。陳誠跟馬超俊私誼非常好，陳誠後來告訴馬超俊，葉公超跟蔣介石對話後，蔣介石很生氣，因為葉公超不服指揮。蔣介石對他說：「那你就不要回去了。」意思就是把他的官職也免了，扣留在臺灣。葉公超回他一句

話：「我這次回來已有回不去的心裡準備了，雖然我所有的衣物傢俱財產都在美國，我也不要了，不過你要相信我中肯的一句話，將來有一天你要想求兩個中國並存聯合國，這絕不可能！」這是他對蔣介石說的最後一句話，從此二人生離死別再也沒見過面。

今天我在介紹這一段歷史的時候，想起來感觸良多。

因為葉公超先生從那天起開始被蔣介石軟禁在臺灣十五年，十五年之後由蔣經國先生藉口輔助美國各大學編輯「中國語文教科書」，敦請葉公超領隊赴美，並找我來陪他兩度前往美國東西兩岸與各大學參與中文教授會談，這都是一九六八年以後的事了。

▲1963年8月，時逢臺北語文學院創校七週年，全體教員在臺北市仁愛堂原校址歡樂合影。

美國布朗大學進修緣起

一九六四年，我拿到美國布朗大學（Brown University）助教獎學金，得以到該校攻讀語言學。於此同時，夏威夷大學也邀請我去擔任常駐講師。

在這兩個選擇間，我幾經思考，終於決定到美國布朗大學進修。

布朗大學在美國是「常春藤盟校」，也就是所謂的Ivy League School。常春藤盟校一共有八所，哈佛、耶魯、哥倫比亞、普林斯頓、布朗、康奈爾大學，都是在美國東岸具有代表性的一流學府。

其中哈佛大學有三百多年歷史，雖然比起英國牛津晚得多，但是美國的歷史在當時還不到兩百年，哈佛大學卻已經有三百多年；布朗大學也有兩、三百年的歷史，所以我選擇到布朗大學進修，而這個選擇對我這一生的影響非常大。

入學波折

我雖然選擇在一九六四年到美國布朗大學唸書，但仍有波折。

美國大使館的簽證官雖然也是我的中文學生，卻不給我簽證，原因是我們一家人分批移民美國，先是我的姐姐和弟弟，然後是父母，沒有一個人回來，現在我要是再以「赴美深造」為由獲准赴美，那等於是鼓勵非法移民。在美國是法律至上，六親不認。雖然他們學習華語的成績評估都在我的手上，但是職責所在，仍然不給我簽證。

終於在一九六四年尾，學校董事會特別為我開了個會，寫了一封寓意非常深遠的信，說我對於培訓美國國務院培訓官員華語能力有很大的貢獻，所有外交官和顧問團重要人士研習中文，都由何景賢——Marvin Ho負責，如果能夠同意他到布朗大學去接受更高深的理論語言學研究，對美國政府只有利

益而無害。如果不給他簽證，是美國的損失。今天我們董事會所有成員都是美國公民，也是納稅人，願意全體做他的擔保人，給他一年半的時間赴美進修，希望你們能夠同意給他簽證，這無論對美國政府或對我們納稅人而言，都是有利的，希望你們能夠同意。

這封信是寫給美國大使館，但是董事會把副本寄到美國國務卿那裡，因為TLI與美國政府的語文教學合約，就是由我與美國國務卿的名義共同簽定的。終於很幸運的得到他們的回音，給了我一個特別簽證，規定我一九六六年夏天，無論學習到什麼程度，都必須回臺，不准用任何藉口繼續留駐。

當天拿到簽證，我就開始跟美國布朗大學聯繫，因為一九六四年他們給了我九月份去報到的助教獎學金，非常優厚，除了高昂的學費全免之外，每個月還有生活費，但是交換條件是我必須在那邊兼任教學工作，負責布朗大學大一、大二生的中文課程教學。但是一九六四年簽證不成而沒有成行，不知道獎學金是不是被取消了？所以我只得再繼續聯繫，所幸得到很善意的答覆，同意一切如常。

終於，我在一九六五年一月初前往美國布朗大學，踏上了留學之路。

布朗大學求學路

一九六五年一月，我抵達美國布朗大學，開始人生第一次留學生涯。我的指導顧問Dr. James Wrenn任教授是一位非常有名的語言學家，他親自到車站接我。

我搭乘灰狗巴士從舊金山出發，從西往東橫跨三千里路，花了五天時間才到達美國最東岸的羅德島州首府——普羅維登市(Providence)。

布朗大學位於美國羅德島州普羅維登市（Providence），校舍就座落在一個小山丘上，他們叫College Hill，即學院山丘，景致非常優美。

我抵達普羅維登市時，正值冬天，氣候嚴寒。任教授把我接到他家，在晚飯時就告訴我：「我的家裡只能招待你一個禮拜，你必需在一個禮拜之內找到住宿的地方搬出去。」我非常感謝他，也瞭解這是美國的文化，任何事都先把話說在前頭。

於是我第二天就開始去找房子，很快的在報紙上找到一位英國籍九十多歲老太太願意租屋給我，那是一個地下室的房間，當時每個月的租金是七十塊美元。

布朗大學的學費是非常昂貴的，那是美國最貴的十所學校之一。我因為拿助教獎學金，所以學費全免，另外每個月還有二百美金的生活費。這二百元，房租七十元佔掉了三分之一左右，但是當時沒有別的選擇。第二天找到房子之後，我就立刻通知任教授，說我非常感謝他，已經找到租屋，拜託他用車子送我過去。我一生不願意多麻煩人，而且自尊心特強，當他給我一個禮拜找房子和搬家的時間，我除了衷心感謝，卻也恨不得在一天之內就搬家，果然在第二天找到了新住宅。

搬到新居之後，我拿著普羅維登市的地圖找到學校，在學校開始辦理註冊手續，並向語言學研究所所長Dr. Twadell報到，他指定我未來的學術指導教授有兩位，一是Dr. Twadell，另一位是Dr. Wrenn。

Dr. Wrenn是「中國通」，博士論文寫的是「金瓶梅研究」。Dr. Twadell則完全要用英文溝通。我一共選了四門課，他建議我三門專門課要選語言學，而另一門最好不要選本科系的課，並建議我選修政治學，但我覺得政治對我而言沒有什麼幫助，於是選了教育史。我原本以為這門教育史是副科，只是一堂有助我瞭解美國教育歷史的輔助課，後來卻是整個學期二分之一時間都花在這門課上，因為課程內容不只有美國教育史，還包括歐洲教育史，每次考試都要熟記七、八個世紀以來許多歐洲和美國教育史上的人事物，及不同時代不同人物對歐美教育的貢獻及影響，花了我很多時間，是我

極大的意外與沉重負擔。

另外他們也幫我安排到外籍學生顧問室，跟外籍學生顧問碰面。她是個五十多歲傑出女主管，非常親切地歡迎我，在閒談中也特別想說服我為學生會服務。

她說，國際學生在這裡一共有五、六百人，中國來的學生就將近六十人，佔了十分之一，可是我們學校在近三百年歷史中，從來沒有一位中國學生（含中、港、臺）願意為國際學生會服務，國際學生會一共有五名理事，中國學生現在佔有這麼大的數量，就像中國人佔世界五分之一強，能不能請你犧牲一點時間來擔任這個職務。我說：為什麼是我？我剛剛才來報到，為什麼不選在這裡待了三、四年的學生呢？她說，在我跟你談話中，發現你比他們成熟，對美國文化熟悉、瞭解，比較通人情，而他們多半喜歡待在實驗室裡做他們的實驗，不肯為任何人和一些公家的事情犧牲。當時，這些話對我有些衝擊。但我說，不行！其實我本該是去年九月來校，卻因為美國政府不給我簽證，讓我來得這麼晚，造成我需要追趕的功課非常多，請你原諒，我真不能勝任這份工作。

可是，過了一個禮拜之後，我突然接到一份通知，說學生顧問室有會議，通知我在下午兩點半到現場和他們一起開會。等我一到現場，就有其它約六、七位國際學生連聲恭喜我，說我已經被選為這一屆學生會理事之一。

現任五位理事中還有二位備選，現在開始投票，還必須從這五個人當中選出一個理事主席——International Association Chairman，我也不曉得選誰才好，一眼看到一位女同學的名字很容易看準，所以就選了她。沒想到開票時，我卻得了四票，名字被圈選為理事主席，這真是讓我大吃一驚，我想自己大概是被他們設計好，中了圈套，無論如何，也只能大方地欣然接受。

接著我仔細看章程，並詢問他們預備怎麼開始進行這項工作。他們說下個禮拜希望我來召集「國際學生理事會」，討論關於國際學生會的組成，以及做好未來一年為國際學生的服務及活動內容，顧問室主任和一位助理將會從旁協助。這是我剛到布朗大學第一週，腳還沒有落定就碰到的奇遇。

　　我搬到九十多歲女房東的房子後，立刻面臨現實生活，很多東西都要自己想辦法購置，如鍋碗食品及清潔用具。於是我自己摸索著找到附近一個超級市場，買了最簡單的生活用品。這個時候，意外地在路上碰上幾個臺灣同學跟我搭訕，他們問我：「你是那裡來的，怎麼從來都沒見過你。」我說：「我從臺灣來，剛剛在這裡找到了房子。」他們驚訝地說：「開玩笑！所有的臺灣同學都住在離學校很近的地方，你住得這麼遠，而且孤身一人無人照應，同學們知道了一定會把你找回來。」於是，大概過了一天，他們就通知我已經幫我找了一個地方，是四個人同住的一層公寓，一人一個房間，有公共客廳、廚房、浴室等，還帶我去看了房子，確實離學校很近，也很方便。

布朗大學——室友情深

▼1965年夏，何院長負笈美國布朗大學與室友合影。（左起：L.C. Lee、吳澄敏、陳惠發、何景賢）。

　　為了搬進更適合的住所，於是我到英國老太太那兒向她解釋中國文化的人情壓力並道歉，付了她一個禮拜的房租就搬出來了。

　　我們一共有四位室友，除了我以外，其他三位其中一位是來自香港的L.C. Lee，到今天過了幾十年，我還是不知道他的中文名字，因為他從來不

用中文名字，大家都叫他L.C.。還有一位是陳惠發，惠發後來當選臺灣中央研究院院士，也是普渡大學的教授，在科學方面很有成就。另外一位吳澄敏（Carl Wu）學的是科學工程，現在好像在華盛頓DC工作。

於是我們四個人變成室友，在美國生活在一起。這四人公寓的房租，每人每月只要付擔美金二十五元，和原來要每個月付七十元美金相比，節省許多。我想，在美國有幸也有不幸之事。有幸，就是很快地就找到一個適合居住的公寓；不幸的是被學校抓伕，把我抓去為六百多位外國籍同學服務，還當選了「國際學生會」主席。

這些都是留學生活剛開始的一些周折。之後，很快的，我的指導教授便提到了「助教獎學金」內容。

在布朗大學教中文

我除了一星期有四門課以外，還有大量的書籍要閱讀，以準備討論會和做報告，可以說是非常忙碌。同時，每個禮拜還必須有十個小時的中文教學課，這就是助教工作之一。

教中文對我來說並不難，因為我在臺北語文學院已經有好幾年的對外漢語教學歷練，而且他們對我以前的經歷也略有所聞，因此很放心的把教學工作交給我負責而不過問。我必須負責兩班教學課程，一門初級、一門中級，其中一班大概有十五、六人，另一班則是二十多人，對我而言算是駕輕就熟。

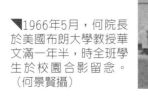

1966年5月，何院長於美國布朗大學教授華文滿一年半，時全班學生於校園合影留念。（何景賢攝）

　　而課程所需教材，學校也都授權由我自己釐訂，這是Dr. Wrenn特別跟我說的，因為Dr. Wrenn與臺北語文學院的語言學顧問George Shelley彼此認識，早就瞭解我的教學成效與份量。

　　這是我一進到布朗大學就要面對的學習與教學服務情況。

拉鐵摩爾教授

　　開始教學以後，我很快地就結識了一位教授，名叫Dr. David Lattimore，他是一位中國通學者，特別對中國詩人杜甫頗有研究，專門講授中國歷史文化的課程，這讓我非常高興。

　　Dr. Lattimore外表有點短小肥胖，不太說話，表情總是很嚴肅，可是進一步認識後才發現這個人不得了，他的父親原來是一九四一年的時候被美國羅斯福總統推薦給蔣介石擔任私人政治顧問的Owen Lattimore，中文名字是歐文‧拉鐵摩耳。

　　歐文先生在一九○○年出生，一九八九年過世，是一位非常著名的漢學家、蒙古學家兼軍事與謀略家，他很小的時候就跟隨父親來到中國，到過新疆、內蒙、東北等地生活與學術研究。三○年代，歐文先生原是北京哈佛研究院的研究員，一九三八年開始，在美國非常有名的霍普金斯大學教學，一九四一年便被派任中國，擔任蔣介石的政治顧問。蔣介石剛開始和他非常要好，因為他能說一口很好的寧波官話。這是由於歐文先生家裡的傭人就是來自寧波，自小到大耳濡目染，他不僅能聽、還能說，蔣介石因為不會說英文，所以都跟他用寧波話溝通。

　　兩人一開始建立了如膠似漆的友誼，蔣夫人也對他非常好，把他們的私人別墅給他當住宅，而且一個禮拜見好幾次面，什麼話都談，幾乎已經到了連蔣家的私人事情，包括宋子文、孔祥熙及宋家三姐妹等的話題都無所不談。而且在蔣介石和他如膠似漆的時候，還曾經接受他的建議，把俄國的政治顧問辭掉。但也許是因為介入太深，甚至介入了宋家三姐妹，所以很快便去職了。

　　當時宋美齡和宋靄齡是一夥的，宋慶齡則是獨來獨往，不介入任何政治。這兩姐妹跟宋子文在外交政治上有不同看法而對立了，歐文先生卻捲入到這家族裡面的紛爭，所以他就只做了一年就被迫離開了。

　　歐文先生離開後，到英國著名的李茲大學任教，沒想到他的兒子和我成為同事好友，雖然他平常很嚴肅不多話，可是和我感情融洽，處得非常好。因為他的中文程度雖然讀的能力很強，但說的能力卻相對比較差，碰到問題時要花比較長的時間去看、去讀資料，不如我以中英文夾雜解釋給他聽，讓他很快地能夠進入情況，這對於他的教學也有很多幫助，所以我和他自然變成了好朋友。

歐文‧拉鐵摩爾對於蔣介石的功過評介

　　拉提摩爾教授的父親歐文先生後又擔任美國新聞處太平洋行動組組長，寫了很多關於中國及遠東問題的著作。

　　沒想到他最後對蔣介石的評語是這樣子的。

　　他說道：「中國共產黨員之所以贏得勝利，部份是由於他們領導得很好，但是更重要的是因為國民黨的腐敗、無能和高壓統治，甚至連臭名昭著的希臘政府都不如。在美國用馬歇爾國務卿的話來說，他們總是把共產主義和窮困、饑餓、絕望、混亂聯繫在一起，令人啼笑皆非的是，對於中國這可怕的公式所描繪的一切，正發生在國民黨政府管轄的地區裡，所有美國記者發回來的報導都證實，美國政府一邊倒的時期完全瓦解，『為國民黨而戰』的信念已經蕩然無存。」

　　歐文先生的結語當然對美國政府後來跟中國的合作關係有一定的影響，美國政府不再認為中國共產黨是叛亂的政黨，只當是代表多數人民想法的反對勢力。

　　還要補充一點，在歐文先生的回憶錄中曾提到，在結識蔣介石以後，他認為蔣介石不是聖人但也不是絕對的無賴。

　　他的結語是：蔣介石的經歷中具有巨大的成功也有嚴重的失敗，比方說

一九二七年鎮壓共產黨失利，還有一九三一年日本入侵東北，那個時候他也沒有認真的抵抗日本等等。儘管如此，歐文先生仍然認為蔣介石在對抗日本的戰爭是至關重要的一個人物，特別是在一九三八年汪精衛投降日本的關鍵時刻，他因為戰術運用得宜，防止了中國的分裂。所以，他認為蔣介石對中國確實有貢獻。

另外一點，基於歐文先生對中國邊疆史的深入研究，蔣介石曾對他說：「據我所知，你曾經在中國的邊疆地區廣泛的遊歷，戰後，希望你能全面幫助我解決邊疆問題。」

在日本戰敗離開後，邊疆問題是國民黨要解決的重要項目，因為它牽涉到蘇聯與中國的關係。當時中國對蘇聯已開始有防衛意識，因此蔣介石要求歐文先生針對戰後東北、新疆、蒙古的問題，寫一份備忘錄來幫助他。在這裡值得一提。

歐文先生也提到，蔣介石、宋美齡和他三個人晚上經常會聚在一起聊天，蔣夫人都說英文不說寧波話，而蔣介石說完寧波話後，他不見得完全懂，還需要透過蔣夫人做一些翻譯。不過，重要的話都是蔣介石單獨跟他談的。像剛才提到要他寫備忘錄這些事，蔣夫人並不知道。

蔣夫人有時也會單獨會約他到花園散散步，在散步的時候就會傳給他一些訊息。

她曾經對歐文先生談到當時的國防部長何應欽將軍。何應欽在西安事變蔣介石被俘的時候，主張轟炸西安，當時宋子文說，如果你決定進行轟炸，就可能會把蔣介石炸死啊！但是何應欽的答覆卻是──要是蔣介石在轟炸行動中被炸死，這當然是一件很糟糕的事，但是他是個軍人，必須冒軍人該冒的危險。

布朗大學——國際學生會

因為過去在臺北語文學院多年的教學經驗，在布朗大學研究所許多門科，特別是教學法和編寫語言教材等課程，我所做的研究報告經常在課堂上被教授提出來和同學們一起討論，而報告中的結論，更為教授用作課程的提綱，並作為學習參考指標，提醒同學們注意。

我的同班同學中，印度及埃及人相當多，也特別喜歡發表意見。但是他們因為缺乏實際的外語教學經驗，所說的內容多半是空洞的臆測和妄想，或者是書中所撰述的某一些專門理論，但他們不知道這些理論在我於臺北語文學院在課堂上親身教學實踐的時候，都被稀釋或改寫了。所以，我相對地提出了很多實際的教學經驗。理論是一種理想，但在實務上往往有很多部份是行不通的。

接著，布朗大學國際學生會活動開始了。我初步的構想是每個禮拜五下午三點到五點，依照布朗大學國際學生會的組織成員國籍，每週以不同國家為主題舉辦活動。例如：第一週是中國週，第二個禮拜可能就是埃及週，第三個禮拜是澳大利亞週、英國週、巴西週、日本週等等。動員不同國籍的學生介紹自己國家的文化，同時也到各自國家的領事館商借文物、參考資料，甚至是影片，帶進校園展覽，這項計畫因有助該國文化宣傳工作，大多獲得熱情贊助。

就這樣把布朗大學的國際學生會名聲一夜打響。而且我特別號召，這個活動不僅是針對校內，也歡迎校外人士來參加。所以，這一天等於是國際日，而且在市區的報社都會派記者來採訪報導。同時普羅維登市的國際學舍也來參與，並且邀聘我擔任理事。

很快地，學生會就走紅了。

第一週中國週，我動員了中國同學會全體六十位同學來做骨幹核心幹

部，大家包餃子、炸春捲、泡中國茶、煎鍋貼，甚至是煮湯糰，弄得轟轟烈烈。同時也商洽中國大使館駐華盛頓周書楷先生及文化參贊，借來文化節慶影片介紹，當場請幾位中國同學和我一起回答大家對於中國文化節慶及點心所提出的問題，有這麼多美味的食品擺在大廳裡頭，加上中國同學臨時組成的合唱團及舞蹈等才藝表演，當然得到很多留美外國學生和布大同學與外賓的讚美。這件事算是做得相當成功和熱鬧。

不久以後，我接到州長加佛爾先生的來信，當時他是民主黨員，州長的弟弟就在布朗大學攻讀數學研究所，我們常在一起打乒乓球，相處得非常愉快。因為我是國際學生會主席，州長把我邀請到他們的宴會，並介紹我給當地士紳、工商界商會人士認識，一下子，我的人脈就廣了。他說：這是來自臺灣的Marvin Ho！

我又被當地「地區教育委員會」（Educational District Board）邀請去演講，還有各地的家長會邀約活動，他們叫做PTA，整區大概有十幾個城市鄉鎮教育局的負責人和學校校長來參加，主辦單位給我的講題是「臺灣的教育和中國文化」。我想，這是一個好的開始。

擔任國際學生會主席

在接任「國際學生會」主席之後，我們國際學生會每週五的「國際日」開始活躍起來。我走在校園內常被其他外國學生指指點點說：「他就是Marvin Ho！」竟然成為「公眾人物」。這是非常忙碌的一個學期。

一九六五年，對我而言有一個非常好的工作機會。當時「美國和平工作團」[註1]（Peace Corps）要一些年輕的美國大學生到國外服務一年，如非洲肯亞或亞洲、南美等落後地區做英語教學，同時參與農村的工作。我的語言學教授奧康娜博士推薦我參與「和平工作團」語言教學，於六月到八月間培訓這些志願出國服務大學生英語教學工作，當時的待遇也不錯。

註1、美國政府為實踐甘乃迪和平理念而成立的團體。

　　但是我在布朗大學要是沒有四個學期的學分，就沒有辦法順利拿到碩士學位，考慮得失之後，還是決定犧牲這個兩個月的工作待遇，到密西根大學取經為上。

　　暑期期間，我自費到密西根州艾安堡（Ann Arbor）的密西根大學修學三門課，共有九個學分。

　　那一次到達密西根是自己開車，同行的還有兩位研究所的同學，一位是美國女生，另一位是來自琉球的日本學生，三個人輪流開車，從普羅維登市開了一天一夜，終於到達目的地，開始兩個月密西根大學的求學生活。這期間，我也跟臺北語言學院的語言學顧問George Shelley碰面了，他剛好從臺北回美，我們意外地成了密大的同班同學；另外一位同班同學還包括臺灣師範大學的外語中心主任林教授，她是一位老太太，比我年長三十歲，我們非常努力艱辛的埋首鑽研兩個月，終於圓滿達成目標。

　　一九六五年九月到一九六六年六月，我又回到布朗大學讀第二及第三學期，終於在一九六六年六月份順利拿到了布朗大學應用語言學碩士學位。布大的同班同學中有一位英國人，是後來接任南洋大學語言中心主任的盧西歐（Lucy Ramish）女士，我們一起在布朗大學唸完碩士，因為我畢業後先回到臺灣工作一段時間，而她則是繼續深造，所以比我早三年拿到博士學位。後來我們在南洋大學再度碰面時非常高興，她所錄取的很多中文老師都是從我們臺北語文學院過去的，包括新加坡總理李光耀的中文老師尉厚先生。

　　這些在留美唸書期間所遇到的一些人際關係，與後來職業發展互相影響的情況，皆是我始料未及。

美國密西根大學

　　密西根大學是美國中部非常優秀的大學，它不但在語言學系特別強，在醫學方面它也非常著名，尤其「醫院管理學」是它的首創，臺灣馬偕醫院的副院長也是先送到密西根大學學習醫院管理，然後再回到臺灣出任。

　　密西根大學也是美國總統福特的母校。一九七六年，我代表臺灣率領

「中華綜藝團」在美國巡迴演出時，曾經回到這一所母校，臺上司儀用英文介紹之後，我受到了英雄式的歡迎。因為那天他們的校友總統候選人福特選舉失敗了，他雖然做過代理總統，卻角逐大位失利；而當天的全國橄欖球大賽（美國稱足球比賽），本來密西根大學一向都是名列前茅，卻在那天輸球了，正在全校師生洩氣不已的時候，我們為慶祝美國建國兩百週年的表演場所正是密西根大學大劇院，座位一共是三千多人，全部爆滿。

　　無論雜技、中國功夫、中國音樂和舞蹈各方面表演都非常精彩。最後由司儀宣佈：「這位來自臺灣的領隊Dr. Marvin Ho何景賢博士是我們的校友，在一九七六年美國二百週年國慶，帶著臺灣的龐大藝術表演團到美國各州巡迴演出，今天正好到達我們學校，請大家給他們熱烈的掌聲，感謝他所帶領的傑出藝術界朋友為我們帶來如此精彩的演出，這是一份最棒的禮物！我們以Marvin Ho校友為榮！」所以，我一再出場謝幕達十幾次，大家掌聲不斷，無論在臺上、臺下，大家都感到非常的興奮、愉快。

參與威廉斯堡國際會議

　　研究所學業告一段落後，我很幸運地被選中參加在維吉尼亞州舉辦的威廉斯堡國際會議（Williamsburg International Assembly），當時是第十屆。

　　這是一個著名的留美學人國際會議，每一年都會從兩百個國家裡頭選出五十個國家，在美國待過一段時間教學或從事研究工作的學人，在返國前來出席此會議。舉行地點在華盛頓市南方維吉尼亞州，風景絕美宜人的威廉斯堡市。會議在五星級酒店舉行，廳堂裡充斥昂貴的東方古董彩玉大花瓶和各種名貴油畫，所有男女服務員均穿著二百年前法式傳統服裝，典雅而迷人。會議廳外為一望無際藍色海洋，令人心曠神怡。

　　記得在當年代表亞洲的學人大概只有兩個名額，本來臺灣不在其列，好在美國國務院我還有一些朋友，他們覺得我在返回臺灣後，必定對於美國外交官會有很大助益，於是促成我出席會議代表，讓我感到非常榮幸。

此屆會議由哈佛大學政治學教授季辛吉主持，他是一位極富魅力、風趣而口才一流的主持人，只是他的德國口音非常重。我印象最深的一段談話是，他問大家，美國的最高權力是屬於誰？與會學員五十人猜了半天，有人說是美國總統、美國知名學人、思想家、哲學家等等，他的回答都是No！No！No！最後，他在黑板上寫了兩個字母TV，美國最有權力的就是電視，大家相視而笑，覺得很有意思。除了TV，其次就是美國總統。美國總統權力之大是世界性的。在一九六六年代，美國經過兩次世界大戰後已經成為世界霸主，所以美國總統的權力不限於國內，而是在全世界都有影響力，美金也是最搶手的貨幣，是世界上唯一被接受流通的國際貨幣代表。

美國總統的權力話題完了以後，我因曾經有機會聽到美國副總統韓福瑞的演講，心有所感，於是我提出了一個問題：「請問美國副總統的職權是什麼呢？」提出了這個問題後，全場安靜。

季辛吉當時不假思索地答覆：「副總統就是坐在那裡當一個乖孩子就好了！」（Just sit there and be a good boy！）大家哄堂大笑。後來他也解釋道，副總統是沒有任何職權的，萬一總統發生意外，他便會即位代行職權。就好像汽車的備胎，可能永遠都沒有用，但是一旦汽車輪胎發生問題，它就是唯一能夠讓汽車繼續運行的重要工具。我這才體會到，這是美國傳統政治家或政客，對美國副總統聊備一格的看法。

胡佛研究所

在這個會議之後，我又到加州史丹佛大學胡佛研究所做了為期三週的參考資料研究。過去二十年在臺灣看不到的大陸資料，在那邊都可以看得到，這三個禮拜的研究對我來說幫助很大。

還有一次是在一九六五年四月，布朗大學放春假的時候，我藉著這十天的時間到美國賓州大學，大量的閱讀大陸書籍資料。當時我住在費城學生的家裡，所以有機會遊遍賓州及費城附近的名勝古蹟，這些都是我美國留學生涯中的特別經驗和趣事。

布朗大學難忘的求學經驗

　　總結我在美國布朗大學留學的這一年半當中，不僅在語言學專業上收穫豐饒，也得到了一些難以忘懷的人生經驗。

　　在這一年半當中，我學到了全自力有效進修的方法，不依靠任何人只靠自己。同時我對美國人民主、法治、尊重個人、注意個人榮譽、服務公益且正直無私的美德，留有深刻的印象。除此之外，也因為服務「國際學生會」而體驗到尊重各國的文化的必要與重要性，多站在對方的立場來考慮事物。同時也學習到，在成長的過程中如果遇到挫折時，應該要「逆向反思」、「冷靜思考」，想盡一切可能的解決之道，方能度過危機，反敗為勝。

　　問題的解決途徑多半是沒有辦法預先知道的，所以必須要有不放棄的決心，冷靜心緒不斷思考，將思慮出來的種種解決辦法一一記錄下來，然後再逐條分析，擬出執行計畫A、計畫B、計畫C逐步執行，最要緊的是要有不放棄的決心，只要不放棄，就一定會找到解決之道。

　　一九六六年七月，我在回國之前跟多年不見的父親見面了。當時我前往加州參加他的博士授位典禮，我們在見面時有一番小討論，後來卻演變成爭辯。

　　當時，父親說我的個性從小就倔強，不太聽別人的意見，自己一意孤行，告訴我要回頭是岸。我說，我同意回頭是岸的道理，游泳游到一半，覺得不對就要回頭，但是假如前頭有岸，該要怎麼辦呢？我們為什麼不試一試繼續往前游？父親說，假如前頭沒有岸呢？或是不知道距離前頭的岸還有多遠？可能在半途上就淹死了。我說，這當然就要靠自己的判斷，一邊試著往前游，一邊判斷，還沒有到絕望的時候絕不輕言放棄，如果體力確實不支，估算再堅持下去只有死路一條，這時候就不得不回頭了，接著要考慮怎麼回頭？或者是回得去嗎？用什麼方法回去呢？所以我覺得每一個任務都必須一

試，嘗試的過程是一種經驗、一種考驗，如果每個人都以回頭是岸來當作座右銘，那麼這個世界如何進步呢？這時候，父親搖頭而無語。

　　嘗試的過程是一種經驗，在這當中也考驗你的智慧、方向、體力和判斷力，無論如何都是值得的。我自認為是一個徹底的理想而偏重現實論者，但是在實施一個計畫前，我會預先仔細策劃評估，計畫內或計畫外的影響因素和危機處理。一旦遇到不利於己的情況發生應該怎麼做，處事要謹慎，任何隱而不現的真理都需要小心求證，對人也是一樣。

　　這是我獨力留學美國，走遍五湖四海，經歷不同時空，以教學相長、鑽研理論與應用互補，接觸各種不同文化宗教政治背景、工作經驗，最終以「忠、誠、勤、敏、恆」為我創業繼世之基準。

　　如今，留美返國屆半世紀四十八年，重新檢驗這段漫長人生歷程，其中修正之處難免，但「不斷嘗試」、「大膽創新」、「小心求證」仍是我未竟之旅的三部曲。

卷四、
1966 － 1968年

　　一九六六年七月十五日，我正式出掌TLI臺北語文學
院院長，當時全部的時間和精力都用在學校的改革更新，
校內可說風調雨順，學校的業績也快速增長。這時的學生
不只來自美國、日本，同時也有歐洲和中東人士，尤其是
德國、法國、英國及沙烏地阿拉伯、約旦等地的學生也陸
續增加，且多半是世界五百強公司的重要幹部。

　　另外，美國大使館方面也由於TLI跟美國國務院簽
約，負責教授在華外交官員華語，所以我們特別為其編制
特需的臺語教材和專業教師，讓他們對於臺語學習也相當
滿意。

　　此時，蔣經國先生開始找我商討一九六七「海外華
僑子弟暑期返國研習團」事宜，TLI為他們編寫了短期華
語及文化教材，更選派年輕英語好的老師，為他們做特殊
訓練。

學成歸國

我在一九六六年七月十三日從美國返抵臺北，屆時，我已經離開一年半了。

返台隔日，我即刻前往拜訪TLI臺北語文學院董事長Norman Cook。我先在家裡做好學校人事新佈局的準備，同時邀請一些老幹部及資深教師會談，對學校發展現況及學生們的反應做深入了解，再根據我在國外所吸收的新經驗與理念，當天即為學校擬定了組織、人事、教學、教務、文化活動的新政策，及以「學生為中心」的辦學理念。

七月十五日星期一是臺北語文學院開學典禮，儀式共進行兩小時，從早上九點到十一點，地點在臺北市八德路的仁愛堂教堂。這是我在出國前經由學校董事會向基督教仁愛堂教會承租的教堂旁三百坪土地（二千九百七十平米），我們蓋了兩層樓校舍，約有三十間教室，含辦公室、教員研究室及錄音室。仁愛堂教堂的二樓大禮堂仍然可以供學校共用，而且大禮堂的樓下有十幾間大教室也可以給我們租用。

▲1966年7月15日，何景賢院長主持TLI開學典禮於臺北市八德路仁愛堂。

　　我在典禮開始時先用英文介紹自己，這一年多以來，學校招收了很多新同學，他們對我並不認識，同時也把學校的新政策走向和人事改組一一為師生們做介紹。

　　依據本院的英文立案名稱——Taipei Language Institute，簡稱TLI。我開宗明義提出本人對TLI的經營宗旨：

　　一、面向世界，有教無類：從今天起「臺北語文學院」將施行「有教無類」的中華文化傳統理念，TLI將打破原有招生禁錮，成為一所面向全世界開放的對外漢語教學中心。本中心以教授中國國語（北方官話）為主，同時設有臺語部與客語部。所有嚮往中華文化，有志學習中國語言文化者，不拘年齡、國籍、職業、性別、宗教、膚色、政治區別、種族，都可以申請入學。

　　二、本院教學方法與目標，一切以學生為中心（Student Centered）。在此理念下，教學目標和教學方法完全根據學生需求而定。每個班級（或個別學生）都有專業導師輔導，無論學業上、生活上，學生何時何地遇到困難，學校都會在第一時間幫忙解決。

　　我向學生宣佈學校今後的措施，包括成立「學生聯合會」。學生會一共有五位幹部組成分子，分別代表傳教士、外交官和公務員、新聞記者，還有各行各業的人士和不同國籍的成員。當時便選出學生會主席唐培理，他是衛理公會派駐臺灣的牧師，非常活躍，是已在校修學一年中文的資深學生，中文還算說得流利。

　　除了成立學生會，我還宣佈設立「學生意見箱」，凡是學生對學校有任何革新或服務全體學生的想法、意見，都可以提到意見箱內。另外也成立「學生社團」，依照學生興趣提出建議，比如成立演講社、辯論社、籃球隊、棒球隊，還有中國文化實踐社等等。

　　同時，我們也會加強學生服務，學校每日有三位教師為學生設立三個小時免費服務課程，解決學習上的困難。當時我們是六個人一小班，如果在課堂裡的學習沒辦法跟上進度，或者有特殊困難的學生，都可以在課後下午四點到六點這段時間向教務處登記，學校便會分配三位教師為他們做免費講習

服務及各其他協助。

改組顧問會與教材編輯出版部

同時，我也宣佈學校改組「語言學顧問會」。「顧問會」是由學校聘請一流的語言學家二到三人，另外學校的資深老師也有三人參與，共同研究解決學生在學習上的困難，加強學生服務的方法，以及如何尋找新的教材和編輯方向。

我同時改組了「教材編輯出版部」。針對未來十年學生對中文需要的新趨勢來編訂教材，包括國語、臺語和客家話三種語言。同時，決定與美國耶魯大學簽訂教材改編合作、教師培訓合約。

耶魯大學在一九四○年二戰時，為美國國務院外交學院及美國國防語言學院預備的教材，還有學校自版的教材，至今已逾二十年，過於陳舊，我們計畫將這些教材做一番修訂。這個為期一年的「臺灣版」修訂計畫，希望將這些教材修正為適合一九六○到七○年代臺灣的國語環境語彙，增加不同的語言句型練習內容，並在課文後增列教學語法的解釋。經獲耶魯大學授權及與TLI雙方同意，我們便儘快展開這個合作計畫。同時，也宣佈要加速完成《臺英辭典》（A Dictionary of Southern Min）的編輯，希望在三年內可以完成出版。

此外，我當場宣佈學校每週都要辦教師研習討論會，為現有老師加強教學法培訓和教材教法的認知，特別是針對解決學生困難這方面的知識與經驗進行交換。

同時也開始對外招收對華語教學有興趣的新人，補充教師陣容，為學校培養新血，並改組學校各單位，介紹新任幹部給全體師生認識。

這一天，參加開學典禮的師生人數大概在一百五十人左右。第一小時做完政策宣佈和人事介紹之後，第二小時就進入對教師與學生的「TLI教學法」介紹。

TLI教學法

「TLI教學法」[註1]是我在布朗大學「臥薪嚐膽」一年半中,將過去在TLI十年積累下的教學經驗,加上國外吸收的教學理論,所研發的教育理論與實務方法。對此,我向全校師生做了清楚的分析與介紹。

TLI教材中,每一本皆明文規定需配置教師手冊,也鼓勵老師們教學相長,從教學中吸取經驗並制定自我創新的教學方法,學生也同時必須知道「TLI教學法」是怎麼樣的目標與學習方法,我們仔細的為TLI的學生做了介紹也要求他們配合。

在為大家做了TLI教學法的講解後,接著開放「問答時間」,公開討論他們提出的問題與解決方案。大家的討論非常熱烈,同時也可以看出學生們對成立「學生聯合會」的支持,看起來這個改革方向確實是受歡迎的。

1966年,臺灣行政院新聞局長魏景蒙(左一)與國民黨中央四組謝然之主任聯合訪問TLI參觀「TLI首屆華文教材書展」,何院長(右一)從旁解說。

註1、兩個半小時的「TLI教學法」討論詳列於本書卷十二:P.369-P.394。

接掌臺北語文學院

　　一九六六年七月十五日，我正式出掌臺北語文學院(TLI)院長，當時全部的時間和精力都用在學校的改革更新，雖是千頭萬緒，然而一方面因為用人得當，一方面也由於我做事非常小心謹慎，再加上年僅三十，尚屬年輕，所以能夠大膽佈局，不僅獲得了當時董事會全體外籍董事的支援，校內學生會的會長唐培理也全力配合，所以在教學實務和校務運作各方面都進行得非常順利。

　　在TLI，舉凡學生出外參訪，或有任何文化活動，我都親自策劃參與，學生對學校的向心力也日益增強了。校內可說風調雨順，學校的業績也快速增長，這時學生不只是美國、日本人，同時也有來自歐洲的學生，尤其是德國、法國、英國及沙烏地阿拉伯、約旦等地來的學生陸續增加，且多半是世界五百大公司的重要幹部，全都被派到我們學校來接受中文訓練。

　　另外，美國大使館的中文教學，也由TLI跟美國國務院簽約負責。其實在我在一九六六年六月初回國前，因為要參加威廉斯堡國際會議，曾經去過美國國務院，探訪我過去的學生，同時也結識一些新朋友，他們都在國務院擔任重要職位。在舊識與新知中，有一位很特殊的人物丁大衛（David Dean），他當時的身份是國務院中國科科長，我們見面時有過一番談話，沒想到次月的七月十五日，兩人雙雙在臺灣履任，他出任臺北美國大使館政治組參事，而我則出任TLI臺北語文學院院長。

　　丁大衛在接受臺北的美國大使館政治參事後，便很快地跟我聯繫，希望臺北語文學校能夠派任老師授課，不止是他本人，在他麾下政治組的頭等秘書、二等秘書等重要官員，甚至是經濟組、總務組、領事組，還有武官處等，都需要TLI的華語教學課程，當然還包括大使夫婦在內，以及保護美國大使館的陸戰隊的士兵們，也由我們來負責。

　　丁大衛特別強調希望加開「臺語課」，請我們派臺語教師去為政治組、經濟組和領事組官員授課，於是我們為其編制了特需的臺語教材，讓他們在臺語學習上也相當滿意。

海外華僑子弟暑期返國研習團

　　一九六七年夏天，TLI開始執行蔣經國先生與我研究、創辦的「海外華僑子弟暑期返國研習團」活動。

　　為了這個研習團，我們相當用心的做準備，為他們編寫短期華語及文化教材，選派年輕而英語好的老師，為他們做特殊的教學訓練。因為這些孩子剛剛來到臺灣，我們首要的目的就是讓他們尋根，可是對他們來說，這只是到臺灣來玩一趟，並沒有那麼深刻的意涵，所以課程一定得由淺往深處走。那麼應該淺到什麼程度呢？我們在第一課就教他們說：「我是中國人，我不是美國人，我爸爸是中國人。」以這些句子為基礎，再加「嗎」及「哪裡」、「哪國」等疑問字。例如：你爸爸是美國人嗎？你是美國人嗎？

　　記得在第一次上啟蒙課時，不管初級、中級、高級，第一句話都由老師發問，老師問在座一班大概二、三十位左右的學生：「你是哪裡人？」「你是哪一國人？」一開始約百分之九十九的學生都會說：「我是美國人。」這時候老師就會帶著笑容再問：「你爸爸是哪一國人？」他們的回答就有「是中國人」或「是美國人」等不同答案，針對回答爸爸是美國人的學生，老師便再問一次，這個時候大家都會說：「他是中國人。」在這樣很自然的情況下，讓他們思索並認同「我是中國人」。

　　當時救國團的做法還非常保守，早上要讓全體學生升旗，升的當然是臺灣的中華民國國旗，學生紛紛表示不滿，因為他們在美國讀中學或大學時並沒有這個儀式，而且升的不是美國國旗，對他們來說很不能接受。經過一些折衝，讓他們了解到臺灣所有學校的學生都會在早上參加升旗典禮，如果認為自己是美國人的學生可以不參加，但如果覺得雖然是自己是美國人，但願意感受中國文化的人，就試著參加。第一期參加升旗典禮的人數非常有限，

可是從二、三期開始，便慢慢增加了，到最後，願意參加升旗典禮的學生，可說達到了百分之八十以上。這就是當時給華僑子弟的文化尋根引導教育之一。

說到學生會主席唐培禮，後來也是變成一個功過參半的人物。他在學校很有人緣，領導能力非常強，因為他的「基督教衛理公會」曾代表臺灣舉辦世界性的活動，他將「衛理公會」在亞洲各地的牧師，聚集到臺北北投，接受為期五天的「自然傳教」活動，培訓牧師如何自然親善的吸收新教友，他們也邀請了我，因為有很多基督教衛理公會牧師都是我們的學生，這個活動不止辦在臺北市，臺中、臺南也都有活動，我曾經接受邀請參加過其中部份的活動。

政治外一章

我在參加衛理公會的幾個活動中，發現唐培禮不但活動力強，而且對政治有一些敏感度，也多所關心，沒想到三年之後，他居然做了一件驚動中外的大事。

唐培禮在一次機緣中，結識了臺灣反對國民黨的臺獨主持人彭明敏[註1]。唐培禮與太太唐秋詩女士因為同情彭明敏，居然配合日本支持臺獨人士，替他做了一本假護照，以日本人的名字把彭明敏護送出國，而遭臺灣當局驅逐，造成臺灣史上轟動的「臺灣政府驅逐美國牧師出境」首例。

唐培禮二〇一二年所出版的《撲火飛蛾》書中（副標題「一個美國傳教士親歷的臺灣白色恐怖」）裡面有相當清楚的報導。包含他們在臺北語文學院學中文的情況，怎麼結識彭明敏，然後又跟彭明敏多次來往。後來彭明敏和他的兩個學生——謝聰敏[註2]和魏廷朝一起做了很多臺灣獨立的地下活動，遭到當局通緝並且限制出境，最後在唐培禮夫婦的幫助下順利出國，造成臺灣

註1、彭明敏先生為「臺獨宣言」起草人，當時已被政府軟禁。
註2、謝聰敏先生後為陳水扁總統時代立法委員。

安全情報單位人士大調動的種種始末。這本書裡也有一張照片，註明他在二〇〇三年十二月八日，陳水扁擔任臺灣總統時，唐培禮跟他的太太唐秋詩雖然當時兩人已經離婚，仍在臺灣駐美代表吳釗燮的陪同下，回到臺灣接受陳水扁款待，並在總統府接受表揚，事件的種種細節都在這本書裡面有很清楚的交代。當時他在學校表現雖然非常傑出，後來他會參與臺獨政治活動，還遭到臺灣政府逮捕並驅逐出境，實在是始料未及。

「唐培禮出身美國Dallas南方衛理公會，畢業於波士頓大學，取得宣教和世界宗教神學博士學位，一九六七年，他在臺北語文學院取得華語合格證書。」這段話是出自《撲火飛蛾》這本書中對唐培禮的介紹。

在我接任臺北語文學院負責人以後，有兩位對學校有影響的校友，一個是唐培禮，爆發了震驚世界的大新聞，另一位則是丁大衛先生。

丁大衛歷任美國國務院中國科長到臺北美國大使館政治參事，臺美斷交後由美國國務院安排出任美國在臺協會董事長，兩年後被派駐到臺北擔任駐臺代表，最後出任「蔣經國基金會」董事長，不久前過世。丁大衛夫婦，包括夫人Mary、兒子Kenneth，三人都是TLI的學生，Kenneth後來成為加拿大McGill大學宗教系教授。

記得一九八九年，丁大衛兒子Kenneth帶著McGill大學二十四個學生到北京大學研習中文，當時正巧碰上了六四天安門事件，他們被迫轉到香港，不知如何進退。這時丁大衛從美國打電話給我，希望我能協助他的兒子，讓這批學生能夠順利到臺灣來完成學業，因為他們的學費已經繳交，卻不能夠在北京完成暑期華語文訓練，回到加拿大無法交代。其實在一九八九年夏天，進入我們學校的美國各大學校學生，已經讓學校擁擠不堪，如哈佛大學等校學生都從北京轉來，人滿為患，我實在相當為難，但還是接受了丁大衛的懇求，替他兒子解決留學生的膳宿問題，並且讓他們的語言教育和文化學習順利完成。

我們畢竟有長久的交情，這也是校友丁大衛和TLI的一段特殊淵源。

中國語文文化培訓團陸續成立

一九六六年七月初，我曾拜訪過加州州立大學舊金山分校許芥煜教授，他是該校亞洲研究系主任，一位知名的漢學家，當時風靡全球的一本著作《周恩來傳》，正是許教授以英文撰著而成。

後來這部書也成為美國國務院季辛吉博士和尼克森總統兩人在一九七二年二月訪問中國大陸，進行第一次「破冰之旅」時必修的「知己知彼作業書」。

舊金山大學許芥煜教授邀請我到學校會面，其目的有二：第一，為他們組織的「加州大學舊金山分校中文教師培訓班」全體學員講課，講述一個小時「TLI教學法」並做新的語言教學概念和教材編寫技術、方向的介紹；另外，他拜託我承諾組成CSCIP，即「加州大學國際合作部」（California State Colleges International Program），這是舊金山大學有史以來第一次組成的國際合作部門。

當時加州大學[註1]共有四個學系，且學校名稱還不是university，只是college，所以稱作CSCIP。許教授誠懇邀請我接受加州大學舊金山分校CSCIP臺北團教務總監職務，負責CSCIP在臺北學習中國語言文化一切教務問題，含教學、課程、教材和考試評估等專案，生活方面則由耶魯大學出身的艾瑞克博士（Dr. Robert Erick）負責。

許教授創辦了這個組織，並選拔二十個學生到臺灣學習中文，當時學生代表團團長唐占晞先生（John Charles Thomson），後來也成為中美外交史上一個地位特殊，而且非常有貢獻的人物。

這二十個人抵達臺灣後，馬上向我報到。

註1、加州大學校名於一九八○正式由California College升等為California University。

▲1966年夏，何院長（中）訪問舊金山州立大學，與許芥昱（右二／《周恩來傳》英文版作者）等教授合影。（《周恩來傳》為尼克森首次訪華前專修周恩來背景重要參考書）

　　CSCIP的上課地點設在臺北市金華街美援捐助政治大學的公共行政大樓，後改名公共行政學院，他們的宿舍、食堂及生活也都在那邊，上課則完全由TLI派遣老師為他們安排課程、教材和教學。我在中華語文研習所開學後，首要之事就是把CSCIP的教學部辦好。

　　唐占晞學生團長原在一九五九到一九六三年出身美國海軍陸戰隊，一九六四到一九六六年是舊金山州立大學中文系學生，一九六六年就來到臺北了，他帶的這一團學生變成TLI駐外分校的學生，唐占晞後來也是我們非常傑出的校友。

　　我派遣五位老師為他們做一年的華語文教育。開學第一天先做教學介紹，唐占晞是同學當中問題提出最多的一員，也是最有建設性建議的學生代表，引起我對他的注意。

　　他後來果然成為中美建交後第一任中國駐美大使伍考克的發言人，還兼任北京美國新聞處處長，他曾在臺灣先後擔任過美國新聞處臺北處長和高雄處長，後來也做過駐中國「美國聯絡處」和大使館新聞文化參贊。最有意思的是，他在六十五歲退休以後，還擔任美國約翰霍普金斯大學華盛頓分校研究員，之後到中國北京擔任美國加州大學和柏克萊分校主持的亞洲研究所分設在清華大學的美國各大學中文培訓中心IUP主任，IUP（Inter-University Program）是美國高級知識份子的培養訓練中心。

　　IUP董事會涵蓋美國常春藤盟校八所名校：哈佛、耶魯、布朗、哥倫比亞、普林斯頓、康奈爾大學等，還有西岸的斯坦福大學和加州柏克萊大學，

一共有二十所名校代表組成的董事會。

　　唐占晞從美國外交官退休後，被IUP董事會敦聘到北京清華大學執行Inter-University Program的行政管理工作，也就是這個大學校際協會漢語培訓中心的主任，他一共做了五年，他不但是一個非常精彩的外交官，居然後來又挑起美國在華研究生教育工作的重擔。

　　自二○○五至二○一○年，這五年間，IUP跟我們後來在北京設立的兩所TLI分校更是聯繫頻繁。老唐這五年任期滿後，又被美國芝加哥市長敦聘為上海市首席代表，負責芝加哥市安排中美工商經濟合作方面的工作，提供相當大的貢獻。從二○一一年八月開始到二○一四年再度被聘為美國加州大學北京中心主任。唐占晞校友對TLI來說是一個非常活躍，也是在眾多傑出校友當中最受人矚目的代表之一。

夏威夷學生交換計畫

　　「加州大學國際合作部」CSCIP是我回臺後進行的第一個項目，緊接著夏威夷大學楊覺勇教授（Prof. John Yang）便找到我。楊教授原是中國大陸國民政府時代被派駐到歐洲的外交官，外文程度非常高竿。曾先後出任美國馬里蘭大學教授及新澤西州西東大學（Seaton Hall University）遠東研究系系主任，又於一九九○年創辦了美國著名的Committee of 100（一百華人會），又稱「百人會」，會員包括美國各行業最具代表性的傑出華人領袖，對促進中美民間友誼極著貢獻，後來出任夏威夷大學客座教授，他便是在擔任夏威夷客座教授的時候跟我聯繫，希望我能幫助他們完成一個新的計畫，讓夏威夷大學遠東學系的優秀大三學生，以一年的時間在臺北TLI接受華語培訓。這個計畫叫做「夏威夷大學三年級學生交換計畫」（Junior Year Program，簡稱JYP），這個計畫是美華校際間學生交流的先鋒，實行得也非常良好順利，很多傑出的校友都是陸續從這個計畫中發掘出來的。

　　同時TLI與耶魯大學中文教材現代化修訂的計畫由我本人執行，包括幾本最基本的教材《說中國話》（Speak Chinese）、《華語對話》（Chinese

Dialogues)、《讀寫中文》（Read Chinese），由我們改編成現代流行語及實用的詞彙及語句，並在每課中增加許多練習及註解。除了改編耶魯的教材外，我們另外還成立了「國語教材修訂組」及「方言教材修訂組」，國語組要另行編寫中高級教材，如《圖畫故事》（Picture Stories）、《負笈千里》（Campus Talks）、《專題會話》（Specialized conversation）、《讀報入門》（News-paper premar）、《故事會話》（Conversational stories）、《中國文化入門》（Talk about Chinese culture）等；「方言組」則編寫《臺語會話一、二、三》（Speak Taiwanese 1、2、3）及《客語會話一、二》（speak Hakka 1、2）。

　　在教材部，我邀請東吳大學外文系副教授楊其銑，他是我過去的同班同學，後來出任東吳大學的校長，也擔任過臺灣派駐在美國華盛頓大使館的教育參贊。再者他跟我學的是同行，我們不僅在東吳大學是同班同學，而且後來留美研究所也同樣是唸語言學。在他兼任TLI的教材部主任三年期間，也正是他擔任東吳大學英語系副教授的同時，對TLI貢獻很大。

　　另外，沒想到，我回國一個月不到，便接到救國團副主任李煥先生[註1]一封毛筆書寫的八行書，正式地說明蔣經國主任對我在美國威廉斯堡國際會議的表現非常讚佩。我想，也許是當時駐美華盛頓大使館周書楷先生，將我當時出席會議的情況向蔣經國先生做了報告。

▼1996年8月2日，何院長贈送教育部長李煥由TLI主編出版之《臺英詞典》。

註1、李煥先生後歷任救國團主任、國民黨組織部主任、國民黨中央秘書長、教育部部長、行政院長，是蔣經國最信任的幹部。

　　李煥先生替蔣經國先生轉來這麼一封信，希望我回到臺灣後能夠儘快跟他聯繫，並傳達蔣主任要跟我見面的邀請。

　　當時我並不急著回應這件事，蔣主任也好，救國團也罷，任何政府、黨派與我何有哉？我心心念念就是要把學校做好，所以沒有急著去見面，先把學校內部整頓的工作做好再說。

　　除了剛才提到的CSCIP和夏威夷大學交換學生計畫外，我們還有《臺英辭典》（A Dictionary of Southon Min）的編纂工作，這些都是我的首要任務，官府之事是次要的。

海外青少年暑期返國研習團

　　七月下旬，終於我還是去跟中國青年反共救國團總團部的蔣經國主任見了面。他很關心我在美國讀書情況，威廉斯堡國際會議的情形，有哪些人出席？有些什麼內容的討論？會議的性質和目的何在？他同時也很關注華僑生活動態，因為我在美國有一年半的時間常跑往波士頓、紐約、費城與華盛頓，與華僑有許多的接觸機會，經國先生知悉此訊息，並針對華僑特別用心的發問。

　　在與蔣經國先生會談的過程中，我提到華僑都很關心他們的第二代，因為華僑在美國被當作香蕉看待，蕉皮是黃的，裡面是白的，雖然是黃種人，可基本上內部思想與文化體系一切意識形態全部是美國式，所以家長們都很著急，為了華人傳統文化的續命與發展，華僑還是非常希望子女有機會返回研習中華文化，達到學習中文並尋根的目的。

當我們談到這個問題，經國先生眼睛開始閃亮，特別有興趣。我們慢慢地對談話的內容有了比較多的共識，於是我做了一個建議。我說華僑子弟在暑假都非常空閒，一般美國青少年會在暑假去打工，而華僑子弟不打工，也不知道怎麼打發時間，家長們對於孩子的成長感到憂心，何不由TLI跟救國團合作為他們安排文化活動。因為救國團有這方面執行力及影響力，我們則有教學資源，雙方在每年夏天合作舉辦「海外華僑青少年暑期回國研習團」。

一開始先執行「華僑子弟尋根計畫」，由小而大，由淺入深，看看是不是可行？

經國先生一聽非常有興趣，當時他還對我再三強調：如果你們學校教室不夠，救國團辦公室都可以拿出來使用，他說：「包括我的辦公室！」他的聲調特大而且非常堅定，於是當時兩個人商定，拍板決定在隔年，也就是一九六七年七月開始施行「海外青少年暑期返國研習團」文化活動計畫。

沒想到這個計畫在開始施行以後，第一年報名人數一百人，第二年二百人，後來陸續增加到四百人、六百人，十五年之後，我們大概招收了超過五千位海外青年回來學中文。

於此同時，我們的校務也已經飽和，由於TLI暑期班包括美國賓州、加州、華盛頓、德州、楊百翰等約十五所大學及日本中央大學、國際學校、法國巴黎大學等，紛紛組團來臺北TLI學中文，學校教師盡出，同時還有更多從世界各地等候來臺灣到TLI學中文的學生，我們已經沒有辦法獨立肩扛救國團的「海外青少年暑期返國研習團」報名人數暴增，每況愈上的責任。所以，我建議救國團從北部到南部指定六所大學聯合來接辦。

◢1966年夏，時任救國團蔣經國主任邀晤TLI何景賢所長，敲定由救國團與TLI聯合創辦「海外青年暑期返國研習團」。自1967年7月開辦，逾四十年不輟，引領海外千萬學子中華文化尋根，影響至為深遠。

▼1967年，林語堂博士蒞臨臺北語文學院演講。

▼1967-1981年，TLI連續十五年舉辦海外青年暑期返國研習營， 受益學生逾五千人。

▲1967年6月26日，臺北語文學院十週年全體師生合影。

　　這個計畫至今還在執行中，不但在臺灣舉辦，自從大陸改革開放之後，外國學生慢慢湧進了大陸，大陸也推行了「海外青少年暑期返國研習」計畫。這個研習團有三個禮拜的時間學習中文，另外三個禮拜做文化研習。文化研習包括到全臺灣各地遊覽，參觀廟宇、故宮等文化古蹟；在大陸可以參觀的名勝古蹟則更多，所以大陸辦得更是紅火。兩岸持續發展，對海外千萬華僑子弟研習中華文化的影響，可說既深且遠。

　　沒想到當時與蔣經國先生的一番談話，竟能促成華僑子弟返國尋根延續至今五十載，而世界華裔子弟受惠何止百萬人？今日創辦「孔子學院」，亦應是前因之果吧！當時我們的談話很愉快，他也非常關心美國外交官在TLI學習中文和生活的情況，詢問我們是否需要救國團的支援，我都說不需要，因為他們在臺的種種生活需求都由美方相關單位負責，我們只要把中文教學和文化交流做好，他們也沒有額外的要求，這是我誠懇而忠實的傳達。

印度德里大學成立中國研究系

　　救國團的合作的問題決定後，一個頭痛的問題馬上接踵而來，那就是美國「福特基金會」（Ford Foundation）希望我能夠在一九六七年前往印度幫助印度第一學府學——德里大學（University of Delhi）成立中國研究系（Department of Chinese Studies），他們要我去做先行者，也就是創辦人。

　　為什麼福特基金會找我呢？中國專家在美國有的是，而且我才剛剛回來接校長職不到一年，怎麼可能考慮離開臺北TLI到印度去呢？於是我回絕了。

　　但是他們的代表三番五次不斷地來找我，給我的待遇也上升到了三倍。我告訴他們，我的決定與待遇無關，只是學校董事會給了我一年半的休假去海外進修，現在才剛回來不到一年，還沒有好好回報TLI，就馬上離開，這實在說不過去。所以我還是再次婉辭。

　　沒想到，他們動員了更多讓我沒有辦法拒絕的力量，不是強迫的，完全是動之以情。請出我的恩師來道德勸說，我終於熬不過他們的再三請求而同意了。

　　其實另外還有一個主動的力量。在我離開布朗大學時，不但已獲得碩士學位，且取得了博士研究生的申請資格，我還想繼續做研究，希望五年內可以回到母校完成博士學位。我的構想是——如果能到印度德里大學一面工作、一面選修Hindi印度文（即印度官方語言），以中印兩國的語音研究和分析作為博士論文，這世界上兩個最大民族的語言，還沒有人做過這方面對比研究，沒有任何材料，假如我能對於這個主題有所突破，對我未來的究學之路興許是件加分的事。再加上良師益友們對我數次認真的道德勸說，灌輸「捨你其誰」的壓力，讓我無法說NO。

　　這時，美國斯坦福大學在臺灣的「IUP語言中心」校長也來探試我，希望我在第二年做他的接班人，我一面感謝他們的誠意，同時也委婉地解釋了沒有辦法考慮的原因——只要在臺灣，我就不可能離開「臺北語文學院」，因為我身為學校創辦人，而且又是現任校長，這是理所當然的事。

　　至於印度方面，因為這是一年期限的計畫，我去做學術研究，並幫他們成立中國研究學系，完成培養人才的任務後，回來還有繼續TLI工作的機會，所以可以考慮。於是，我終於答應在一九六七年把跟蔣經國先生承諾的華僑子弟暑期研習活動完成後，九月份便出發到印度。

　　印度德里大學本來希望我在五月份就能夠前往，但我延長到九月。不過，雖然我人在臺灣，卻也同時在做福特基金會支援德里大學的籌備工作，包括要在德大成立Language Laboratory語言實驗室，關於語言實驗室的錄音工作，因為擔心在印度找不到能說標準中國話的人，所以我要在在臺灣把中

國語文初、中、高三級的語言實驗室教材製作完成，並將錄音帶和整個語言實驗室的管理系統建置完成，成立語言實驗室圖書館，讓學生可自由選帶練習使用。

教材方面：包括TLI出版品與中國北大教材並列，並自哥倫比亞大學、香港新華出版社訂購大批的中國政治、文化、哲學、經濟學等參考書籍。為培訓德里大學不等級別的中文學生，我在教材方面也設計了許多彈性課程，供學生選讀。所以我在九月初抵達德里大學後，便即刻開始運行教學工作。

頭四個月讓我在臺灣工作，九月份前去、次年十一月返回臺灣，這就是我對印度德里大學所作的承諾。

我在臺灣挑選了一名在馬里蘭大學選修課程的王國維先生，擔任我在德里大學的行政助理，並安排他的赴印簽證手續。未料繁瑣的臺灣官僚體系，竟讓他拖延了三個月才成行。「好事多磨」，唯有竭盡心智全力以赴，爭朝夕也爭萬世了。

印度德里大學

一九六七年， 完成臺北語文學院和救國團「海外青年暑期返國研習團」任務後，八月初就啓程到印度開始另一個任務。這個任務相當艱鉅，也可以說是無中生有，要為印度的第一大學德里大學（University of Delhi）創辦「中國研究系」（Department of Chinese Studies）並不是一件簡單的事。

印度德里大學中文研究系的主要學生組成份子分別來自國防、外交、郵電、國安部門，還有各學術及研究單位。

我一方面要培養他們中文的能力，同時還要培訓有潛力成為印度漢語教師的人選。計畫得從中挑選四、五名優異華語人才，把他們送到美國哥倫比亞大學、耶魯大學接受中文研究所進一步研究和培訓。同時還要為「中國研究系」增加圖書及錄音儀器設備，我們非常公平地從大陸、臺灣和香港引進大批有關中國政治、文化、經濟、歷史、藝術等不同類別的書籍，作為學生參考使用，同時從日本引進先進視聽教具，成立「語言實驗室」。另外更重要的是，我要找到一位系主任，他必須需無政治偏見，具有調和鼎鼐、統籌各科系、平衡疏導學生的能力。

很幸運地，我們聘請到Professor Dutt，他是一位很儒雅的印度學人，沒有想到二十年後他居然會變成印度的外交部部長。

德里大學是印度的第一大學，校長由總理甘地夫人Mrs. Gandhi兼任，基於這個緣故，所以政府內閣閣員中有一大部份選自德里大學教授群，後來Professor Dutt這位中國研究系系主任也應邀入閣，成為外交部部長，這也不令人意外。他為人沉穩，做事謹慎，能力非常強，Professor Dutt一直跟我保持很好的聯繫，最後一次是在四、五年前，他在書信中提到一些印度對中文教育未來的趨勢的想法，並詢問我的建議。

臺灣美國在臺協會AIT處長有一次宴請美國駐印度大使夫婦，宴會上作陪的是臺灣國防部長唐飛[註1]。當時駐印大使告訴我，那個時候的印度外交部長就是Professor Dutt。大使夫人——斯里蘭卡大使雪佛博士（Dr. Soffer）在AIT晚宴後第二天來到TLI參觀，討論與TLI未來的合作，原來雪佛博士訪問TLI時，就已經內定出任美國國務院的外交學院院長。

在印度一年多期間，除了王國維先生這一位助理，還另外來自有北京大學的譚中教授夫婦（時已移民印度）。據說譚中的父親譚雲山先生是湖南人，跟毛澤東先生在讀私塾的時候就是同學，來往密切，後來也成為中國共產黨大元老。

註1、唐飛先生後來在陳水扁任總統時代擔任行政院院長。

　　在德里大學跟我們配合比較密切的當然是福特基金會的另外一位顧問韓效忠教授（Prof. Harold Han），韓教授在福特基金會負責財務行政，當時我無論在哪一方面有任何想法，需要福特基金會的財力配合，他二話不說，就是照付，讓我在德里大學工作期間校務順暢，成效盡顯。

　　我當時把兩岸的教材結合在一起，會話教材當然是以TLI為主，文化教材就取兩岸之間接近的部份（當時中國正處於文革時期），而不同的地方也提出來作分析。

　　開始時，我有一點不適應，主要是因為中印邊界戰爭不久，印度人對中國仍存有敵意，當時印度與中國有外交關係，跟臺灣則無，但是他們公務員認為我拿的臺灣護照所寫的「中華民國」就是中國，所以頗有不安，我雖然是以「福特基金會」顧問的身份在印度工作，但手持臺灣護照實在諸多不便。幸而後來經過誠懇相處，大家慢慢地相互瞭解，進行的工作也順利起來了，而這些印度學生的素質也相當優秀。

Hindi語音系統研究

　　除此之外，我也開始申請在印度德里大學進行Hindi研究，並找到了一位知名教授，跟他仔細研究Hindi語音系統，同時把中文的語音系統與Hindi作對比研究。一整年當中的資料整理與培訓印度學生，以及準備的語音對比資料，憑籍我十年的中文教學與研究所基礎，研究方面還算順利，最後完成了一本著作《Comparative Analysis of Hindi and Mandarin Sound Systems》（中文和印地語音的分析比較），這本書是我後來博士論文的研究基礎內容。

　　除了在「中國研究系」做教學研究，培訓學員及儲備教師，同時也替他們設計中國各學科的整合，因為學生們來自不同職位、不同身份，我希望為他們備齊不同專科的教材。

　　助理王國維先生服務一年期滿後，我便從印度直接送他到美國深造。他在美國喬治城大學完成了博士學位，後來在美國政府工作。而譚中先生也成了中國問題專家，後來跟臺灣時有來往，他對中國的研究成果經常在報章雜

誌發表，甚具才氣，我們在很多國際會議場合還是經常碰面。

▲（左圖）1968年7月，何院長客座印度德里大學並創設「中國研究系」長達一年，後功成榮返，於臺北松山機場接受同事獻花致賀。（右圖）1967-68年，TLI何景賢博士（前右三）親赴印度德里大學創辦「中國研究系」，釐訂及講授課程、編寫教材、培訓教師，並選送學生赴美國及臺灣研習中文。何院長留印一年餘，對中印文教交流貢獻甚大。

十大傑出青年

在德里大學工作期間，臺灣國際青商會正在進行第五屆「十大傑出青年」選拔活動，這是一個世界性的活動，每年舉辦一次。我在前文提到的臺大彭明敏教授——臺獨創辦人，他後來曾經參加臺灣總統選舉失敗，輸給李登輝。這位彭明敏先生便是國際青商會所選拔的第一屆「十大傑出青年」當選人。

在印度期間，我並不知道自己的名字在臺灣被提名，國際青商會在一九六八年十月下旬突然通知我，恭喜我當選一九六八年第五屆的「中華民國十大傑出青年」。

同期當選人有林洋港，他曾任臺灣的司法院院長、臺灣省主席、臺北市長。還有張建邦先生，他是淡江大學的創辦人，歷任交通部長，也是臺北市議會的議長，出任該職達二十二年之久。讓我非常驚訝的是，我正是被張建邦先生推薦的。身份上而言，他是淡江大學的校長，我是校友，他以老師的身份推薦我，沒想到自己也被相關單位推薦，而跟我反而變成了競爭對手。

十大傑出青年將在不同領域的各行各業選出一位精英代表，我們師生倆

都屬於教育界，於是在決選時，教育界就出現了兩個選項，當時評審委員會的主任委員是王雲五先生，大家必須決議於這兩個人當中淘汰一人。一個是老師，一個是學生，而張建邦先生年近四十了，我則是三十一歲，十大傑出青年的資格限齡是四十歲，沒想到我們師生竟在同一時期碰頭，著實給評審委員們出了難題。最後終因曾任行政院副院長的王雲五大老，以其超眾智慧說道：「這兩個傑出青年並沒有衝突，因為一個是高等教育、一個是國際教育，何景賢代表的是國際教育，張建邦代表的是高等教育。」於是兩人雙雙當選。這是一段插曲，我在印度期間根本沒想到國內會有這樣的選舉。

另外，在印度期間，我還碰到一位從臺灣派到印度聯合國文教組織受訓的師大講師黃昆輝。黃先生在印度受訓期間，他的老師是位日本人，跟我也是德里大學的同事，黃昆輝是個非常謙遜的學者，當他發現老師跟我是同事時，他也把我當老師來看，稱我為老師，雖然我只長他兩歲。後來回到臺灣，他有機會到美國唸書，我也儘量協助他，因為跟美國大使館的良好關係，對協助他獲得簽證有所助益。當他從美國學成回來，成為李登輝總統的重要幹部，追隨李登輝擔任過臺北市教育局長、臺灣省教育廳長，後來又擔任李登輝總統府的秘書長，還曾出任行政院大陸委員會主委。在李登輝時代，黃昆輝官運亨通，是一個溫文爾雅的學者，但是我實在不瞭解他為什麼後來如此熱愛黨政工作，一再捲入臺灣黨政複雜的氛圍裡，處境艱困。目前他擔任李登輝所創辦之「臺聯黨」主席。黃昆輝先生是我在印度工作時候認識的一位好朋友，無論他後來的發展與背景如何，我還是認為他是一位君子。

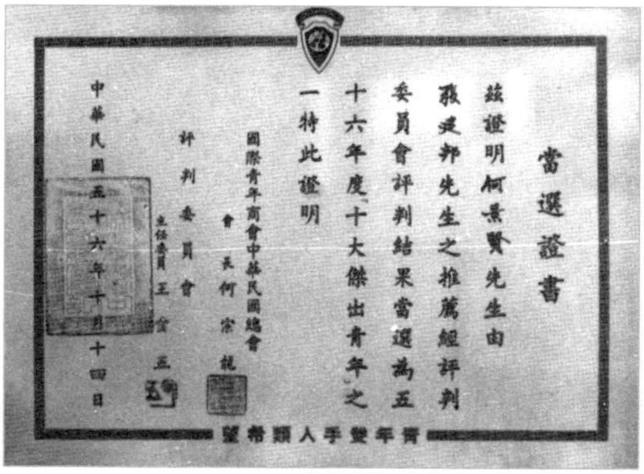
當選證書
茲證明何景賢先生由
張建邦先生之推薦經評判
委員會評判結果當選為五
十六年度「十大傑出青年」之
一特此證明
國際青年商會中華民國總會
會長何宗龍
評判委員會
主任委員王雲五
中華民國五十六年十月十四日
青年雙手人類希望

1967年，何院長「十大傑出青年」當選證書。

■1967年，何院長「十大傑出青年」相關報導。

TLI的傑出教師

　　既然介紹過幾個TLI的校友，同時也應該提一下TLI所培養的教師。從學校第一階段師資培訓到現在，全世界應該有近五萬人。有一班多達九十位聯合接受訓練者，有少數三、五個，也有的給予專項訓練的教師，因為他們身負特殊任務，例如：口譯，甚至是必須帶有方言口音的中文口譯。且培訓地點遍及全球五大洲。

　　在TLI龐大優秀的教師群中，現在比較容易讓大家記得的是在芝加哥大學任教四十年，最後成為榮譽教授的趙智超博士，斯坦福大學的高恭億博士，夏威夷大學的賀上賢博士，威斯康辛大學的陳廣才博士，普林斯頓大學的周質平博士，耶魯大學的林戴祝畓博士，華盛頓大學的陳恩琦教授，另外還有在香港中文大學的中文部主任伊驥鳴教授，新加坡南洋大學的朱芳華教授、尉厚教授及唐天寵教授，以及加州Whitter College外文系主任，主管四種語文學系的王孝敏博士（曾在我擔任淡江大學教授的助教）等。

　　還有一位很特殊的人物也是TLI的老師徐昭。在他擔任華盛頓中學老師期間，有一天正在給學生上課，恰巧中國總理趙紫陽到華盛頓訪問，被安排參觀華盛頓中學中文教學，由於她接受過TLI非常嚴格的教師培訓，教學方法出色、效果良好，氣氛也非常融洽，教室裡充滿歡樂之聲，這一點讓當時的趙總理非常感動，趙紫陽就跟陪同他參觀的美國國務院人士說，我要邀請這一班全體同學跟這位老師到北京訪問。後來美國國務院促成此行，徐昭老師順利地第一次率領美國中學一整班學生到中國大陸訪問，這件事成為班上所有學生家長甚感榮耀之事，當然擔任老師的徐昭女士更是與有榮焉。

　　還有一位是在夏威夷中學教華語的TLI教師趙子儀先生，這所中學出了兩位名人，一位是孫中山先生，另一位是美國歐巴馬總統。

　　此外，尚有一位不得不提的特殊人物——林雲大師。他是佛教藏傳密宗

黑教的教主大師，在TLI教授中文六年後，被我選送到香港中文大學協助中文教學工作，之後再推薦他到美國舊金山州立大學任教，沒想到他在舊金山成為一派宗師，在佛羅里達跟柏克萊創立了林雲禪寺，香火旺盛，還有不少信徒弟子紛紛前去向他討教。

另外在美國國務院外交學院一直都有TLI老師在教學，現在還有出身TLI的張新穎老師持續任教。在西岸的美國國防語文學院的老師，從早期六〇年代的武學平，到今天仍然有TLI多位老師在那裡繼續執教。

TLI的老師能夠在世界各地傳播中華文化，教授中華語言，我總是為他們感到非常驕傲。

創辦「海外青少年返國研習團」後話

一九六七年七月初，第一批臺北語文學院跟救國團合辦的「海外青少年返國研習團」成團，共有一百名學生從美國各州被選派出來，由臺灣駐美國文教參事處專員鮑幼玉教授親自率團回國。

鮑幼玉後來由於是蔣經國先生的得力助手，官運亨通，在美國經過將近二十年的歷練之後，回到臺灣出任教育部國際文教處處長，最後在國立藝術大學校長任上退休，他的夫人是有名聲樂家劉塞雲教授。他帶著這一百人回來以後，接受我們第一次給華僑青少年親切認真的尋根研習培訓，在第一期六個星期結訓後，請學員們寫下感言與感觸，在問卷調查裡，每個學生都給予TLI最高評價，並以身為華人擁有五千年悠久文化光輝歷史炎黃子孫為榮，對這次「如夢初醒」的「尋根之旅」至為感動。

因為第一次研習團破冰成功，因此我們就有後續每年的尋根之旅，一九六七年開始，六八、六九、七〇年連續舉辦下來，TLI承辦十五年之久，當中有幾期逢經國先生訪問美國，一時高興就增加人數，所以一期可以從四百人增加到六百人，讓我們負責行政及教學工作的人實在有點招架不住。突然有六百名學生大舉南下，甚至還要到東臺灣花蓮等地，包括招待隨行人員，大概七百多人左右，要為這麼多人安排食宿及各項活動，實在不是件容

易的事，如果沒有救國團蔣經國主任的全力支援，很難圓滿成功。

今日這個活動已經延伸到五大洲及兩岸了，讓眾多海外學子在暑期返國尋根，意義非凡，我甚為這項活動感到欣慰和驕傲。

▀1967年，中國語文學會頒贈語文獎章予何景賢院長。

▲1967年，TLI校友參觀淡江大學，由TLI董事長張建邦（右四／淡大校長）親自接待。右一、二為學生會會長唐培禮夫婦，左一為美使館領事米保羅及政治組參事。（何景賢攝）

▀1968年，耶魯大學王方宇教授（上圖右／左下圖中）來臺與何院長討論TLI修訂其著作《Chinese Dialogues》情況。

▲1968年，「臺北國際扶輪社」國際學生華語比賽，TLI獲團體獎及個人冠軍獎盃，獲獎人與評審主任委員洪炎秋（中）合影。

卷五、
1968 - 1977年

　　一九六八年下旬，「臺北語文學院」承教育部所託，允諾擔負世界第一部《中國語文》教材編輯工作，費時三年終於完成。

　　一九七○年，我們完成了歷時十年編纂的《臺英詞典》，《聖經大辭典》也在同一年順利出版，讓華語的學習及應用層面更深、更廣。

　　一九七五年至一九七六年，TLI發生很多的變動。我們奉教育部核定，校名從「臺北語文學院」改為「中華語文研習所」，由我兼任所長，這是TLI自一九五六年創校以來，第一次董事會改組——由外籍傳教士傳承到華籍產學界領導人士負責校務政策。

赴印前的籌備

一九六七年八月，在我前往印度德里大學創辦中國研究系之前，便在臺灣做了四個月的準備工作。先後拜訪當時的教育部長閻振興博士，還有外交部政務次長沈琦先生、國防部長俞大維博士及國關中心主任吳俊才博士請益。

吳俊才先生是印度問題專家，也是留印學者，他的學生有連戰、關中、張京育等人，後來都得意於臺灣政壇。國防部長俞大維，二戰時曾經出使印度擔任總領事，他將印度的文化、人文向我提供得很清楚，在我赴印之前，至少在他家中會談過六、七次，向我一一介紹與交代印度問題，而且還托我代購印度藝術文化史書籍，我抵達印度後都照辦了。

而外交部政次沈琦先生，他從報載中得知我將赴印度德里大學創辦中國研究系，因為臺灣跟印度沒有邦交，而我拿著臺灣的護照居然能在印度從事學術教育工作，使他非常重視，希望能夠跟我保持聯繫，有關於印度的任何問題來諮詢我，我也義不容辭地答應盡量從中印民間交流中助解。

我既然要去印度，而教育部便要核准發給我申請去印度的護照，更因我去印度從事教育工作，閻振興部長認為這是責無旁貸的大事，所以他也先後給了我很多資源與協助，一再叮囑要我多與聯合國駐印文教組織聯繫。正所謂「得道多助」，這四位「忘年交」是我至今難忘的摯友。

構思世界第一部中國語文教材

我在這裡提出四位忘年交的原因是，一九六八年下旬，我從印度一回到臺灣，就被教育部社教司司長謝幼華緊迫盯人，表示閻部長希望我能夠接下編寫中國語文教材的重要任務。

閻振興部長在一九六八年八月份就開始找我，但是沒找到。後來看到我

當選十大傑出青年的新聞，得知我人還在印度，只得等我回來再說。

　　原因就在於我回來之前的那個夏天，蔣介石總統盛宴款待海外華裔學人，他們都是在哲學、文學、理工、歷史、政治、經濟各方面學有所成的大師級人物。席間，哈佛大學語言學教授趙元任博士提出了一個想法，因在美國從事華語文教學者分布在東西兩岸，每一個大學都各自為政，大家重複著相同的工作，也沒有預算經費，所以在編寫中文教材方面吃力而不討好，臺灣為什麼不在這方面做些事情呢？他一再強調：現在大陸正處於文革期間，生靈塗炭，而臺灣現在相對有能力，應該擔負起對外傳承中國文化之責。

　　蔣介石先生聽到以後，當眾立即交代閻振興教育部長，此事由他來負責。這讓閻部長感到很為難，因為他是工程博士，從來不曉得中國語文教材怎樣編輯？這又是怎樣的一門學問？於是在宴席後請教趙元任博士：外國學生的中文教材編輯工程應該找誰呢？在臺灣有什麼樣的人才呢？

　　趙元任先生在美國的時候就跟我在哈佛大學見過面，於是他直言臺灣有一位專家何景賢，出身美國布朗大學語言學系，一直從事對外中文教學工作，是臺灣對外華語教學的唯一品牌，對編寫中文教材經驗扎實，可以付託！趙博士又推薦了編審委員會的人才，包括梁實秋先生、林語堂先生等，謝幼華司長後來又加上幾位臺灣國語推行重量級委員及政府領導階層，成立編審委員會，我的名字也是其中之一，然而我還要兼任主編。

　　等到我從印度回來以後，教育部就急著找到我。當時趙元任夫婦正準備回美，就住在臺北市的統一飯店，於是由謝幼華司長陪著我去見他，把這件事情落實下來。

　　我跟趙元任先生上一次在哈佛大學見面至今已隔四、五年。見面時他安靜祥和，還沒開口說話，他的夫人楊女士就搶著說，天南地北的講了很多跟編寫中文教材沒有關係的事，謝司長只好打破插話，直接切入主題。趙先生在夫人面前話不多，只強調這是編寫外籍人士使用的「中國語文」教科書，內容必須循序漸進，讓外國學生容易學，並且要注重語法說明。

　　於是，我就過去十年來在臺灣與美國兩地的對外漢語教學與編寫教材經

驗，擬對教育部新編教材採取分初級、中級、高級各上下冊，另加「教師手冊」六冊，全套十二冊編訂，每課課文含中文文字、羅馬拼音及注音符號，另有詞彙及語法，並用英文說明之，每課強調語言句型及會話練習，新的一課也會重複前課重點詞彙及句型練習。同時為方便海內外學生使用，每課課文均包括中文、注音符號及耶魯拼音、詞彙及注解，一律有英譯說明。

中文字讀寫自第十二課（學生有些會話基礎後）開始，每課介紹六至八個常用漢字，到高級（第六冊）課本為止，漢字共達二千字左右。

這一套書的語言學習重點比例為——初級教材：聽說技能佔百分之七十五，讀寫佔百分之二十五；中級教材：聽說百分之五十，讀寫百分之五十；高級教材：聽說百分之二十五，讀寫百分之七十五。

我一口氣說了半個小時，幾乎都是我在說話。我並強調：每編寫完六課先送編審會接受審查意見，修正後再往下編。在我說完編寫原則後，他表示同意，並且說：「我很早就聽說你在臺灣開辦中文學校教學及編寫教材的事啦！你幹得很好，這套書由你編寫我特別放心。」

謝幼華司長也對趙元任主任提出編審委員名單及組成經過，趙博士都非常贊同，於是這個案子就這樣敲定。

離開趙元任住的旅館後，我感歎悔恨不已，實在身不由己，深感為何走上創辦對外漢教這條不歸路？而且這又是條充滿挑戰而不知道結果的路，負擔沉重。如今又挑起為教育部編寫中文教材這這副重擔，真可謂勞碌命。

回到學校，我馬上成立中國語文教材編輯小組，選擇學校三位適任同事參與這項工作。我當時選擇的這三位教師雖然都沒有編輯教材的經驗，但他們具有豐富教學經驗，於是我只好用更多時間、更多努力來參與指導工作。

這時，在布朗大學選修的「教材編輯學」課程，對我發揮了很大的作用。

此編輯計畫為期三年，執行責任就完全落在我一個人身上，帶著這三個人，大家一邊研究摸索一邊學習，工程可說是相當浩大。思及未來學華語的外國人將陸續湧進臺灣，要是沒有一套從初級到高級程度的完整教材，是無

以服眾的。尤其學校已經運行了十年,而我又是第一個十年華語教師出身,有過多年編寫中文教材經驗者,在美國接受應用語言學研究課程,並培訓過數十次漢語教師歷練的人選,所以我必須無怨無悔的走下去。

這個工作開啟後不久,正逢「中國語文協會」頒贈第三屆「中國語文獎章」,我也被列為獲獎人之一!

為日本學生編纂教材

緊接著,日本中央大學有九十七名大學生到臺灣來學習中文,這個責任又加諸在我們身上。

TLI責無旁貸地承接下這項異常的挑戰工作。其中包含培訓TLI教師瞭解中文及日文發音及語法對比,日本與中國文化的異同及日本人學習心理的認知等,此外還得為這批日本學生特別編寫專用教材。

▼1969年,日本商會中華文化研習團到TLI接受華語教學課程,由何院長主持開訓。

這段時間,我又創辦了「TLI教師培訓班」,不斷地培植新教師,逐漸植下一些教學種子成為TLI的活水。而美國威斯康遜大學、華盛頓州立大學、夏威夷大學、德州大學、舊金山大學等又經常以「助教獎學金」名義,希望獲得TLI教師的參與助陣。對我來說,為TLI教師找尋「第二春」,利人利己,何樂不為?「教師培訓班」真的成為TLI的活水,我們全力以赴,希望能夠把這件事做好。

TLI與政府的合作方案

我在一九六八年從印度回到臺灣,當時教育部社教司長謝幼華奉教育部長閻振興之命,為成全蔣介石總統在臺灣編纂中國語文教材的承諾,請益趙元任博士,趙博士於是推薦本人擔任主編,同時又邀請林語堂、梁實秋等語言學者來擔任編審工作。

當時,教育部的「國語推行委員會」又了增加一位國語推行委員。由教育部社教司發聘書給我,請我兼任教育部國語推行委員。我從一九六八年兼任委員一直到一九九六年,其中三十年來,我不只參與國語推行運動,還包括地區方言的推行工作。

在國語推行方面,我曾經由行政院、教育部、僑委會、青輔會多次邀請到海外,在美國、歐洲、日本、韓國各大城市為當地的中文研習教師及中文教授,講習介紹國語教學的教材編制、教學方法、考試與評估和課程設計,特別包括兒童華語教材。同時,也應邀到臺灣各縣市,包括臺北市、臺北縣、臺中市、嘉義縣、南投縣、臺南市、高雄市等地,為當地教育局主管的「國語教育委員會」召集的中小學國語教師、校長們,介紹國語教學的中心重點和內容方向。我個人所肩負的海內外(含兩岸)漢語推行工作,一直延續迄今,未曾停止。

除上述因公出訪海外講學,我也常自費應邀前往美國紐約、芝加哥、華府、波士頓、洛杉磯、舊金山、夏威夷、阿拉斯加及倫敦、巴黎、馬德里、羅馬、約旦、新德里、香港、新加坡、吉隆坡、東京、大阪、漢城等地,在各大學或僑社中文學校介紹TLI教學法與各類專業華文教材編寫方法。

我可說是一生獻身漢教專業,始終如一,樂此不疲也。

第一部中國語文教材

　　一九六九年TLI承諾為教育部編寫的《中國語文》教材開始編纂，一套共十二冊，其中六冊分別為初級、中級、高級各二冊；另外還有六冊教師手冊，能夠幫助教師順利協助學生了解這一套教材的學習目標、學習方法，以及理解如何講解及使用這一套教材。

　　除了這十二本教材的編寫之外，我們還另外要攝製教學影片，在海外電視臺播出。一九七九年至一九八○年，TLI自編自導自演的《中國語文》教材影片，曾經在舊金山「海華電視臺」對外播出一整年。

　　一九七○年底，我們又在臺中東海大學協助他們成立「TLI東海大學中文教學部」，培訓東海大學的外籍教師和學生。

　　同時加緊督導《臺英辭典》的編輯速度，以期讓它能夠在一九七○年年底完成。當時，為了收錄全臺各地的臺語語音、語彙，務必使其完備，我們把《臺英辭典》的編輯室從臺北TLI搬到臺南神學院。

　　閩南語在臺灣已經使用超過三百年而「臺灣化」了，閩南語臺灣化之後，仍難免有北部跟南部語音及語彙的分別，雖然不大，但是我們仍有責任將這些差異悉數列到詞典裡面。因此開拔到臺南神學院，以此為基地，進行收錄臺灣南部語音、語彙的重要工作。

　　另外一本《聖經大辭典》，這是幫助基督教傳教士傳播《聖經》的參考工具書，所有的聖經內容詞彙及難以解釋之語意皆囊括其中，一共費時三年，終於也在一九七○年編印完成出版，這對基督教會的學生來說是一大福音，更極受教會牧師歡迎。

香港語文學院成立

一九七一年開始，TLI臺北語文學院應「香港基督教協會」邀請，希望我們到港幫忙創辦Hong Kong Language Institute，即「香港語文學院」，讓居住在香港的外籍人士，能夠研習華語和廣東話。

為成立「香港與文學院」，我親自到香港住了一個半月。終於，在香港的九龍成功創辦「TLI香港分校」。分校其下設國語和粵語兩個部門，培訓當地的宗教、工商、外交新聞等外籍人士，同時我也將臺北一位資深老師陳周家齊女士請到香港分校擔任負責人。十年後，我們讓它併入香港浸信會大學，成為該校的華語文中心。

▼1971年7月，TLI應香港基督教聯合會邀請，於九龍創辦「香港語文學院」（後併入浸信會大學），分設國、粵語二部，首屆院長由陳周家齊女士（左）出任。何院長於開學日向全校師生介紹陳周院長並合影留念。

出版《臺英詞典》

然而，我們也因「香港語文學院」的成立，終於解決了《臺英辭典》出版的問題。因為《臺英辭典》被當時的臺灣政府禁止出版，正所謂「白色恐怖」時期，國民黨的極右派人士認為出版這本辭典有支持「臺獨」之嫌，因此無法出版。

為什麼我們用了十年的時間來編纂《臺英辭典》呢？臺灣政府不知道這

本辭典其實甚為臺灣基督教傳教士及在臺經商的外籍人士所需，是學習臺語的重要參考工具書。雖然臺灣政府不准我出版，但為了讓學生達到學習的目的，我將這本辭典樣稿運送到香港，用「香港語文學院」的名義出版之後，再送回臺灣提供外籍學生學習臺語。

在當時這一個案子非常受到美國方面重視，後來美國自由專欄作家齊邁可（Mike Chinoy）為此事特別發表了一篇專文，登載在香港南華早報（South China Morning Post）頭版頭條。當時我警告他不可以使用我的名字，他果然非常忠於承諾，從始到尾沒有提到我的名字。

因為這篇文章，一時竟「洛陽紙貴」，《臺英辭典》掀起一陣搶購熱潮，且引起了各國宗教及新聞界的重視。

後來齊邁可先生被美國CNN有線電視網聘為亞洲太平洋地區的負責人，在一九八九年「天安門事件」當中，齊邁可整夜地現場進行電視報導，全世界都關注著他的賣力播報新聞的鏡頭，讓他一夜成名。他也成為我們學校的榮譽學生、榮譽校友。

香港語文學院成立後，緊接著《中國語文》這套教材也將付梓。經過三年戮力不遺的編纂工作終於完成，在一九七三年由國民黨所屬出版社——正中書局發行。

中國語文教材出版發行至今四十餘年，深受海內外華語教學界的重視，這一套教材到現在已再版二十餘次之多。

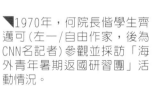

1970年，何院長偕學生齊邁可(左一／自由作家，後為CNN名記者)參觀並採訪「海外青年暑期返國研習團」活動情況。

中美破冰之旅　日本後發先至

一九七二年二月初旬，是為冷戰三十年後，中美第一次破冰之旅。

美國尼克森總統跟季辛吉顧問的專機飛抵北京，帶著一百人，其中有八十多名記者和若干國務院白宮的中國通人才訪問北京。

訪問北京之前，季辛吉把一本書拿來惡補，作為與周恩來談判的準備工作，即《周恩來傳》。

這本書由舊金山州立大學許芥昱教授於一九六八年用英文寫作完成。出版問世後，受到全世界的矚目。這是西方世界首見對中國揭秘的一本書，《周恩來傳》確實令人好奇。

在中國擔任國務院總理，就相當於英國首相的職務，整個外交、行政、經濟事務都掌握在他手上。

本書一九六八年出版後，日本很快地在一九七〇年由高山林太郎將其翻譯成日文。一九七二年，他們發現《周恩來傳》是尼克森和季辛吉到中國進行破冰之旅必修的一門課，於是大量出版，上至政府首相、外藏省以及亟欲開闢中國市場的工商界，皆如火如荼地研究這本書。因此，在尼克森訪華結束後不久的一九七二年九月二十九日，日本便搶先與中國建交，時間相隔僅僅半年，有如「珍珠港事變」翻版，此謂「兵貴神速」，夫復何言？

日本的動作非常快，可謂後發先至。

他們完全地模仿美國，照本宣科跟著走。走上與中國建交這條路以後，四十年來，對日本的經濟發展、兩國的共同繁榮進步貢獻很大。日本所有先進的科技都進到中國，無論是科技產品或是名牌汽車，甚至是金融業、服務業全部進入中國市場。日本必然需要處心積慮地打開中國市場，因為中國大陸跟日本只隔了一個東海，兩個小時飛航就可以從東京到北京。在天時地利人和的情況之下，他們迅速地建交了。

　　而當時因為中國與各個先進國家脫軌已久，亟需得到發展的協助，所以中國方面對日本非常讓步，不要求日本賠償二戰損失，先建交再說。

　　雙方航運、海運皆通，生意就做起來了，此時，日本已順利拔得頭籌。

　　中美「破冰之旅」達成之後，日本便搶先跟中國建交，由此可以看得出日本在行政、通商、外交、經濟、科技、文化及媒體等各個方面的措施，都具有極高的敏銳度。

TLI的鄉土語言教學

　　蔣介石先生在一九五八年要求臺灣國軍連長以下軍士必須學習三個月臺語，以展示軍民團結合作，獲得安內的效果。其實TLI早在一九五六年就開始同時教授國語和臺語兩種課程了。

　　一九六〇年代開始，臺灣幾乎所有的基督教神學院和各教會醫院如：馬偕、門諾、彰化、花蓮醫院，凡是由外籍傳教士開辦的機構，包括負責人及牧師都在學習臺語，因為他們是跟當地民眾接觸得非常頻繁的一群外國人。

　　後來在一個場合中，我們的一位外籍學生——臺中中臺神學院院長賴思牧師跟我說，因為蔣介石的夫人宋美齡女士是非常虔誠的基督教徒，所以，他們常常邀請基督教各教派的牧師和夫人到總統官邸下午茶宴，禮拜天做完禮拜後也會聚集在一起。有一次他們和蔣夫人試著說臺語，想看蔣夫人能不能說，蔣夫人感到非常不安，因為她只能說英文和帶著寧波口音的國語，對臺語非常生疏。蔣夫人發現這麼多牧師都在學習臺語，是否正是後來影響了蔣介石讓三軍的基層幹部必須要學習臺語的動力呢？

　　對於這一點我無法求證，但是我知道蔣介石的公子蔣經國先生也非常勤奮地學習臺語。在一九七〇年代，他經常跟隨臺灣省籍的第一位省主席謝東閔先生巡視全臺各地，六年當中的每個週末，在臺灣三百九十九個鄉鎮中到處走訪，接觸民眾，瞭解社會動態，總是會說出幾句得體臺語施展善意。雖然經國先生的臺語不是很流利，但是他非常誠懇努力，一路上頻頻詢問謝主席：某某東西的臺語怎麼說？如何跟他們打招呼？如何表示感謝？不只是語言，包括庶民的文化，他也非常重視。我認為，學習語言時，能夠同時注意到文化層面，才算是一個模範學生。

革命實踐研究院

　　在一九七三年六月初，有一天，中國國民黨秘書長張寶樹先生突然邀見我，大概是透過國民黨大老馬超俊先生知道我的。當時他是中常委，也身兼國民黨考核發展委員會主委，在孫中山時代擔任過國民黨農業部和勞工部部長，他也跟蔣介石先生有深久私誼。

　　馬超俊先生曾經在中常會裡面提出，國民黨要有輸入新血的計畫，所以要求全黨的先進提出推薦優秀黨員及幹部名單，共同參與國民黨及社會的建設工作，或許我的名字被馬先生提進去了。我在淡江大學三年級時，即一九五六年，已是國民黨知識青年黨部小組長，那年夏天，全臺灣的各大學國民黨知青黨部小組長都要到國民黨「革命實踐研究院」受訓。

　　當時國民黨的黨校就是革命實踐研究院。全臺灣各大學共有三百多個小組長，都來到革命實踐研究院接受一個月幹部訓練，主要是在思想方面要求純正，對三民主義要有正確認識，透過各種的指導、輔導和研習討論，以堅定黨性，為將來服務國家社會做準備。三百多人分為二十個小組，在小組中，我又被選為小組長，列為前茅人選，結訓時還被當時的營主任接見勉勵。

　　一九五八年我開始服預備軍官役，在憲兵學校接受八個月的預備軍官訓練，四個月的基本軍事訓練，另外四個月是憲兵法律及各軍事方面的學識訓

練。在這八個月當中，我在憲兵學校第七期預備軍官訓練班一百名學員裡，便是擔任第一小組組長。這是跟國民黨的又一次緣分。不過後來我出國讀書，就此淡化了與國民黨的關係。尤其是我在美東所讀的是純學術的自由派學府，沒有什麼政治黨派可以介入。

但是讀書回臺以後，馬超俊先生找到我，沒多久，我的名字又被提進中央黨部優秀黨員推薦保舉名單中。

一九七三年六月初，中央黨部張秘書長約見我，他說蔣經國先生請他來找我談談，希望我能出任國民黨中央委員會海工會（海外部）副主任（即副部長）。我聽了之後非常惶恐，因為當時TLI董事會剛剛改組，在新的TLI董事會裡，我擔任全職常務董事兼所長，新的董事會十一位成員都是我親自拜訪，誠懇邀請義務接任，而我又是學校創辦人，豈可輕允轉任公職？當然不方便去黨部從事政治工作。

為了解決這個難題，我當晚就趕赴謝東閔主席公館。我知道他每個星期二晚上會從南投省政府中興新村回臺北參加隔日上午的國民黨中常會，星期四上午仍在臺北參加行政院的政務委員會議，下午才回南投。於是我在週二晚上趕到他家，說明這件事。我說：「報告謝伯伯，我實在沒辦法接下這個工作，因為學校剛剛改組，而且我的工作是培訓外國重要外交、學術及新聞工作人員及宗教、工商界領袖，任重道遠，這項工作我已經前後做了十幾年了，現在正是學校改弦易轍的時候，對我非常重要，實在沒有辦法進國民黨工作。」我向謝主席請求，並請他於中常會中向蔣經國先生代為謙辭。

當時蔣經國不僅和謝東閔先生每個禮拜三出席國民黨中常會，禮拜四還要在行政院的政務會議見面，關係非常密切，於是請他替我婉辭海工會副主任一職，同時向蔣經國先生解釋，並感謝他瞭解我的苦衷。

沒想到他們研究的結果竟是——既然我現在的工作離不開，而我又是一個被他們認為傑出優秀的黨員同志，他們也不願意放棄，便把我調到中國國民黨新成立的中央青年工作會兼任委員，其它的委員有施啟揚、李煥、潘振球、孫震、宋時選、陳奇祿等俊彥，因為這是兼任的，只需要在通知開委員

會時出席，平時不用到中央委員會去上班，所以我也只有接受。

於是，一九七三年六月二十六日我便接到中國國民黨中央委員會總裁蔣中正先生送來的聘書，聘文：「擔任中國國民黨青年工作會委員」。這一做就是一、二十年，這當然也使我有機會參與國民黨大學院校知識青年黨部的運作及出席中央黨員代表大會等歷練。

國際友人中國話演講比賽

從一九七三年開始，臺北國父紀念館每年在孫中山先生誕辰這一天會舉辦「國際友人中國話演講比賽」，每次都有八、九十人，甚至是上百位來自北、中、南部各大學或者學術機構的外籍人士參加比賽，我們學校的學生連續榮獲十七年冠軍。

「國際友人中國話演講比賽」後來演變成TLI送出兩位參賽者就拿第一、第二名，送出四位就包辦前四名。之後本校的學生在報名之前，只要看到同學的報名資料，就不大願意參賽了，因為他們知道結果一定是同學們自相殘殺。TLI的教學成果果然是非常知名而出色。

後來，因為演講比賽已不再有吸引力，就由「太平洋文化基金會」主辦辯論賽，共有七、八個著名的大學的華語中心來參與，前後舉辦了兩屆，這兩次冠軍都被我們拿到了。兩次最後的決賽，都是由IUP「大學校際中文研習中心」[1]與TLI兩強爭霸，經過激烈攻防交戰後，冠軍仍是由TLI榮獲。

註1、由美國各大學聯合在臺灣大學成立的華語中心，學生成員皆為碩、博士生，或博士後學位研究生，成立時間較之TLI晚七年。

▲（左圖）1984年，臺北「國文紀念館」舉辦全臺「國際學生中文演講比賽」，TLI囊括前四名首獎，傲視群雄。（右圖）國際友人中國話演講比賽，與賽受獎者合影。

第二次辯論賽後，主辦單位就停辦了，因為他們覺得每一次活動得獎者都由TLI包辦，似乎有活動專為某特定單位而設計之嫌，也失去了繼續承辦的欲望與信心。

TLI因該項活動而成立的「TLI辯論社」從此改弦易轍，尋覓新「假想敵」，與本土大學辯論社繼續「華山論劍」，提高了學生們華語辯才能力。

越南及其他中文研習營隊

一九七四年，臺灣的教育部委託「中華語文研習所」代辦越南政府最後一批獎學金華語進修課程，學生一共五十人，為期一年。

這一批受領中華民國教育部獎學金來臺，進入TLI進修華語的越南學生，經常得到越南在臺領事館總領事Ms. Nge DhILiem來校慰問與照顧。他們從完全不會說中文、聽不懂中文，每天學習七個小時，直到一九七四年九月四

日，Ms. Liem於主持TLI結業式後，他們居然能夠被分發到臺灣大學參加工商管理或其它學系就學考試，並且順利通過，讀完四年，畢業於臺大，成為TLI越南校友會的主力人物。這更加強了TLI教學能力的信心，我們也感覺到非常自豪。但在這一批學生學成之後，「南北越」統一，也從此不會再有越南受領獎學金的學生來臺學華語的事情了。

從一九六六年到一九七四年，教育部特設獎學金由國際文教處不定期分發到TLI來的中南美及中東學生，如巴拿馬、厄瓜多爾、約旦、沙烏地阿拉伯等，其學習目標各異，但我們均能全力支援，圓滿配合外交路線，達成弘揚中華文化目的。

國家建設委員會

一九七五年，臺灣行政院每年舉辦一次的「國家建設委員會」（國建會），由行政院所屬各部會如經濟部、文化建設委員會、教育部、財政部、國科會、僑務委員會等機構，從世界五大洲邀請世界一流的華人專家學者到臺灣出席該會，為臺灣政府提出建言，尋找出路。

一九七五、七六年連續兩年，TLI被行政院國家建設委員會指定為語文組召集人，由我負責主持海內外學人對外漢語教學的課程、教材和教學法的研討會議。

另外還有教學觀摩會，同時由我負責連續主持兩年。邀集一百多位國際漢教專家與學者，齊聚TLI參與「國內對外漢語教學與漢教未來發展趨勢研討與觀摩」，與會人員均肯定臺灣與TLI在對外漢教領域中付出的貢獻，並取得

共識與圓滿交流。

　　雖然竭力投入而忙碌異常，但也藉著這個機會認識了很多國際漢語學者專家，主客豐收，非常值得安慰。

▲1974及1975年，臺灣行政院「國家建設委員會」語文組設於中華語文研習所，由何景賢（左圖右立者、右圖右一）任召集人，主持海外學人漢教課程教材及教學法研討及觀摩會議，每次出席代表約五十人，對開闢外籍學生來臺研習中文功效甚大。

TLI臺北語文學院改組

　　一九七五年至一九七六年間，TLI發生了很多變動。

中華語文研習所

　　首先，我們奉臺灣教育部核定同意——校名從「臺北語文學院」改為「中華語文研習所」。同時也把十三位外籍傳教士董事依政府法令改為華籍。董事長由當時的淡江大學校長、臺北市議長張建邦先生接任；常務董事則有陳履安博士，他曾歷任明志工專校長、臺灣技術學院院長、教育部次

長；另外還有實踐大學校長謝孟雄博士與我，並且由本人兼任中華語文研習所所長。

這是一九七五年TLI第一個學校組織與董事會的變動。

▲1975年8月，「臺北語文學院」改組更名為「中華語文研習所」，同時成立首屆董事會成立。（前排左起常務董事兼所長何景賢、董事長張建邦、常務董事謝孟雄、陳履安。）

第二個變動是一九七六年，當時臺灣與美國仍有邦交，我奉教育部徵召，為慶祝美國兩百週年國慶隆重組成「中華綜合藝術團」去美巡迴公演，誠摯展現中美兩國友誼長存。

這項工作歷時四個月，在美國四十州一百多個城市做表演，以宣揚中華文化，並促進國際友誼。我便是「中華綜合藝術團」總領隊。

宣揚中華文化

我率領了臺灣在世界各大城市獻藝的七十五名一級表演藝術家，還有四、五名外交部、教育部和安全單位的官員，展開幾乎是一整年（十一個多

月）的活動。

　　我們先在東南亞的香港、馬來西亞、新加坡等地演出大半年，最後四個月，從九月到十二月都在美國和加拿大，為期共十一個月，這是一個宣揚中華文化倡導和平促進國際友誼的藝術團隊。

　　我以一個非公務員，第一次被政府邀請出任領隊。當我帶團在東南亞完成巡演後，由於工作太繁重，又加上每天晚上睡在大酒店的冷氣房裡超過半年，肩膀都因為冷氣冰凍而沒有辦法移動，患了「肩凍症」，因而向教育部提出辭呈。

　　沒想到提出辭呈以後，蔣彥士部長親自來看我。

　　首先是教育部次長林清江先生前來慰問，後來蔣彥士先生再來找我，希望我留任，我兩次都堅決拒絕，最後蔣彥公搬出經國先生，對我曉以大義。他說本來他們建議該團由一位軍方中將率領，可是蔣經國先生覺得這是一個文化藝術訪問團，而我的工作背景與學經歷最適任扮演「文化大使」，做好這個工作，經國先生堅持要我擔任領隊。於是彥公拜託我再辛苦一次（為時四個整月）。在這樣的情況下，我也很難拒絕。

　　最後雖未能欣然同意，也只有勉力為之，而這一答應，我在一九七六年整整十一個月，都賣給了臺灣政府。

　　在此行當中，因緣際會，由於電視媒體的介紹，我也獲得了一些榮譽。比方說我在加拿大拿到溫尼匹克市的榮譽公民，在美國拿到克利夫蘭市的榮譽市民，也拿到聖荷西的榮譽市民，還有加州榮譽大使等等的榮銜。在整個行程當中，我四度回到臺灣，重組新的演員陣容後再出發。

　　七月份返臺時，正好碰到TLI的二十週年校慶。

　　一九七六年七月三日，我們就在臺北市中山北路的美國軍官俱樂部舉辦TLI二十週年慶祝活動，當天美國大使安克志先生及遠在美國的IBM總裁都專程到場祝賀，令我十分感動。宴席中，計有中外七百多位來賓出席，其中安克志大使的出席倒是讓我很意外，因為當天是美國國慶日。他在席上公開說：「我今天在家裡，為了美國國慶（七月四日）也舉辦了一個國慶酒會。

現在我特別向太太請一個小時假，來到這裡，以校友的身份對大家講話，祝賀TLI未來有十個、二十個二十週年。」

當天由於美國IBM的總裁也專程來參加，董事長張建邦博士樂得嘴都合不上，他對IBM總裁說：「你是我這兩年來最想請教的對象，今天真是天上掉下來的禮物。」

日本的姐妹校、美國的姐妹校也都率團前來共襄盛舉，那確實是一場非常熱鬧而成功的校慶活動，盛況空前。

▼1976年，TLI二十週年校慶，美國駐華大使安克志（校友）親臨道賀。（左起何院長、謝孟雄董事、安克志大使、張建邦董事長）。

▲1976年7月3日，TLI二十週年校慶於臺北市中山北路軍官俱樂部舉行，美國大使安克志及中外來賓七百人出席同慶，張建邦董事長切蛋糕祝賀。（右一為何院長）

▼1979年，美國參議員范士丹女士（中/前舊金山市長）偕同夫婿訪華，對TLI在舊金山成立中山文化學院，促進中美文經交流，甚表感佩。

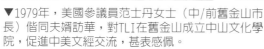

▲1979年11月，美國洛杉磯市長布萊德（TOM BRADLEY）於該市希爾頓酒店接受TLI何景賢所長頒發TLI「榮譽狀」。

▲（左圖）1979年11月，TLI名譽董事長謝求公（中）於副總統任內關注國際學生在臺研習華語教學及生活情況時召見前董事長張建邦（右一）及院長何景賢，殷殷垂詢。（右圖）1980年，何院長為TLI榮譽董事謝東閔（副總統）祝壽，邀請全臺一百餘社團負責人蒞場祝賀。（右圖右起張建邦、何景賢、謝東閔、查良鑑、陳奇祿）。

卷六、
1978 ~ 1979年

　　一九七九年還有一件非意料中的重要任務，那就是在十二月下旬，由TLI一肩承擔回臺重新編寫「美洲版中國語文」（Mandarin Chinese for Americans）教材的工作。

　　這是為美國各大學修習華語所編訂的教材，無論是十週學期制或是十五週學期制的學校都要兼顧，換句話說，這套教材必須「一魚兩吃」，方能滿足當時美國不同學制大學的華語教學需求。

中華民俗才藝大賽

　　經過數十次外籍學生國語演講及辯論比賽冠軍均被我們包辦之後，TLI學生已經沒有什麼值得參加的挑戰活動與競賽場合了。於是我們創辦「國際友人中華民俗才藝大賽」，此活動自一九七八年開始，鼓勵在臺灣的外籍人士報名參加，每兩年舉辦一次，獲得非常高度的評價。

　　每一年，臺灣三大電視臺均參與「國際友人中華民俗才藝大賽」協辦，競相爭取主播權。決賽播出當天，一定是黃金檔最高收視，三臺總冠軍，每每打破其它電視臺聯播、電視劇、綜藝等節目的收視記錄。後來這個振奮人心、宣揚中華文化的綜藝節目也影響了大陸的中央電視臺，在全球各地舉辦類似的活動。國際友人中華民俗才藝表演至今方興未艾，影響非常深遠。

　　從一九七八年到一九八八年，TLI共舉辦了六次。其間，大陸方面也希望我們的表演團體能夠到對岸演出，曾透過香港重要媒體單位來跟我們洽談，但是這些外國學生時間寶貴，他們來臺灣是以學習中文為主，過去為了學校的榮譽及提升個人中文能力參加比賽，只是藉此們證明自己的中文能力及對中華文化的了解與喜好的品質，也肯定學習的自信心，並不想成為職業演藝人員，因此，在尊重學生意願的前提下，我們婉拒了。

▲1978年起TLI每兩年舉辦一次的「國際友人中華民俗才藝大賽」（金鷗獎）名傳世界，膾炙人口，三十餘年來活動已蔓延兩岸，電視爭相報導，圖為1984年臺北現場演出的《選后記》（左圖）、《真假武大郎》（右圖）。

國民黨青工會時期

在我接任國民黨青工會委員之後不久，蔣經國先生便當選了國民黨黨主席。

青工會每個月都有一次委員會議，第一屆的青工會主任委員是王唯農主委，王主委親自把蔣中正（蔣介石）發下的聘書送到我家。

這段時間，我不僅出席每個月的委員會，若是碰到每年國民黨中央代表大會，委員也要出席。

一九七八年四、五月份，適逢第九屆中央委員會一中全會。這場會議一開始是主席報告，蔣經國主席要全體黨員同志重視中美兩國外交的友誼。他特別強調，中美兩國「合則兩蒙其利；分則兩遭其害」，這兩句話說得非常嚴肅，目的是要提醒大家，兩國的關係是密不可分的，要大家在這方面多加研究、多加支援。當時出席的黨員同志大約四百多位，這是第一次要求全臺灣的大學和專科學校校長都列席參加，當時主持會議的輪值主席是中央婦工會主任錢劍秋。

她首先點名王惕吾先生（中央常委，聯合報發行人）、余紀忠先生（中央常委，中國時報發行人）依序發言，大概是他們本人提出希望表達意見，便請上臺做一些對蔣主席歌功頌德的報告。

沒想到宣佈余紀忠上臺以後，錢劍秋緊接著就宣佈下面請何景賢同志準備發言，把我嚇了一大跳。因為我並無發言計畫，而他們的發言都是早有準備，而且是自己要求上臺報告，我卻突然被點名，當時腦子一片空白，不知道該說些什麼才好。

余紀忠講的話我一句也沒有聽進去，滿腦子裡都在想：我上去該講些什麼呢？我對國民黨瞭解還不夠深入、不夠多，今天大會出席的都是國民黨重要大老及領導幹部，我該如何發言呢？

　　這時候，余紀忠下臺了。在掌聲中，司儀宣佈下一位請何景賢同志發言，此刻我的腦中仍是一片空白。從臺下走到臺上時，一眼看見前面距離三公尺第一排的正中央的蔣經國主席，坐在他後面第二排的有謝東閔省主席、黨國大老、五院院長、內閣閣員、中央委員及各縣市長、全國大專學校校長等。我看著蔣經國先生，他也嚴肅的盯著我，兩人目光直視的時候相距不過三公尺，於是我想起他剛剛說的「中美兩國，合則兩蒙其利，分則兩遭其害」這段話，便想對他的話表示些意見，沒想到我發言之後，臺下譁然。

　　主席當下敲槌宣佈休息十分鐘。

　　然而，在臺下譁然之前，我到底說了什麼呢？

　　我是這麼說的——

　　今天聽到本黨主席蔣經國同志的發言『中美兩國，合則兩蒙其利；分則兩遭其害』，由於我個人在過去十年來因工作的關係，跟美國國務院官員接觸頻繁，而且，我在一九六六年出席美國威廉斯堡國際會議後，又回訪幾位在國務院擔任要職的學生，據此所瞭解的情況，我認為主席蔣經國同志對中美關係實是過份樂觀了。

　　在我回臺那一年，即一九六六年年初由哈佛大學費正清教授所領導的一個組織——National Security Council『國家安全會議』，其成員有二百多位美國大學知名教授，當然，他們多半屬於自由派，大多數都希望連署要求美國政府、美國總統儘快承認中共，不要使世界兩大國壁壘過於對立分明。他們所言『中美兩國，合則兩蒙其利』的中美是指『中華人民共和國』和『美國』，和剛才蔣經國同志提到的『中華民國和美國兩國合則兩蒙其利』完全背道而馳，我們必須要有這個認知。

　　我當時瞭解這個情況後，曾跟本黨馬超俊同志談到這個問題，表達憂心忡忡。馬超俊同志馬上就把這個意見告訴蔣介石的總裁機要——陶希聖先生，希望陶希聖先生能儘快向最高當局反映我所看到的事實。但很遺憾，未見結果。

　　我認為事情並不像蔣經國先生講的這麼樂觀，中美指的是「中華人民共和國」和美國，而非臺灣的「中華民國」跟美國。這一股自由派學人強大的思想力量，在美國這個具有重量級影響力的組織「國家安全會議」中，早已風聲雷動，大家都在朝「承認中國」方向前進，希望早一點離開世界第三次大戰的陰霾。尤其在美國一九五〇年捲入韓戰，與中國有過長期的痛苦的作戰經驗，如果兩國冰凍二十多年的關係能夠解凍的話，對他們來說是一件好事，所以我們不能沒有這種警惕。

　　一九七二年，美國尼克森跟季辛吉訪問大陸以後，日本就提前宣佈與中國恢復邦交。我希望當天在座的國民黨精英和領導同志都有這樣的認知。於是我繼續說道——

　　美國是一個現實主義國家，講究利害，而不講究是非。終有一天，他們會出賣中華民國承認中共的，就像今天日本於尼克森訪問中國後，即刻承認中國而放棄臺灣。所以，我們心裡必須要有準備，不是今天，就是明天或不久的將來。美國認為承認中共才是他們的『中美兩國合則兩蒙其利』，希望黨內同志能瞭解我發言的用意。

　　我剛剛說完，臺下馬上有一人緊急舉手站起來表達贊同，那是馬超俊的夫人沈慧蓮同志。

　　沈慧蓮同志在孫中山革命的時候，在廣州組織敢死隊，就由她擔任隊長，衝鋒陷陣，幸而沒有遇難，並且成為國民黨中央非常重視的黨國大老。後來她不幸罹患癌症，身體非常不好的時候，臺灣報紙大幅刊載宋美齡女士在她身邊給她餵食，將她敬重為長輩來看待。

　　突然間，沈慧蓮女士一時激動，舉手起身說道：「我證明有這件事！」官場上本來就是官官相護，所謂西瓜靠大邊的情況，我萬萬沒想到，有這麼一個正義之聲突然響起支持我，大家一看是沈慧蓮大老，所以臺下一片安靜，沒有人說話。

　　這個時候，主席——婦工會主任錢劍秋，也是我在馬超俊先生的家裡見

過數次面的人士，很機警的在主席臺上敲錘，宣佈休息十分鐘。就在這休息十分鐘的時候，我走下臺去，很多同志都朝我圍過來。因為大家不習慣在國民黨全會的時候聽到不同的雜音，我顯得少不更事、太年輕衝動，不考慮政治的現實及後果問題就說出我的意見，實在令他們匪夷所思。

這個時候圍過來的幾個人，當然都是最關心我的好友：張建邦、陳履安、謝孟雄，還有中正理工學院院長簡立中將也圍了過來。張建邦說：「景賢啊，你剛剛的發言是不是太武斷了一點？」陳履安也替我感到焦慮。這時候另外一位先生說：「你剛剛說的話也有正面反響，而且確有其事，有人替你作見證，並且還是一位大老，所以讓你逃過一關哪！」

我這才下意識地悟道：哎呀！我是誤踩地雷啊！一個經常從事外事的理想派、自由派年輕人，竟天真地踏進國民黨最高層尖塔，猶如誤闖森林的小白兔，不知道這裡面是玄機處處，「高處不勝寒」啊！

政治體悟

那次的經驗給我一個很大的教訓，政治這條路絕對不是一般人能隨便走進去的！

每次開大會的時候，每個人都會分發各種贈書及國民黨各種宣傳品等，每個人都是一大箱。我因身為晚輩，與東閔先生有兩代之誼，下午六點多散會後，我就替謝伯伯把這些資料收到身邊。因為他要和蔣經國先生聚餐，不便攜帶。出席同志於團體用餐後分別乘坐大巴士，把我們從陽明山中山樓送到臺北中山南路的中央黨部，謝主席的公館就在中央黨部斜對面。

四、五十部大巴士從山上浩浩蕩蕩往下走，一路到了中央黨部。下車後，過了馬路，就是東閔先生公館，我一敲門，沒想到東閔先生同蔣經國主席已經聚餐完畢回到家了。可能是經過一天緊密會議特別勞累，所以他們的聚餐三十分鐘就結束了。當我把資料拿進去時，謝主席就坐在客廳裡面，他對我說：「景賢啊，你今天的發言很好，吳伯雄的發言也不錯啊！我與蔣主席席間還提到，小時候我抱過你，給你換過尿布啊！」

　　我說：「謝伯伯，我看我今天是冒犯了經國先生，他有沒有責怪呢？」他說經國先生沒有責怪。我又問：那您稱讚我的時候，他有什麼反應嗎？他說沒有。於是我瞭解了。看著他客廳上掛著的那幅對聯，下聯寫的是「處事無奇但率真」頗有同感而默然辭去。心想：「謝伯伯真是一位率真的好長輩啊！」

　　一九七八年國民黨中央第九屆委員會二中全會在陽明山中山樓召開。主要目的是國民黨中央提名參選中華民國第六任總統與副總統人選，要全黨代表中央委員通過。會期一共三天，蔣經國先生一個人競選總統是沒有任何異議的，但是副總統候選人的傳說一時紛紜，甚囂塵上，每天各種報章都有不同的猜測，呼聲最高的是當時的內政部長連震東（他的公子連戰，時任青工會主任）。會期最後一天高潮迭起，所有的報紙都刊登連震東將會於今天在會上被正式提名為國民黨副總統候選人。

意外得知黨國機密

　　當天早上，我們出席大會的同志們分別搭乘國民黨預備好的數十輛大巴士，從臺北市中山南路國民黨中央黨部浩浩蕩蕩開往陽明山中山樓。早上八點多剛下車，就有一位我在服憲兵役的老長官走過來跟我說：「何院長，恭喜你啊，你的謝伯伯會在今天被提名為副總統候選人。」我聽完嚇一跳，直言怎麼可能！報紙上大家議論的人選都是連震東先生，而且謝先生也在報紙上公開答覆記者提問，他希望省主席坐滿了六年後能退休，因為他在任主席期間左臂被臺獨分子炸斷，眼睛也受傷了。他說過，以七十三歲的高齡退休是他最大的期望，怎麼會有這麼一個情況呢？

　　這位長官把我拉到會議室內神秘地告訴我，昨天晚上散會以後，經國先生把謝主席拉到一邊，說：「東閔兄，你進來，我們談一談。」當時他因為擔任大會警衛組組長，一定要站在他們後面，席間沒有第四個人，他聽見經國先生跟東閔先生說：「東閔兄啊！明天國民黨副總統候選人提名，我經過審慎考慮，也跟有關單位的人探討過，最後的決定就提名你為副總統候選

人。」謝東閔先生當時非常驚訝，說：「啊，怎麼可能是我呢？！我都準備要退休，還跟報紙媒體公開宣佈過了。你就讓我休息吧。」他又說：「一個公務員應該眼明手快，我眼睛不好，手又受傷。我幫助不了你什麼，你就讓我退休吧！讓我快樂地生活下去吧！」經國先生很堅持地說：「不行，我們經過審慎考慮，認為副總統一職還是要由你擔任，無論如何你都要接受。」之後，東閔先生就沒有再說什麼了。

我謝過他這個消息，並沒有多加議論。他說：「好，我今天就再送你一份大禮，但你務必要保密！關於早上總統候選人的提名進程，昨天經國先生也跟謝主席提了，說是要全體出席的中央委員起立，以示尊崇支持的意思。下午提名副總統候選人的時候，就由蔣主席宣讀推薦謝東閔先生的理由，宣讀之後，讓大家舉手表決，點算舉手人數來做決定。」

他把這第二個消息也告訴了我，讓我覺得蠻沉重的，怎麼跟報紙上說的都不一樣呢？但他所說的事我不得不信，因為他是唯一在場見證人，而且是親耳聽到，親眼看到。

我回到大會座位上，坐在我左邊的是青工會副主任施啟揚先生，他當時笑著跟我說：「景賢兄啊，大局已定了，我們青工會主任的老太爺將要出任副總統。咱們要給他恭喜啊！」我說：「未必！你要打賭嗎？」於是我在紙條上寫了「謝東閔」三個字。他看後，說：「怎麼可能？」「你要不要跟我打賭？你說的是連震東，如果我輸了，給你一百元；我說是謝東閔，如果你輸了，你就給我十元。」因為我已經知道內情，現在跟他對賭，實在「勝之不武」，於是就這樣跟他玩笑般地說著。果然，接近中午的時候，大會宣佈：現在正式提名蔣經國為第六任國民黨總統候選人，全體中央委員如果贊同的話，就請起立鼓掌表示支持。這時候，全體中央委員一致起立熱烈鼓掌。這一幕便是今天早上那位長官跟我透露的消息，果然一點都沒錯。這更增加我對下午謝東閔先生擔任副總統一職的信心。

午後議程開始，經國先生上臺了，在他上臺準備要宣佈副總統候選人的時候，突然有許多政戰學校女學生，也就是在大會現場服務的女同志，發送

給每個人一張副總統候選人推薦書，下面署名蔣經國，抬頭是：「各位黨員同志：」，在場出席的代表統統都拿到了。隨後就看到蔣主席用麥克風鏗鏘有力的字字宣讀，唸得非常清楚，雖然帶著一股浙江官話口音，聲音充滿了信心，而且很有鼓動性。

他把謝東閔先生從青年回到中國祖國深造，在大陸做了二十多年新聞文化工作，回返臺灣後，一路上從高雄縣長開始，後來擔任省府各廳處要職，做到省政府秘書長，再轉任臺灣省議會，領導臺灣省最高民意代表，從副議長到議長，做了將近二十年，後來又出任臺灣省主席，是臺灣第一位臺灣省籍的省主席，任滿六年，政績貢獻非常大。同時認為他非常忠貞，能力也很強。最重要的是——對他的忠誠度再三強調。

然後便開始大聲宣佈：贊成謝東閔同志為本黨副總統候選人的中央委員請舉手！說完這句話後，他的眼光非常銳利的望著臺下，盯著所有中央委員代表，目不斜視望著中央委員這個區域。我看到所有代表全體舉手，非常整齊、非常肅穆。然後，大會全體其他列席同志一起鼓掌，謝東閔先生此時站起來向大家作揖致謝。這一幕「中華民國第六屆總統副總統國民黨候選人提名大會」就算宣告終了。

我親眼見證這提名的全部過程。

對於那位警衛組王組長如此精準地告訴我這些事情，內心訝異不已，也感覺最高領導真是「高不可測」啊！雖然所有報紙雜誌傳言說的都是連震東要正式提名為副總統候選人了，沒想到經國先生口袋裡竟有另外一個人選，而且能夠保密到最後一刻，變成真實情況。其保密到家「高深莫測」功夫，令人嘆服！

中山文化學院

一九七八年伊始，「天將降大任於我」的另外一件事情就是——創辦「孔子學院」。

這一天，立法委員梅恕曾、僑務委員長毛松年，以及我的中學老校長梅志潔先生和工商企業界的大老孫法民先生[註1]邀約我，說是打算在美國洛杉磯創辦一所「孔子學院」。

創辦「孔子學院」這個構想，當時由毛松年先生提出，並希望由我來促成及主持此計畫，代表他們到美國看看，如何能夠從無到有實現它。我們研討了一個月左右，終於有了共識。他們指定我先到洛杉磯去「尋寶」，原來是孫法民先生在洛杉磯鬧市中有座大樓，他因這座大樓空蕩已久，甚為可惜，於是想利用這棟大樓辦一所學校，加上毛松年僑務委員長的支持，那麼華僑子弟一定會願意到這裡來上學，並且把這個學校定名為「孔子學院」，如此應能號召華僑界的響應促成這個義舉。

我到了洛杉磯學校預定地後，發現這裡幅員非常廣大，辦一件事情，從甲地到乙地單程至少也要花兩個小時。當地人均認為這棟大樓並不是一個理想的校區，離住宅區偏遠交通不便，地區人種複雜更不安全，極不適合辦學校。為此，我又特地轉往舊金山探視一些僑領、拜會華僑總會及教育界朋友們。

一九七六年慶祝美國二百週年國慶時，我曾帶團訪問過美國四十個州，舊金山是我待得比較久的地方，認識的朋友也很多。於是我向他們提起在洛杉磯成立「孔子學院」的構想，但是場地並不理想，不知道舊金山的情況如何？

註1、孫法民先生時擁有SOGO百貨、太平洋電氣電纜公司等企業，且為龍華工業專科學校創辦人。

對於這個構想，他們的反應非常熱烈誠懇，不僅安排五、六個社團的負責人跟我座談，還提出一個意見，說是不能提「孔子」二字，因為那時正是文革剛剛結束的時候，大陸仍沉浸在「批孔揚秦」風暴中，現在創辦「孔子學院」會被認為是搞對立。而且，在舊金山的華人多半是廣東人，廣東人對孫中山先生有一種特殊的感情，因此他們建議將改名為「中山學院」。

但我覺得「中山學院」似乎又太過政治化，不如改為「中山文化學院」。原本的名稱——孔子學院，不必多加解釋，大家都知道與文化有關；但「中山學院」則不然，再加上「文化」二字興許更加合適。

大家紛紛贊同在舊金山成立「中山文化學院」。我也把他們的意見及天時地利人和的條件一一記錄下來，回到臺灣向毛委員長、梅恕曾、孫法民等發起人做正式彙報，並獲得了他們的支持。大家希望把成立時間定在一九七九年的十月一日，所以我們有差不多一年的時間可以做籌備工作。

1980年，林雲大師訪問TLI舊金山「中山文化學院」與何院長相見歡。

臺美關係轉變的預兆

在加州籌備「中山文化學院」計畫未回臺北前，因為在華府（Washington DC）國務院的一些朋友跟我提到，陸續將有一些新人到臺北TLI學習中文，希望我有機會到東岸去一趟。於是我到了華府，先去美國國務院探望老朋友。這時有一位官員特別跟我說了一段話。

他說美國現在有人邀請艾森豪威爾總統時代一位法務部長史密斯先生，著手研究如何廢除國與國之間的正式條約。我當時沒聽懂，便問：「廢除國與國之間的正式條約是什麼意思？又與我何干呢？」於是他解釋道，美方可能想要廢除當時葉公超先生跟美國簽訂的《中美防禦條約》，如果廢除了這個條約，不知道有何用意和影響？而這很可能就是臺美關係轉變的預兆。

我聽了以後感覺到諱莫如深。回到臺北，一方面就辦學事宜向毛松年先生覆命，對於無法運用孫法民先生在洛杉磯的大樓感到很遺憾，並向孫先生說明，該大樓實在不適合辦學校，不如先把它賣掉，再作打算。一方面更對於中美關係感到憂心忡忡。

中美斷交的預兆

一九七八年，美國駐臺大使安克志夫婦和兒子都是臺北語文學院的學生。由我們學校派老師到府為大使夫婦教學，他的兒子則是在臺北三個分校中的士林分校學中文。

一日，安大使的兒子告訴我說他辦了一個書法展，我知道他漢字不僅寫得好，而且還獨創了一種漢字寫法——龍書（漢字寫出來的每一筆一畫都像龍）。他說我要是能去參觀，給他鼓勵鼓勵，他會感到很榮幸。

　　基於情誼，我跟士林校主任一起前去書法展覽會場看展。的確，他的中文不僅有很大進步，而且書法給人耳目一新的感覺，這個學生確實很有才華。

　　在現場我跟他談了起來，他告訴我會有一段時間無法繼續學中文，因為他要籌募一些經費將來回到美國唸書。我說，像你這麼努力鑽研中國書法，實在很可佩，我可以送你一個「何景賢獎學金」，讓你免費在士林分校繼續學習中文。沒多久，擔任安克志大使夫人的語文老師崔老師告訴我，大使夫人聽說我願意給她兒子一筆獎學金，非常高興，而她本人倒是想跟我研究一下兒子未來進修中文的計畫，請我給她一個下午時間，前去臺北大使官邸喝下午茶。於是我預備了一份正式獎學金公函，用英文寫好，在約定的時間欣然赴會。

　　安克志夫人非常隆重地以正式下午茶的方式接待我，有豐富的茶點和高級咖啡飲料。記得過往來此參加私人酒會時，客廳牆上都有字畫裝點，而這一次所見，字畫全部被取下來了，有點四壁蕭條的感覺，我心裡感到奇怪，於是問道：「你們家是不是最近要粉刷整理啊？」安克志夫人說：「我們最近大概會有一些異動。因為我們在陽明山上有個正式公館，正考慮搬過去住。」

　　她雖然是這樣的答覆，但是我又問起幾位大使館重要的官員，在大使館擔任頭等秘書、參事等人。他說他們好像最近也有些異動，要調動職務。我回到辦公室後，想起在華府所聞取消國與國之間正式公約的消息，再加上今天所看到的情況，深覺臺美關係即將有大轉變。

與謝副總統晤談

　　我在辦公室寫了兩、三頁的觀察感想，然後打電話給我的長輩，也就是總統府謝東閔副總統，他因為和我父親是六十年前在廣州中山大學同班同學，平常也對我頗為關照，我便想應將此事告知於他。

　　很快地我們在總統府見了面，我先做了日前在美國國務院及駐華大使家

中見聞與感受的一些提示，而且把書面的文字拿給他看。我說：「謝伯伯，我怕臺美關係不出三個月就會發生變化。」沒想到他說：「我看大概一個月就要有變動了，你趕快到三樓去看總統府秘書長蔣彥士先生。」

他要秘書通知三樓秘書長辦公室。緊接著，蔣彥士秘書長的秘書就上四樓來，說是秘書長要和我見面，我於是前往見到秘書長，把我跟副總統的報告做了一個說明，同時把這個書面報告也呈給他看。他拿在手上並沒有看，只是看著我，非常溫和慈祥地跟我說：「景賢兄（他非常客氣，雖然大我二十多歲），你想想，卡特總統正競選美國總統連任，想打中國牌的話是年初打對他有利，還是年尾打對他有利呢？」我說，當然是年尾，因為年尾接近投票期，年初還早啊！

他說：「對了，既然是年尾對他有利，那他何苦在這個時候動作呢？而你說三個月內會有變動，我覺得早了點。他的中國牌應該是在明年十月底的時候才打，對不對？這是第一點。第二點，我昨天才帶了八位美國參議員去見總統，每一個參議員都信誓旦旦保證支持中華民國，臺美關係不會有問題。你想想看參議員在美國的影響力有多大，美國總統對他們都十分敬重禮讓，假如八位參議員才跟經國總統講的那麼鐵定，回去就變了，我覺得也不太可能。景賢兄，我知道你關心中美外交，關心我們國家，我對你非常感謝，無論如何我覺得你是過慮了。你的愛國之心我仍然非常感激，你的想法我也會在方便的時候向總統報告，提高他的警覺。」

我一聽，他的分析也挺有道理，算是說服了我。我也許有點冒失，未經冷靜思考就提出這麼一個難題。謝過了秘書長對我的指教，也將原先寫的報告給撤回來了。因為報告放在他手上他並沒有看，我想這也是個累贅及壓力，我便自己主動地從他手上拿了回來。

預感成真

沒有想到大概過了不到兩個禮拜，有一天早上打開報紙一看，頭條新聞把我嚇了一跳，說是昨天晚上半夜，美國駐華大使安克志親自到蔣經國總統

官邸，正式通知蔣總統，中美關係——也就是臺美關係，到一九七九年一月一日起正式斷交。我後來查看了當天的報紙日期壓的是十二月二十七日，也就是僅提前三天通知臺灣領導人臺美正式斷交一事。

我趕快進入書房從抽屜把我上次遞交未果的報告書拿出來，再仔細一看，當時寫的時間是十二月十五號。有意思的是，臺灣國安單位也沒有盤算過臺美關係是那麼緊張危險。我向總統府通知的時間是十五日，而美國大使正式通知臺灣總統的時間是二十七號，中間只差了十二天，我還大膽地推測三個月，沒想到謝東閔先生更厲害，他說一個月內就會有變化。

而其實真正的時間是兩個禮拜之內，十二天之後（十二月二十七日）就我方就被正式通知斷交了。我想蔣彥士先生做夢也沒想到，他跟我推算卡特總統何時會打「中國牌」，然而卡特走的卻是一招險棋，「既非一九七九年的年初也非該年年底」，而是我與謝東閔先生估計的一九七八年底。

蔣先生更沒料到與我談話兩個月後就接任中華民國外交部長，為修復臺美斷交與「臺灣關係法」而佈局。

後來，在美國跟中華人民共和國建交十年後，我回憶起臺美外交關係的種種發展，自我於一九七八年在國民黨大會就蔣經國主席的「中美合則兩蒙其利」發言，到一九九○年的十二年中，對我後半生的教育事業造成關鍵性的影響，實令我感觸深遠，不覺莞爾。

我也沒想到會在一九九○年八月再度登上大陸，回到闊別四十三年的第二故鄉——北京，並且在中國大陸與臺灣奔走頻繁，終能將中華語文教學自臺灣、美國、印度、歐洲繞回到中國，並延伸遍及全世界。

臺美關係二部曲

　　緊接著，我思及美國和臺灣的外交關係這麼久、這麼緊密，除了政治、經濟、軍事、外交外，臺美的教育、學術、醫學、影藝、美術、音樂等方面的交流如此頻繁，還有許多美國大學生每年都到臺北來學習中文。現在突然宣佈斷交，讓人覺得莫名而訝異。

　　於是我用英文給美國總統吉米・卡特寫了一封公開信，在兩國宣佈斷交的一個禮拜之內，我將信寄發到白宮，但石沉大海沒有下文。

　　我所撰寫的這封信也寄給了美國大使館，主要內容是說：雖然臺美斷交，但兩國的外交關係持續互補這麼多年，希望彼此在教育文化、學術科技、工商經濟各方面的民間往來還能繼續繁榮發展，也希望雙方政府的官式往來斷交後，民間的交往仍能枝繁葉茂，蓬勃地進行。

　　這就是我寫信的主要理由。

　　這封公開信也刊登在中國郵報（China Post）英文報上，這是當時臺灣唯一的一份英文報紙。

　　過了一段時間，為了解決臺美關係後續問題——臺美雙方必須繼續談判，美國組團到臺灣來，臺灣也組團到美國去。記得美國國務院的代表團第一天到達臺北的松山機場就出了問題，因為他們坐的車子被抗議的民眾用棒球棒打壞。當時外交部北美司長錢復代表臺灣外交部義正嚴辭地講話，頻頻出現於電視上，大家很憤慨地包圍美國大使館，認為美國沒有道義。

　　我當時冷眼看這些情況的發展，心裡想到在國民黨第九屆一中全會上，我在經國先生發言後就指出美國遲早要出賣臺灣，不是今天就是明天，你們心裡要有些準備。當時的忠言讓大家感到很驚奇，國民黨在中央黨部代表大會上怎麼會有如此大膽雜音。現在看到民眾包圍美使館、美國代表車子也被砸壞，這都是因為大家心裡沒有準備，一團混亂所致。我這個疾風中的勁草

還是蓄勢待發吧！

　　過沒多久，臺美談判協議成功。臺灣方面成立了「北美事務協調會」，而美國則成立一個「美國在臺協會」。因為斷交，雙方政府間已不能來往，只得各設一個白手套，通過臺灣的「北美協調會」及美國的「美國在臺協會」繼續進行兩方面民間未竟事務。其實它仍是個半官方的組織，雙方派出的代表人選都是臺灣外交部與美國國務院的官員，繼續維持順暢的交流溝通管道。

　　在這樣的情況下，我發現「美國在臺協會」（AIT）的理事長，也就是他們的董事長——丁大衛先生，他自一九六六年起就是TLI的校友；而臺灣派到美國的「北美協調會」第一任代表是夏功權先生，他在抗戰時期就跟隨蔣經國先生，並擔任蔣介石委員長侍從室的秘書，兩人的辦公桌面對面。蔣經國派他任此要職，說明對他信任有加。夏功權在臺北臨走之前，由外交部蔣彥士安排夏先生跟我碰面，說我在美國國務院比較熟，功權先生有事可多跟我聯繫。何況我在舊金山成立「中山文化學院」後，也必須常去美國。當時我在西岸，他在東岸華府，所以，我們相約，有事就在電話上相互溝通。

　　當時丁大衛先生發現我寫了一封公開信給美國總統吉米·卡特先生，他也很贊同。我為夏功權先生特別跑到華府一趟，丁大衛先生便勸我告訴夏功權先生，不要總想著見美國官方人士，他可以透過各種社團多與民間來往，也歡迎夏功權先生和他見面，有問題時互做協商。

　　當時，我便對丁大衛先生提出，中美關係建立後，馬上有一個大型的華語研習團，由各大學聯合組成，送到北京去學習中文，AIT也可以鼓勵夏威夷大學組織美國大學生來臺灣學習中文。

　　因為夏威夷大學英語第二語言學系（Department of English as second language）系主任Prof. Day是我在布朗大學的同學，我們商量好，由他出面，聯合TLI與夏威夷大學主辦兩個學習團，一個團是美國大學生到臺灣來學中文，以表示對中國大陸和臺灣兩方面的平衡關係；同時我也在臺灣組成一個英語研習團，集結臺灣中學的英語老師前往夏大研習，以提升他們的英文

教學法及對英語教材研究與改進的能力。

研習團在一九八〇年夏天到夏威夷就學六個星期，一共兩門課，可以修到六個學分。夏大暑期班數十年來在學生結業時只給予結業證書，不含學分。因Prof. Day系主任與我的同學情誼，我終以三寸不爛之舌說服他接受「給予學分」的建議。但是因為當時簽證比較嚴謹，不是那麼容易取得，於是我去拜訪丁大衛，請他支持我們的活動，同意我們選送六十名臺灣英語老師到夏大接受培訓，並給予取得美國簽證的協助。丁大衛非常贊同，馬上去信「美國在臺協會」在臺灣的代表，說是希望能夠給予由臺北語文學院Dr. Marvin Ho主辦的六十人研習團簽證，協助活動順利完成。

我們預備給這六十名教師進行英文考試，包括聽說讀寫四個項目都要通過，因為他們必須在課堂上聽得懂教授講的課，也才能夠寫報告，並且進一步參加種種研討會，所以英文能力必須在一定的水準之上。

經過臺北語文學院的嚴格篩選，三百多人報名者當中有四十八人通過考核，並順利的將他們在一九七九年夏天送到夏威夷大學研習。而夏威夷大學組成的「美國大學生華語研習團」也在當年的秋天抵達臺北，到TLI學習中文。很慶幸的，這兩個計畫均圓滿完成，總算開啟臺美斷交後雙向語文教育交流的一個成功案例，令丁大衛、夏功權及我皆大歡喜。

我個人也應邀在一九七九年九月二十八日孔子誕辰，到夏威夷大學做了一場題名為〈孔子對世界的貢獻〉的學術演講，用普通話、廣東話和英文同時發表。

當時的聽眾包括夏威夷大學的師生，還有參與暑期返國研習華文的華僑子弟及當地僑民，這些僑民多半是來自中國廣東省中山縣，有很多人從事飯店廚師的工作，他們不說英文也不說普通話，我只好勉力把小時候與姥姥學過的廣東話在夏威夷大學賣力演出。我想那次的演講還算是成功的。當時在座聽眾，我依稀記得的有臺灣總領事柳鶴圖將軍、現任中國文化大學董事長張鏡湖教授、世新大學文學院李振清院長等。

智　庫

這段期間，我除了忙於TLI校務和教學，也意外的涉及一項工作——「智庫」。

智庫英文名為「think tank」，即是「思想庫」的意思，也可以釋意為「智慧思想庫」。這個單位集合了一流專家學者的智慧，共同為國家的大政方針思考戰略、研擬政策，提供給政府及相關單位做施政參考，是為研究問題的催生婆。

智庫究竟從什麼時候開始已不可考。多數人知道「智庫」來自於美國，它也可以說是美國的國家寶藏。美國是世界上「智庫」最多的國家，在全世界六千五百四十五所智庫當中，美國一個國家就擁有了一千八百所。中國現在也有四百二十五所，臺灣則是五十二所。美國智庫的質量超過任何國家，數量之多、研究範圍之廣、政策影響之大，不但形成美國學術發展跟政策研究的一大特色，更為美國政策決策當局不可缺少而且影響廣大的重要支柱。

在二○一一年，獲得全球第一智庫榮銜的是美國的布魯金斯研究院，它獲選為全球最好、最安全的國際事務智庫戰略暨國際研究中心。

「思與言」的緣起與發展

在臺灣，我無心插柳出任《思與言》雜誌的發行人長達十七年之久，它是臺灣重要的智庫之一。

　　社址設在TLI校內，發展到現在已經擁有五十年歷史的《思與言》雜誌，可謂為臺灣歷史最悠久的「智庫」。

緣起

　　這個智庫是從一九六三年開始的，由一群關懷國事、熱愛學術，以中央研究院與臺大學者及精銳海歸學人為骨幹共同創辦，他們皆服務於教育學術單位或研究機構，大家都期許這份刊物能夠為在當時被諷刺為「文化沙漠」的國內學術環境中，提供一塊可以耕耘的園地發表論著。同時也引進國外的新資訊、新知識和學術思潮，企圖創造一個新的學術方向。結果因為這個高水準的學術雜誌組成的精英份子多為海歸學人，並曾受教於美國哈佛大學費正清[註1]門下，竟被臺灣警總打成親共分子，雜誌幾乎面臨解散，我因屬學術自由身臨危受命被推為發行人，只好代表前往與國民黨中央六組徐主任和張寶樹秘書長見面，終在會晤蔣經國先生後冰解誤會，讓雜誌重生而得見天日。

發展

　　《思與言》雜誌從一九六三年二月創辦以來至今已五十年。當時這一批青年完全沒有經費與奧援，並在政治情況保守的困苦環境下，大家義務提供學術資料。「無心插柳柳成蔭」，現在成了臺灣最大的智庫。其成員在學術界有七位中央研究院的院士和出類拔萃的教授們，包括臺灣大學、政治大學、師範大學、暨南大學各大學的校長，還有司法院院長等。

　　民進黨主席蔡英文、民進黨代主席和秘書長張俊宏、國策顧問，還有國防部長、教育部長考試委員等政治學人，都曾擔任《思與言》雜誌社的重要核心社員。沒想到一九六六年開始一直到今天，在《思與言》雜誌五十年的歷史當中，我個人義務擔任了八年總編輯，十七年發行人，以及後來十年的榮譽發行人。

註1、費正清教授為當時為主張承認中國兩利相權派主腦人物。

　　所以，除了獻身在語言教學領域外，這是我另一個投入參與的人文社會科學活動。現在，我就《思與言》雜誌的內容舉些例子。

　　從一九六三年二月的第一卷第一期開始，我們所討論關於美國方面的議題有〈美國憲政制定時的折中案〉、〈美國參議院的外交委員會〉、〈美國的政治理論〉、〈美國黑人選舉權的問題〉、〈美國參議院批准條約的實況〉等等。

　　在日本議題方面則有〈日本公司的經營者和組織〉、〈戰後日本企業的經營戰略〉、〈日本社會結構的分析〉，另外有〈日本的內閣制度〉以及〈戰後日本人事制度的改革〉。

　　關於中國思想方面則有〈陶淵明思想〉、〈孔子以前的宗教形而上觀〉、〈易經哲學體系〉、〈析述莊子思想的探討〉、〈管子的治國方略〉、〈朋黨與政黨的比較觀〉，另外還有〈略論〉等等。

　　同時，我個人也在一九九一年十二月成立了一個專題研究討論會，名為「臺灣光復前後社會變遷研究會」，內容包括〈日本皇民化運動前後的臺灣社會生活改善運動〉、〈日據末期臺灣人宗教信仰的變遷〉（子題「以家庭改善運動為中心」）、〈臺灣保甲和生活改善的運動〉、〈臺灣家戶形態的變遷——從日據到光復後〉；另外還有〈臺灣光復時期的語文問題〉、〈二二八事件前的文化衝突〉、〈戰後臺灣行政體系的接收與重建〉、〈從家族到鄉情——臺南縣的資本累計〉、〈再論布林蒂厄的生存心態概念〉，其它還有〈達賴喇嘛對歐洲議會成員的講話〉等議題也不勝枚舉。

　　英文論文則包括夏威夷大學成中英教授所論著〈孔子的智慧〉，李驥教授〈促進東西文化互相瞭解的一種嘗試〉。

　　此外，關於臺灣的研究，如〈臺灣人居喪嫁娶婚禮俗的研究〉、〈臺灣小農問題與地區農業化生產〉、〈臺灣廟宇占卜的研究〉等，在這一類議題中還有臺灣鄉土及中國問題的相關論述被提出來。

　　臺灣的智庫《思與言》雜誌創立時間比較長久，曾經先後得到政府很多榮譽獎勵。在國際上，也得到美國書目中心主動來徵求我們的同意，把《思

與言》的每一篇論文都列入該中心出版的史實擇要當中，而且加以介紹，以方便學術界研究者的探索。還有國內學術界出版有關人文社會科學的研究論文中，也經常也引用《思與言》刊登的論文理論、觀點作為撰寫碩博士論文及其它學術性論文的可靠資料依據。而《思與言》所刊登的論文，由於恆常維持既定的水準，一向為海內外學術界所承認，又作為升等的憑藉，所以五十年以來頻頻獲得臺北市、臺灣省新聞處評審為優良刊物獎，也得到教育部連續多年的人文及社會科學優良獎勵，種種備受肯定的事實，都給與參與工作者莫大的鼓舞。

　　我記得，李登輝前總統以農經專家的身份兩次投稿，經過審委小組修改後曾刊出一篇，由此可見得，我們的選文非常嚴謹。本刊設有一個專家編審委員會，以審核定決一篇論文能不能刊出。若一篇論文觸及法律問題，就邀請國內外的法律精英來參與評審；談到經濟問題時，也會請國際知名財經專家來擔任品評。

臺美網路季刊

　　剛才提到獲得二〇一一年「全球第一智庫」榮銜的美國布魯金斯研究院，一度由我在TLI親授的學生高立夫（Ralph Clough/曾任美國駐臺的代理大使）擔任負責人，對美國對華政策發揮相當的影響力。到現在為止，美國布魯金斯研究院仍然非常活躍，尤其是對臺灣、大陸的兩岸政策不時地提出意見。

　　一九九〇年，曾經擔任AIT「美國在臺協會」的處長普瑞哲先生，目前正是布魯金斯研究院東北亞研究中心主任。他對於臺灣各方面的發展，包括政治、經濟、人文、社會、歷史，還有軍事，都有著廣泛的興趣。普瑞哲先生在布魯金斯研究院的官方網頁上設置了「臺美網路季刊」的區塊，每一集登載一篇主題文章，邀請臺灣和美國的重量級人士撰寫，討論在臺軍事安全問題，從二〇一〇年創刊到現在，對臺灣議題投注相當多的關注。另外，也有美國喬治・華盛頓大學的格拉瑟教授撰寫的文章，論述「美國不應該為臺灣

而與中國對抗或者發生戰爭，因為那並不符合美國的利益」，這一類的文章刊出後不斷地引發各方的討論。

近來美國智庫在這個大課題下，展開了非常多的論戰，甚至包括跟臺灣長期來往的美國華府「卡耐基國際和平基金會」學者麥克‧史文教授，他也曾經一度提出：現在中國勢力越來越大，兩岸關係也做了很多的改善，在這種情況下，美國是否應該繼續堅持雷根總統在一九八二年七月份所宣示的對臺「六項保證」（six assures），這項約定文是否有修訂的必要。更有甚者，美國戰略暨國際研究中心在二〇一一年秋季出版的《華盛頓季刊》當中，刊登了一篇特別的文章，題目就是〈美國是否應該放棄臺灣〉，這是所謂的「棄臺辯論」，由喬治城大學唐耐心教授與該中心專家葛來義共同撰寫，兩個人的基本立場皆是——美國放棄臺灣反而會損及美國的利益。

這篇文章刊出來以後，「戰略暨國際研究中心」即刻舉辦了一場研討會，讓剛才所提到的兩種不同觀點的學者——支援臺灣或者放棄臺灣，進行研討和辯論。

在這個研討會當中，雖然雙方沒有太多交集，但卻足以讓與會的代表們充分地發表意見，他們也不認為放棄臺灣是目前美國政府的政策，這樣一個研討會的舉行，突顯了美國智庫在臺海兩岸政策上所扮演的角色。能夠把重大攸關美國利益的相關問題拿到檯面上來討論，不但可以對美國政府提供參考意見，同時，也對海峽兩岸政府的政策思維產生一定的影響力。當然，TLI把握機會，將研討會代表們的意見彙編為政治議題教材，巧妙的融入華語教學中，頗受學生歡迎。

談到智庫，臺灣從二〇〇〇年國民黨選舉失敗以後，連戰就把當時他所領導的內閣，也就是行政院以下的各部會首長聚集在一起，組成國民黨的「智庫」。這個智庫從二〇〇〇年到現在，也算是提出了一些建議。雖然目前對國民黨的馬英九政府來說，不見得會特別重視，但是也有一些是他在考慮決策的時候，不得不去反覆參考的內容。

另外民進黨主席蔡英文在她的選舉失敗後，也成立了一個基金會，主要

做的事正是「智庫」的研究工作。

綜觀在臺灣目前智庫研究的主題，其一是「臺灣經濟的發展」，其二為「臺海兩岸的關係」，其三則是「臺日關係」、「臺美關係」。不論是臺美中的關係，或是臺日中的關係，都是值得我們關注的議題。

▼1990年《思與言》雜誌社發行人何景賢（左二）宴請資深社友張存武（左一）、張曉春（左三）、陳校長（左四）等。

中美文經協會

提起臺灣的智庫，還有一個對臺美外交關係影響至為深遠的機構不能不提，即「中美文經協會」。

「中美文經協會」創辦於一九五四年十月份，由當時的國民黨大老梁寒操、梅恕曾、趙文藝、查良鑑等立法委員為發起人。

此會成立以來，無論在美國與臺灣保持外交關係時，還是斷交以後，影

響力都一直存在著，對中美兩個國家和亞洲地區的外交關係影響深遠。因為一九五〇年六月韓戰開始以前，美國對臺的外交關係已保持中立，但自從韓戰發生以後，美國便決定跟臺灣簽訂一個「聯防互助決定」，也就是所謂的「中美防禦協議」。

　　這個「中美防禦協議」可以說完全出於外交才子葉公超先生之手，當時臺美還有外交關係的時候，葉公超是中華民國駐美國全權代表，曾任中華民國外交部長。這條防禦條約不但源自於葉公超先生的獻策和主導，且其中大部分文字都由他個人修訂完成。協定內容包括：美國對臺灣提供軍事援助以供維護內部安全及合法自衛之用，美臺雙方在反共的立場上採取積極配合的態度。

　　一九五三年，美國艾森豪總統就職還不到兩週，他的國情咨文當中便明白宣告：美國巡弋臺海的第七艦隊將不再負有阻止中華民國反攻大陸的任務。換句話說，這個艦隊過去是用以監督臺灣的海軍是否有反攻大陸的企圖，現在則是不阻止了。同時，更在四月二日這一天，美國把臺灣駐美公使升格為大使，並且在以後六、七年當中，臺美關係的發展日趨密切。

「美洲版中國語言」教材

　　在這個階段的臺美關係中，美國的國務卿杜勒斯扮演非常具關鍵性的角色。這裡提到葉公超先生，是因為他後來在一九七七、七九年時，兩度被蔣經國先生[註1]重用。

　　葉公超於一九六二年被蔣介石從駐美大使召回臺灣，軟禁了十五年之久，蔣經國先生為了向葉先生示好，共兩次以正式名義解除他的軟禁。當時的藉題就是「美國各大學中國語文教材編輯計畫討論會」，由行政院出面邀請五位代表，除了葉公超先生外，還有教育部社教司長、國立編譯館館長、師範大學國語中心主任與我本人。

註1、蔣經國先生在一九七七年時還是行政院長，至一九七九年已任中華民國總統。

　　我們四個人追隨當時的行政院政務委員葉公超先生，分訪美國東西兩岸，與一百多位各著名大學漢學教授研討美國各大學中國語文教材編輯計畫。一九七九年我們第二度訪問美國，那個時候共有四十三位一流大學教授，在舊金山與華盛頓兩地分別和我們進行研討會。這一場會議起因於一九七七年美國各大學中文教材的編輯計畫，然而，它在師範大學華語中心負責之下終告失敗。

　　臺灣師範大學經過兩年的編纂成果，沒有被美方接受，所以在一九七九年第二次開會，四十三位教授聯名推薦由中華語文研習所何景賢負責重新主編「Mandarin Chinese for Americans」，即「美洲版中國語文」全套十二冊教材。我前後花了近一年半的時間，終在一九八一年把這套教材編輯完成。這便是葉公超先生被臺灣政府軟禁十五年之後，兩次讓他出國的名目。

　　為此，經國先生也特別召見我，希望我沿途好好照顧葉老。我在陪公超先生出國之前，曾多次到他家訪問，也多次遇到中國時報發行人余紀忠先生。那個時候，公超先生有很多私話跟我們談，談到了「中美防禦條約」起草的經過，外交工作的爾虞我詐，退出聯合國的始末，甚至是他鑽研古物書畫鑒定的研究過程，所以我對這些事情還算是親耳聽聞。

　　中美的外交關係，一直到韓戰結束以後，始終是處於比較緊張的局面，而美國就用臺灣來牽制大陸，在這種情況下，美國跟臺灣一直維持不同階段利害關係的結合。一直到一九六六年，美國漢學界泰斗，哈佛大學費正清教授評論道：「美國人經過了三十多年才瞭解——中國的統一是中國人自己的事，不關美國的事。」

▼1960年代，世界著名漢學家費正清教授(Prof. John King Fairbank)是二十世紀美國中國研究系統化、專業化的重要發起人之一。從1938年到1991年，費正清教授以哈佛大學為基地，培養了一大批中國通，在目前美國幾個重點大學，有一大半以上的中國歷史教授都是他的學生。

臺灣在經濟、政治、文化、教育各方面的成就，美國都予以承認，但是中國的統一必須由自己找出一條可行的方法來解決，這不是美國能夠代理的事情。從這些情況來看，美國政府對中國事務的關切程度一向是因為利害與共而熱衷不棄，而民間智者則大相逕庭。

中美文經協會的發展

在中美文經協會六十餘年的歷史中，有時經費由臺灣外交部補助，有時則非常拮据，幾乎無法維持下去。

我在最後的十年，兩度被當時的負責人，中美文經協會理事長夏功權先生要求接任「中美文經協會」理事長。但是因為該會政治性過於敏感，而我的學生多是各國的駐華外交官、媒體特派員，因此我只同意出任「中美文經協會」文化委員會的主委，沒有擔任中美文經協會理事長。又因身為四十年資深會員，我還是勉強接任「中美文經協會」的常務監察人。最近我跟臺灣前駐美代表大使錢復先生[註1]多次在國際學舍的理監事會議裡碰面，曾和他玩笑地說：「我們可以組成『常務監察人協會』。」大家相顧莞爾。

中美文經協會目前的理事長邱進益先生，就是過去李登輝時代總統府的副秘書長，也是臺灣海基會的第二任副董事長兼秘書長。著名的新加坡「辜汪會談」就是由邱進益跟唐樹備兩位先生打頭戰促成的，邱進益先生後來也擔任過多國駐外大使。

目前的副理事長就由臺灣外交部前部長程建人及梵蒂岡大使戴瑞明接任，他們雖然退休了，目前仍相當活躍。尤其是外交部經常諮詢「中美文經協會」，特別是關於美國的意見，所以「中美文經協會」這個「智庫」仍然活躍於臺美關係發展中。

註1、錢復先生歷任中華民國外交部長、監察院長、國際學舍常務監察人等。

「美洲版中國語文」新編

一九七九年還有一件忙碌的事。因為一九七七年行政院曾經邀請葉公超先生領導一個五人小組，到美國東西兩岸討論美國大學漢語教材編纂事宜，並於兩年後執行重編工作，且由我獨力負責。

一開始，因TLI前後為臺灣教育部與僑委會編輯的教材已有兩套完成，而且生員大批湧入，校務相當忙碌，人力資源不夠，所以我表示不能再承諾主持這項計畫，並提出建議把這項任務交由師範大學國語中心負責。師範大學承接此計畫後，允諾以兩年的時間編製完成。

於是，在一九七九年，美方便等著看臺灣的編輯成果，所有中文教授代表們都引頸期盼，在臺灣行政院數度催問下，再度由葉公超領軍原班人馬——五人小組：葉公超、教育部的社教司長、國立編譯館的館長、師大國語中心主任與我訪問美國。我們先到美國西岸舊金山，然後再轉到美國東岸華盛頓。

師大版「美洲版中國語文」教材失敗收場

沒想到，經過兩年時間殷切期待，師範大學的教材只編出三課，且這三課毫無連貫性。原來他們編輯小組由三位教授負責，一位在美國聖地牙哥，另外一位在臺北師範大學，還有一位在菲律賓。三頭馬車在三個地方分別編寫教材，大家的意見沒辦法溝通整合，因此各寫一課，拼湊成為這份教材樣本交差。

這份教材經由美國東西岸分別來自四十多個大學的四十三位教授代表群審閱，結果是一片失望，五人小組遭到「無能、浪費公帑」的厲聲批判，可謂體無完膚。當時葉公超先生很難下臺，於是他找耶魯大學王方宇教授跟我商量如何收場。葉公說，這件事他實在很難對蔣總統交差，拜託我來收攤，

但是對外絕不能提及「編輯失敗」，說法就是大家提出修改的意見，而這個修改任務就拜託何院長了。

當時面對這三課「教材」內容，我實不忍心再添意見，只告以無能力修改。王方宇教授對此再三請託，編譯館熊先舉館長則是以「大義收殘局，非君莫屬」不斷勸進，復以老同學臺灣駐美教育參事楊其銑「大局為重」的道德勸說。我當時面對重新編寫「美國大學華語文教科書」任務，想起兩年來一百位美國東西岸教授對我們的期望，竟落如此下場，實不忍心要花甲老翁葉資政尷尬面對經國總統，唯有默然應允。但我深知一旦答應，就要重編六本新書，加上教師手冊一共十二本教材，實在萬分為難。

我對於在一九六九年，應趙元任博士推薦費時三年為教育部編輯完成的《中國語文》教材大工程，仍餘悸猶存。如今被迫再度喚起噩夢，真是情何以堪？於是堅定地回絕無暇、也無人力支持。但後來王方宇教授告以將要發動四十九名教授，聯名向蔣經國總統提出希望由臺北語文學院來主編這套教材，教材名稱就定為「美洲版中國語文」（Mandarin Chinese for Americans），對象是美國十週及十五週學期制的大學。換句話說，這套教材必須「一魚兩吃」，以滿足當時美國大學兩種學期制度的中文教學需求。

葉公超先生也終於向我開口求援，看到公超先生這麼困難的情況，實在於心不忍。先前他已經承受了蔣介石在臺軟禁十五年的委屈，後由蔣經國開明的請出他來，並對他委以重任，最後卻因所托非人，空手而歸。我是個很重感情的人，心想：總不能讓葉公交白卷吧！不得已的情況下，只好承諾答應這項工作由我來收尾。一肩承擔回到臺灣重新編寫「美洲版中國語文」教材的工作，總算讓他可以返國交差。

毅然承擔重編工作

會議結束時已是一九七九年十二月三十一日，出席會議代表除葉公超一人繼續留下，其餘的人均要在一月一日元旦前趕往他處和親人一家團聚。大家就要分別，葉老就再沒有人陪伴了，這該怎麼辦呢？

於是我打電話給美國副國務卿來天惠先生（William Gleysteen），請他幫忙。來天惠先生過去曾派駐臺灣擔任美國駐華公使，後來又續任美國駐韓國大使，不僅是TLI的校友，也因為他在臺北的時候與我私交甚篤，經常一起游泳、聊天。

在給來天惠先生的電話中，我向他說明這位是過去在艾森豪總統時代的駐美大使葉公超先生（Dr. George Yeh），由於我們在美國東西兩岸的會議及行程都已經完畢，但是他因故還要在美國逗留一段時間，現在把他一個人留在華府實在不大妥當，我想請臺灣派駐美國的教育參事楊其銑先生，於一月一日帶葉公超先生來貴府拜會，希望你能為他安排一、兩天文化參觀行程，來天惠先生立刻答應協助。於是，我再給老同學楊其銑先生打電話，請他於公於私都務必照顧好葉公超先生，並且為他安排頭等機艙回臺北的機票，必須有人送他到機場，也要通知臺北教育部準備接機。

這些事情都安排好後，我才放心地離開，把葉公超先生留交楊參事負責。

我心想：當初是由行政院負責敦請葉公超資政公務赴美，其他三位公務員有責任完成任務後陪葉先生返臺，為什麼到了十二月三十一日，大家突然說各自有事，作鳥獸散？葉公超先生以八十高齡的返臺行程竟無人聞問，實在過分。我頓覺，人不在其位，待遇好像就差了很多。這種種人情世故對他這位曾經功在黨國、權傾一時的外交鉅子，更是美國總統艾森豪的親密戰友而言，定當感觸萬千，也更堅定我遠離政治的決心。

把葉老做了一個適當的安頓後，我因非公務員身份，無事一身輕，便赴美國西岸探親兩個禮拜方返臺。

卷七、
1980 ～ 1991年

　　一九八八年春天，總部設於歐洲的「國際語言學校協會」（International Association of Language Centers，簡稱IALC）負責人一行四人，包括學術委員會主席，聯袂來臺訪問TLI。

　　參觀過後，四個人突然來到辦公室要求見我，並道出恭喜：TLI已通過為該協會唯一的中國語系學校代表。我當時甚感訝異，因為我既未聽過此會，也未申請加入，更不知他們居然悄密的訪問TLI全臺四所學校。

　　這個組織是當時世界上唯一的語言學校聯合組織，以歐美地區為主。原已囊括七種語文學校，現則發展為九種。然而協會中的中文學校在兩岸間僅有一所，就是TLI中華語文研習所。

國際情勢對中文學習的影響

　　TLI建校以來至一九七七年，世界各國百大企業，頻繁地與我們接觸。如：德國西門子公司、拜爾公司；美國IBM公司、杜邦公司；日本三菱、三井、住友、丸紅、豐田等，紛紛派遣公司代表及各領域人才來此學習華語。

　　我們的教材原本只有初中高級普通的應酬會話、即席演講、辯論等，已不夠這些來自各方專才的學生使用了。為了讓學校的教科書成為他們經商投資所需的重要指南，我們決定籌設出版世界第一套《商用中文》教科書，其中包括商用會話、商用文書、商情分析和專題專論選讀。很快的，這套教材在一九七七年出版了，出版以後使用率非常高。

　　TLI的教材從不外賣，只提供學校的學生使用，因此，要學習這門課就必須到TLI來。這門課的設計很有特色，如《漢語商務會話》著重出國洽談、電腦和網路使用，就業、商業會談、工廠議價、合約訂單、廣告企劃、股票市場、金融投資等所需要的專業術語和資料，都包含在這套教材中。

　　於是，教材編輯部開始擴大。在這一段時間裡，各國到TLI來研習中文的外籍學生已經超過四十多個國家，遠的有來自阿拉伯國家、印度，歐洲也有十個國家的各行各業人士陸續到我們學校來學習中文。

　　除了上一次在一九七九年與夏威夷州立大學合作，完成中等學校英語老師暑期四十八名老師進修課程。緊接著在一九八〇年，我們跟由天主教辦學的舊金山大學（University of San Francisco）合辦了「臺灣企業美國經貿管理研習營」，從七月到九月一共兩個梯次，也在舊金山大學圓滿達成。

　　在那個時候，在舊金山的各大百貨公司所看到銷售的百貨品，無論是衣服、鞋子，或是其它日用品，都寫著MIT（Made in Taiwan）臺灣製造，與今日Made in China不可同日而語。七、八〇到九〇年代都是如此，但現在在美

國已經看不到太多臺灣製造的東西了，百貨業的商品基本上百分之八十都是中國製。

當時在臺灣有很多工商業團體，包括旅遊界也組成研習團，如中華語文研習所跟夏威夷州立大學合辦的「夏大旅遊管理研習營」，臺灣旅遊業經理級以上有三、四十人參與到夏威夷大學去學習。自從我與AIT丁大衛先生拉上了「臺美教育合作研習」這條線後，經由我們學校辦理簽證去美學習就方便得多了。同一年，TLI的「中國語文」電視教學節目開始在舊金山海華電視臺對外推出，受到很多外國學生和華裔子弟的歡迎，每個星期二晚間播出還不夠，紛紛要求一週播兩次，因此我們委託電視臺做延展續播安排。

一九八一年，「美洲版中國語文」已經編輯完成，一共出版十二冊，由正中書局發行出版，同時受到美國各大學的歡迎。巴黎第三大學也派人來跟我們商量，希望授權予以改編成法文版，本人欣然同意。

同時在這一年，經由臺灣教育部部長朱匯森安排，美國愛荷華州的布威斯達大學（Buena Vista University，簡稱BVU）由我們協助該校成立中文系，並且由TLI派老師前往教學，他們也送學生來TLI學習中文。第一年，也就是在一九八〇至八一年，我們一共提供了十二名獎學金，包括來回飛機票以及在臺北學習中文的學費。自這次合作之後，兩校一直延綿交流到今天，三十四年來從未中斷，兩校並締結為姐妹校。後來我們在中國大陸創辦分校，這些分校也會每年派老師到BVU學習專業知識，同時兼任教師教授中文。這兩年也是我們學校和外面聯繫最頻繁的時候。

布威斯達大學校長布來可博士（Dr. Bresco）在這一年代表該校董事會頒贈「榮譽校長」獎牌給我，希望我能親赴該校領獎。但是因為我實在沒時間前去，於是他們校長夫婦、副校長夫婦便帶著女兒一行五人親到臺北，同時邀請教育部長毛高文先生及其他貴賓到場觀禮，隆重頒發「榮譽校長」獎牌給我，感謝我對布威斯達大學增進瞭解國際事務的貢獻，以及協助學校設立中文系，捐贈獎助學金，並且在這一年半中，有三十多名學生選入中文系上課，對於促進臺美教育文化交流功不可沒，特頒獎狀以茲致謝。

▼1981年，美國愛荷華州「布威斯達大學」與「臺北語文學院」結姐妹校，並由TLI協助該校成立中文系。（左起：布威斯達大學校長Brescoe、Storm Lake市長、何院長、布大董事長、Storm Lake議長）

▲1982年，何景賢伉儷（後左二、三）為歡迎美國在臺協會高雄處長傅來比，特假高雄國賓飯店設宴款待。
（前排左起陳田錨議長、李煥校長、傅來比先生及夫人、許水德市長）

　　一九八二年七月六日，臺北的英文中國日報（China News）轉載美國太陽報報導：TLI已經成為全球十大語言學校之一。

　　同年，我也正式給蔣經國先生寫信，提及本校與救國團合辦的「青少年返國研習團」已經十五年，我們希望能告一段落，因為海內外在夏天來臺灣學習中文的學生實在太多，人力供應上已感不足，故我們建議六所大學來接辦此活動。

　　結果終獲得諒解，救國團完全照辦，從臺北到高雄指示六個大學接辦TLI獨力創辦歷時十五年的華裔學子「尋根大工程」。

　　救國團的新主任潘振球是蔣經國的學生，曾任臺灣省教育廳長，潘主任在救國團本部公開設宴答謝，並頒贈「嘉惠華僑青年」獎牌給我，感謝TLI主持十五年「海外青年返國研習團」的辛勞與貢獻。

　　在場應邀觀禮見證的有總統府副秘書長高銘輝、考試委員洪文湘、實踐大學校長謝孟雄、香港僑領范止安等二十餘位嘉賓。

國際友人中華民俗才藝大賽

一九八四年，中華語文研習所從未停辦的兩年一次「國際友人中華民俗才藝大賽」已是第四屆。

我們將這一屆比賽擴大辦理，前副總統謝東閔先生、林洋港先生、張建邦先生，幾乎所有的部會首長都來熱情相助，擔任我們籌備大會的榮譽顧問。這個擴大活動由中國電視公司和我們合辦，以推廣中華文化的影響。活動內容由古裝劇、京劇、雙簧、相聲、歌唱、中國功夫、中國樂器到書法表演，無不爭奇鬥智，真是一屆比一屆精彩。

在電視臺黃金時段連續兩個半小時播出，觀眾的反應相當激動熱烈，臺北市市長、議長、國民黨市黨部主委全部到場觀賽，貴賓包括所有駐華外交使節、外交駐臺代表及外商駐臺的主管等，盛況空前。

金鷗獎及國際友誼日水上活動大賽

一九七八年開始舉辦的的「國際友人中華民俗才藝大賽」於第五屆更名為「金鷗獎」。一九八五年起，實踐大學和中華語文研習所聯合舉辦「國際友誼日水上活動大賽」，活動每隔一年舉行一次。

當時，有來自美國、英國和日本，還有歐洲各國的國際記者趕來拍攝，並把拍攝結果於各地電視臺播出。TLI就此在世界各大城市普遍引起大家的重視。

金鷗獎

一九八六年，我們舉行第五屆「國際友人中華民俗才藝大賽」時，開始改名「金鷗獎」，以示促進世界和平的宗旨。

才藝大賽表演內容包括講述慈禧與光緒故事的話劇《選后記》，京劇《武大郎》、《包公》等，都是關於中國傳統文化忠孝節義的故事，參與競賽的外國友人有一百多名，吸引逾一千二百名觀眾。

▶1986年，TLI主辦的「金鷗獎」－國際友人中華民俗才藝大賽，四十個國家一百餘外籍參賽者在三個小時內完成五十個競賽節目，轟動電視臺千萬觀眾，帶來無限的迴響。

這次演出結束以後，香港就有仲介單位聯繫我們，希望代表大陸邀請我們到廣州、上海、北京等地進行表演。可是這些外籍學生因為正值放假之時不想犧牲自己的假期，他們是「自我主義」觀念，過自由隨性生活為主，不願意繼續參加，我也覺得蠻可惜的。

國際友誼日水上活動大賽

一九八七年夏天，我們仍然持續主辦「國際友誼日水上活動大賽」。這次出席的外國朋友，除了有遠自美國、加拿大而來，還有亞洲地區的香港、日本以及澳洲友人，可謂盛況空前。這次的活動在報章、雜誌、媒體均有大量報導，是一個非常成功的文化交流活動。

另外，高雄市政府所主辦的龍舟賽，也由TLI高雄校隊得到「外籍組」冠軍，與賽的隊伍還包括「美國在臺協會」高雄分處，及其它外僑單位、美國學校，最終還是由我們拿到冠軍，著實令人振奮。

在臺北場，因為參加比賽的隊伍超過了二十隊，還有遠自香港、日本、澳洲、新加坡的職業龍舟隊，我們TLI的業餘隊在經過三場激烈競爭後，終究光榮敗北，我們仍然邀請了二十二位隊員、五十名啦啦隊及師生代表一百多人，舉行了一場「蒙古烤肉」慶功會，興味不減。

▼1987年7月， TLI主辦的「國際水上活動」為媒體吸睛焦點。

▼1984年5月，「中華語文研習所」臺北市龍舟隊成立，何院長（後右一）於授旗式後與全體隊員合影，勉勵全員旗開得勝。

▼1986年6月下旬起TLI創辦「國際友誼日水上活動大賽」內容包括在臺外籍男女組各式泳賽、接力賽、水上芭蕾、水中拔河、水中尋寶、水球賽等，高潮為「國際友誼先生/小姐」選拔。每屆參加競賽外國人士逾兩百人，觀眾近千人，報章媒體爭相報導，為臺灣國際友人譽為無與倫比的「美與力」之最。

▲1987年，TLI主辦「國際友誼日水上活動大賽」，主席臺左起朱婉清董事、謝東閔副總統（TLI榮譽董事長）、謝孟雄董事親臨賽事同樂。

▼TLI歷年來組隊參加端午節國際盃龍舟競賽，校友們無不熱烈響應，體驗中國文化。

▲TLI龍舟隊加油！

文化外交起航

　　一九八七年開始，TLI以「無地域限制的『中文通人才』培育搖籃」旗幟揚帆，自由航行世界五大洲。

　　一九八七年九月，我跟內人朱婉清接受了美國阿拉斯加州寇博州長邀請，訪問阿拉斯加州一個禮拜，受到州長熱情接待。同時，寇博州長也要求他們的首府朱諾市長頒發我們二人榮譽公民獎。州長在安克拉治市為我安排了一場演講，有九十多個國際社團負責人出席這個正式午餐會。我的講題是〈中國語文是亞洲太平洋世紀的主軸〉，並強調我此行應州長之邀而來進行推動四大重要事項：一、協助阿拉斯加大學創辦中文系；二、協助私立太平洋大學創辦中文系；三、協助阿拉斯加州高中學生赴臺研習中文一個月；四、接受朱諾市「榮譽公民獎」。當然，我用了較長的時間介紹「TLI以無地域限制的『中文通人才』培育搖籃，自由航行世界各地」的宗旨與理想。

◢1987年，何院長伉儷應阿拉斯加州寇博州長（右一）之邀訪問該州，獲頒「朱諾市榮譽公民」。

在阿拉斯加一週的參訪中，不僅完成兩所大學的「合作協定書」，接受朱諾市「榮譽市民」的頒獎及款待。並在阿拉斯加高中與學生展開溫馨會談，三十名學生登記參加「TLI暑期研習團」。我們還與太平洋大學簽定了「姐妹校協議」，邀聘客座教授一名及太平洋大學校長、副校長、教務主任三人訪問臺灣一週，進行文化交流活動。

十一月十二日，我應邀出席在亞特蘭大市「美國中文教師協會」的研討會，其實，美國中文教師協會的研討會每年都舉辦，我的出席率大概是八成，十年內僅有二次缺席。這一次的論文主題是「臺灣華語文教學的品質分析報告」，會後，我分別訪問波士頓哈佛大學、他佛茲大學，還有麻省理工學院（MIT）的中文系及中文系教師，很多位都是參加臺北語文學院師資班培訓後，而接下中文教學工作，所以這次的訪問受到他們熱烈歡迎。我們交換了許多合作意見，成果非常豐碩。

同年十二月，我再度訪問日本文教大學，簽訂姐妹校合作協約。與文教大學簽約以後，我們還相談了一個合作交流計畫：同意文教大學四年制日語教學系每年派三至五位優秀畢業生到臺北TLI日文部擔任教師。當時TLI跟臺灣各大五星級酒店都有合作，這些機構員工的日文培訓工作都由我們負責。

一九八七年，中華語文研習所在臺北、臺中、高雄三地參與的國際活動也非常多，影響深遠。

國際語言學校協會IALC會員校

一九八八年春天，總部設在歐洲的「國際語言學校協會」（International Association of Language Centers，簡稱IALC）的負責人一行四人，包括學術委員會主席，來到臺灣分別訪問我們四個學校，包括臺北、臺中、高雄，還有天母校。參觀過以後，四個人突然聯合來到我的辦公室求見，並說是恭喜我，TLI已經被通過為他們該協會唯一的中國語系學校代表。我當時甚感訝異，因為我既未聽過此會，也未申請加入，更不知他們居然悄密的訪問TLI全臺四所學校。

這個組織是當時世界上唯一的語言學校聯合組織，成員以歐美地區為主。當時是七種語文，現在發展為九種語文。以英文學校而言，在美國的代表學校有三所、英國二所、加拿大一所；法文學校在法國二所，加拿大一所；德文學校在德國二所，另一所在奧地利；日文學校，在全日本只有一所。沒想到在兩岸僅有一所的中文學校，就是中華語文研習所。

一九八八年，中國大陸開放不久，不若今日到達高峰，不管國內外，對漢語教育的重視均未展開，我們在當時便被這個國際語言學校組織選為唯一認可的中文學校代表。

同年九月，我出席了西班牙第七屆「國際語文」年會，在那一年被選為該組織學術委員會主席，並委派我第二年負責到澳洲、紐西蘭擔任評選工作，因為這兩個國家共有有七個語言學校申請入會，希望我能夠在七個學校中選出一所學校成為「國際語協」會員，這是一九八九年的事情。

歐洲華文教師研討會

一九八八年，我又應臺灣僑務委員會之邀，從七月十五日開始，以一個星期時間在法國巴黎市主持「歐洲華文教師研討會」，出席者來自歐洲七個國家的華文教師共計九十人。

研習結束之後，我偕同師大中文研究所三位教授到瑞士、德國等幾個大城市訪問。同時，中華語文研習所英語中心的師生三十多人，也去美國加州

州立大學大衛斯分校研習英語，留學六個禮拜。

　　我們派去美國姐妹校——布威斯達大學的教師陳玉光，是我們學校非常傑出的一位老師，他在該處任教期間，曾受當時美國布希副總統（後來的布希總統）接見，對促進中美教育文化交流有很大的鼓舞作用。

　　這一年是孫中山先生一百二十三年誕辰，在臺北國父紀念館，舉辦「國際友人中文演講比賽」，TLI再度包辦了冠軍、亞軍，是這個活動舉辦十六屆以來TLI第十六次蟬聯冠軍，是非常值得鼓舞慶賀的事情。

　　教育部在今年表揚全臺華語文教育貢獻和績效獎，我們學校有十四位老師榮獲「語文獎章及獎狀」的表揚，也可說是喜事連連，師生同賀。

　　一九八九年，日本文教大學與中華語文研習所姐妹校，發展了一個雙方教師團互訪計畫。

　　接著，大韓民國「國際福音宣教後援協會」含各教派會長一行九人，也到臺北訪問TLI學院總部，他們計畫選派優秀牧師，來校接受嚴格的華語文訓練，預備到中國大陸傳播福音。我覺得這個目標很不錯，但他們的傳教目的是不是能達成就不一定了，因為在大陸傳播福音，必須得到當地政府的同意。在一九八九年，中國剛剛開始實施改革開放未久，原本對宗教思想禁制、封閉了近四十年的社會能夠開放到什麼程度，是否會接受這樣自由宣教的行為都是未定之數，但是既然韓方仍然要求這個培訓課程，我們當然也在教學上儘量配合。

　　同時，中華語文研習所跟美國國際社區電臺，以及中國電視公司合辦「外國友人看臺灣——全省國臺語演講比賽」，經過一個月分別在臺北、臺中、高雄進行初、複賽以後，終於在四月二日於臺北市舉辦總決賽。評委會決議應大家要求，將比賽地點設在市區最熱鬧的SOGO百貨公司頂樓會議廳，這是臺北市最著名的百貨公司，也是遊客最多的地方。我們選在一個星期假日舉辦，讓觀眾自由參加，遊客自由參觀，在總決賽當中，校方取得了非常優異的成績，囊括國語組、臺語組前三名冠軍、亞軍及季軍頭銜，戰果實在輝煌，TLI教師組成的「教練團」功不可沒。

▲1985年，TLI舉辦「日本文化節」活動，監察院黃尊秋院長蒞校贈禮致賀。

▲1985年12月1日，何景賢伉儷歡迎星雲大師一行至TLI參與學校活動。

▲1986年，何院長在漢城與韓國地區華語文教學工作者座談交流。

▼1986年10月，國際漢語權威－美國哥倫比亞大學東亞研究所長韋慕庭（Dr. Martin Wilbur）以TLI傑出校友身份來臺出席三十週年校慶，受到何院長伉儷熱烈歡迎。

▲1985年，美國耶魯大學（Yale University）著名漢語教授王方宇（右一）、黃伯飛（右二）、張一峰（右三）訪問TLI，受到何院長及學生代表親切歡迎。

▲（左圖）1987年8月，何院長伉儷於阿拉斯加州Fair Bank市受到阿州大學校長伉儷（左一、二）歡迎，並即席研商二校語言交換教學合作事宜。（右圖）9月，何院長於美國阿拉斯加州安克拉市一百國際社團負責人午宴中主講「亞洲太平洋世紀的中國」。

▼1988年，TLI教師陳玉光於姐妹校布威斯達大學（BVU）任教期間表現優良，與美國前總統布希合影。

▲1987年11月，何院長應邀訪問美國哈佛大學、麻省理工學院及塔佛滋大學，與MIT中文教授臺益堅（中）及赴MIT深造三校友合影。

▼1988年夏，何院長（一排右六）應邀參與「歐洲地區華語文教師研習會」，主講「TLI華語教學法」，參與學員八十人，來自九個國家地區。

作育英才　洋桃洋李

在我擔任教育部國語推行委員三十年間，TLI的全體同事均全力以赴，為推行國語運動努力奉獻。

一九八八年，教育部表揚全臺灣華語文教育貢獻績效獎，共獎勵了四十多位教師，中華語文研習所就有十四個人獲獎。包含本人榮獲教育部「語文獎章」，連同副所長共十三位教師分別獲得績效獎狀，肯定他們三十年來對外漢教一步一腳印的卓越貢獻。

受表揚的十三位TLI教師中，有後來出任靜宜大學華語文中心主任楊夏玉女士，出任美國國務院外交學院臺北中國語文學校教務主任施翼謀先生，也有中華語文研習所在舊金山分校中山綜合研究院的中文部主任梁劉愚如女士，還有好幾位現在分別在各國立大學語言中心任教的老師，培育洋桃洋李，樂此不疲。

最近我在臺灣外交部外交學院看到一份由國防部總政治部印發的資料，時間是民國四十七年，也就是一九五八年的十月。那時，蔣介石總統指定要出版一本書：《注音臺語會話》，發給全臺灣的國軍連長，當時在部隊裡，所有連長以下基層幹部人手一冊。每課以一小時教學，全書須在三個月內學習完畢，還為此訂定了「國軍基層幹部學習臺語實施辦法」。

那一年，蔣總統來臺不久，雖一再對外宣誓以「反攻大陸」決心為目標，即使面對戰爭也要推動國軍在地化，可見他對統治臺灣的眼光深遠。當時大家都把如火如荼推行國語運動視為一個很過分的舉措，從中央一直到地方，都有國語推行委員會。但是，沒有人想到蔣介石在軍隊中卻要求基層幹部，至少要學習三個月的基礎臺語會話。

由此可以看得出來，他在臺灣的行政推動理念。日本殖民期間的「皇民運動」要大家以日語為母語，蔣總統對臺灣人同樣強力推行國語，但也不

忘記本地人方言的重要性，特別要求連長以下重要幹部學會臺灣話，這對領導士兵也順利許多。這本臺語課本一共有二十四課，我對於手上獲有這份資料，感到異常珍貴，也對他經略臺灣的遠見感到非常佩服。蔣總統心懷大陸，但一直沒忘記深耕臺灣。這份資料最近也在臺灣聯合報被披露出來。

一次關鍵性的會議——香山論劍

一九九〇年，我第一次受到北京邀請出席「第三屆國際漢語教師討論會」，並且發表論文。當時，我是北京舉辦該活動三屆以來第一個臺灣代表，這份邀請可謂來之不易。

在這一年間，前後有十一位來自美國哈佛大學、匹茲堡大學、喬治華盛頓大學、布朗大學，歐洲巴黎大學等各大學教授、系主任，從年初到四、五月間陸續訪問TLI，他們都想遊說我出席北京的「第三屆國際漢語教學研討會」，並且請我發表論文。

自從中國大陸一九七八年改革開放以後，大陸認為中國文字書寫必須是簡體字，而中文詞彙方面也必須是大陸的普通話詞彙，拼音堅持使用漢語拼音，這讓很多外籍人士感到疑慮。由於多數外籍學生是在大陸改革開放前來臺學習中文，如今來到中國大陸，對普通話的詞彙應用及簡體字書寫感到不適應。比方說，在臺灣或海外中文學校學到的客氣話，如：「請問先生、小姐」，然而在大陸「小姐」竟是一貶義詞，並不是尊稱，他們覺得非常訝異。大陸開放以後，在臺灣學的中文居然被歧視、被邊緣化了。於是這些教授異口同聲地要求我，他們說道：「無論如何，你在臺灣是中文教學權威代

表性人物，因此，必須到北京會議現場現身說法，對兩岸中文詞彙、文字、拼音等做個說明和評論。」他們紛紛要求我今年八月務必出席。

會議地點就在北京香山飯店。我離開北京已經有四十三年了，如今對當地的一切已感到相當陌生，但在義不容辭的情境下，當時我立刻說好。並特別委請哈佛大學中文系主任Dr. Bartli教授幫我報名。未料他從北京給我發來簡訊說報名已截止，限期是在四月三十日，現在已經進入六月，雖然會議是在八月，但是報名時間已過，大會方面不接受我報名，這些失望的外籍教授仍不死心的殷勤期盼我儘量設法出席。

這時候，我突然想到，今年初我在香港遇到一位四十年前在臺北和平中學教書的初中老師——金堯如先生，現任中國政協常委，常住香港，曾任文匯報總編輯。於是我給他打電話，請他幫忙替我在北京報名，讓我能順利出席這個會議。果然，他透過廣東省長葉選平先生，居然順利地讓臺灣代表何景賢進入北京香山飯店，出席「第三屆國際漢語討論會」。

北京第三屆國際漢語討論會

在這個討論會上，我很巧妙和技術性的讓出席的外籍人士跟主辦單位都滿意我的演講內容，以語言學而言，語音和語彙都會因為地域的不同而發生一些變化。

比方說：為什麼會有所謂的「美國英文」，因為在英國使用的英文到美國後，便因時空轉換受到美國當地文化的衝擊而發生了變化，所以有「美國英文」和「英國英文」之區別。在社會進步，文明向前演進的同時，文字自然會萎縮，簡體字的出現就如同英文有縮寫，現在讓我一一舉出例來。比如說紐約市的第五大道縮寫－5th AVE（AVENUE），我請來自英語系的國家代表舉手，問他們AVE怎麼拼，他們竟面面相覷，一時無語，你看我、我看你的笑了。大家簡寫的結果，居然把AVE有多少個字母都忘記了；然後我又問BLVD（Boulevard）原文怎麼拼，情況也是一樣，沒有人答得出來，因為大家簡寫慣，都不記得了。

　　大陸有十三億人口，文字必須要簡化才方便利用。然而簡化的結果，再去問他們繁體字怎麼寫，經過解放四十年後的年輕人都不記得了，因為中文字簡化已過四十年歷程。我問：以上的說法，在座的你們同意嗎？主辦單位拍手說同意，外國人也拍手，接受我的說法。

　　所以說，語言文字因地區的不同，發音也會發生變化，英文在英國是一回事，到了澳洲和美國還是發生了質變，到了印度更糟糕，印度的官式語言雖說是英文，但他們的發音實在很難聽得懂。一九六六年夏天，我參加了美國一個國際會議，季辛吉是主席，他講的是一口德國腔的英文，讓我花了很長時間才習慣，在座的大家對我今天提出的問題有異議嗎？

　　一種語文因地域不同會發生變化，這是很自然的事情。另外，因為時代的不同，語言使用方法當然也就不一樣。二百多年前《紅樓夢》裡的對話，我們讀得懂，但這些對話是我們今天的對話嗎？是今天的白話文嗎？臺灣的國語跟大陸用的普通話的情況呢？有很多大陸領導說話時，為了能讓農民聽得懂而使用「搞」、「抓」、「消滅掉」等語彙，雖然難登大雅之堂，但這樣的用詞對農民來說卻非常親切，覺得領導很瞭解我們，說的話我們都聽得懂，因為講究修辭的話語，民眾聽起來卻總是很吃力。

　　語彙文字因為時代的不同也會發生變化，大家如果都能夠互諒接受，才是進步的象徵。文字會因時代發展而簡化，這是一種正常而進步的象徵，並不是偷懶，也不是愚蠢，希望大家都能理解。

繁體與原體

　　最後我提出一個問題，提醒大家切不可數典忘祖。比方說，我們的文字祖先倉頡所發明的三橫一豎為王，卯金刀是劉，既然像劉這個筆畫繁複的字可以簡寫，那有什麼字是不能簡寫的呢？簡寫並不是對文字不尊敬，只是方便老百姓使用，尤其對外籍人士而言，能夠簡寫，學習上更輕鬆。一個「龍」字的簡繁體發音一樣，意思一樣，但簡體字寫起來僅僅只有五筆，何必要寫十七筆的繁體呢？能夠簡化的文字並沒有什麼壞處。即使如此，我們

同樣不能數典忘祖，批判原來的字是不好的。我認為「繁體」宜稱為「原體」，意即原來漢字祖先設計就是如此，不要刻意說成「繁」，繁容易讓人感到是一種貶義，似乎在指稱它太過繁複了。繁體字本身並沒有錯，它是祖先發明的文字，一、兩千年以來，我們都是這樣書寫的。

我作如此解釋，他們都能夠接受。

於是主辦及外籍代表雙方一致鼓掌，接受了我的看法。出席這次會議，很巧妙的解決了一些問題，為了不使雙方對立，我說，不論是普通話也好，國語也好（臺灣叫國語），或是英文字的Mandarin Chinese，代表的都是中國海內外公認的官式語言，指稱的都是同一種相同語言。English-英文，不管在美國、英國、澳洲都是官式語言，用以正式對外發表，為了使國家能夠進步統一，老百姓能夠瞭解政府的措施，統一文字和語言是有必要的。

◤1990年8月，何景賢博士出席北京「第三屆國際漢語教學研討會」（臺灣唯一代表）於大會中致詞並發表論文。

◢1990年10月，何院長首訪「北京語言大學」與楊慶華校長相見歡。自此開始TLI與北語二校，超越二十載對外漢教綿延不斷的歷史性合作工程。

憶「香山論劍」何景賢登上大陸

《兩岸辭彙文字歷史突破見證紀實》/山民（大陸學者作家）

　　一九九○年春季開始，哈佛大學的幾位教授訪問TLI。緊接著，美國匹茲堡大學、喬治華盛頓大學、夏威夷大學，歐洲巴黎大學等十一個大學的系主任或教授相繼來TLI訪問，並且像早就商量好了似的，訪問期間，他們無一不表達出同一個強烈願望——盼望何景賢(TLI-中華語文研習所創辦人)能夠出席今年八月份將在北京召開的「第三屆國際漢語教學討論會」。

　　原來，上個世紀五十年代後期，大陸官方先是公佈了「漢字簡化方案」，採取刪減筆劃，或數位合併的做法，將傳統漢字中五百四十四個常用字，改成五百一十五個；之後又公佈了「中文拼音方案」，用二十六個拉丁字母加四個聲調號，為全部漢字注音。對這兩個方案，臺灣地區不予承認，依然使用著數千年流傳下來的「繁體字」（「繁體字」的叫法是大陸上相對於簡體字而提出的）和辛亥革命之後國民政府教育部發佈的用漢字偏旁部首製作的三十七個注音字母。

　　截止到上個世紀七十年代中期以前，海峽兩岸各過各的日子，到大陸的外國人士也不多，「簡繁」問題對兩岸的生活影響不大。可大陸實施改革開放之後，進入大陸的外國人迅速增加，兩岸同胞的交流也日漸增多，「文字」的簡繁及漢字注音方式等問題開始突顯出來。特別是那些在臺灣或海外的中文學校裡學會了漢語的人，一是不認識簡化字，二是不懂中文拼音，而大陸方面又強調書寫各種中文文書時，必須使用簡化字，就讓這些人遇到了極大的難題。

　　其實，不僅是「簡繁」和注音，兩岸所推行的標準語言，即大陸上的普通話和臺灣的國語，在一些字的發音和許多詞彙上也多有不同。如大陸上幾十年流行見人稱「同志」，改革開放之初，很多人對「先生」二字很不習慣，而「小姐」這個客氣的稱呼，改革開放之初的十來年，還樂於被年輕女性接受，但不久因為色情行業的沉渣泛起，「小姐」這個原本十分美麗且受

尊敬的詞語也遭遇到「池魚之殃」,許多女孩避之唯恐不及。總之,潮水般湧入的外國友人和港澳臺地區的同胞們,突然發現他們原來學習的漢語字詞來到大陸失靈了。人際交流、學習、工作常常遇到困難,各種各樣因語言而產生的誤會也時有發生。

十一所大學的教授、系主任代表著海外億萬友人的心聲,一迭聲地呼喚何景賢:去吧,去吧,您一定要去參加八月底在北京召開的這個「第三屆國際漢語教學討論會」。因為此時,不管是語言學研究成就,還是對外漢教的業績;不管是公正耿直的品格,還是對國家民族的責任感;何景賢這個名字都已蜚聲國際。到北京去,在這個國際漢語教學會議上,以語言學家和對外漢語教育家的身份,向大會說明這些問題,並期望儘早求得解決的途徑,只有何景賢能當此大任。

到北京去,這也是何景賢(臺灣嘉義新港人,一九三六–一九四七於北京讀小學及初一,一九四七年一月返臺)四十三年來夢寐以求的行程,他要去尋覓四十三年前的老屋舊巷,他要去尋覓童年的遊蹤,他要去撿拾親愛的姥姥留下的一串串腳印,更不用說十一所大學的教授、系主任們提出的問題早就引起他的關注。

在何景賢的心中,半個世紀的政治衝突所造成兩岸同胞的語言隔核,不僅僅是當前兩岸和中外人際交流的障礙,並且是兩岸人民和平交流的障礙。

自一九四五年十二月二十五日臺灣自日本統治期光復後,國民政府大力推行國語運動。在學校及公眾場合一律以國語為主要傳達工具。臺灣當局嚴禁臺灣民眾使用大陸簡化字和中文拼音。同樣,大陸上除了影印古書之外,新聞出版部門規定,任何公開出版物上出現的繁體字一律視為「差錯」,各級學校一律以簡化字和中文拼音教學,一九五八年以後入學的學生們,大多數不認識繁體字了。於是,本來沒有任何政治色彩的語言問題成了意識形態的標記。臺灣一些人視大陸簡化字如洪水猛獸,大陸一些人將繁體字看成「封建糟粕」。何景賢早就盼望有機會呼籲兩岸化解這種對立情緒,早日實現語言文字上的理解和統一。今天機會終於來了,可怎麼樣才能抓住呢?

　　上個世紀九十年代，還不像現在，兩岸大大小小的學術會議都互發邀請。

　　大陸改革開放之初，早於臺胞被獲准進入大陸的是外國友人，十一所大學的教授系主任們，有的已同大陸文化教育界建立了密切的聯繫，「既然你們希望我去，你們何不幫這個忙呢？」哈佛大學中文系主任Dr.Bart1i教授自告奮勇，表示只要你何景賢博士同意參會，剩下的事我來處理。然而不久，Dr.Bart1i教授十分懊喪地發來資訊，大會報名截止到一九九○年四月三十日，此時已進入六月，無法接受新的報名了。不過大家說TLI的校友遍天下，盼望何景賢能調動一切關係，爭取這次參會的機會。

　　校友沒有找到，何景賢想起了老友香港新聞天地社卜少夫社長，曾在香港為何先生介紹的，四十年前在臺北和平中學的初中老師金堯如先生，金先生現任中國政協常委，常住香港。何景賢通過香港新聞天地雜誌社社長卜少夫先生找到了金堯如。金堯如先生果然有辦法，他通過熱心於兩岸和平統一的廣東省省長葉選平先生，居然很順利地讓何景賢作為臺灣的唯一代表，得到了大會的邀請函。

　　北京，八月的香山，秋高氣爽。古木掩映、富麗堂皇香山大飯店會議廳內，「第三屆國際漢語教學討論會」正開的熱火朝天。何景賢之所以朋友遍天下，除了他的公正、熱沈、急人之難之外，幽默風趣、平易近人也是主要原因。這一點，今天的會議上被他發揮到了極致。

　　「我想向來自英語系的代表們提一個極其簡單的問題，請這些代表們舉手。」何景賢不像是在做嚴肅的學術發言，倒像是他在TLI為學生們上課。臺下一些藍眼黃髮的代表們舉起了手。「請問，你們都來自說英語的國家，可是你們自信能說標準英語的請舉手。」臺下安靜笑聲，而無人舉手。「大家都知道紐約市的第五大道『5th AVE』，哪位能告訴我AVE原來的單詞怎麼拼？」沒有人回答。剛才舉手的一些人相視而笑。「那麼，BLVD呢？怎麼拼？」臺下還是沒有人回答，只有彼此望望，聳肩相對而笑。「我想談的是語言在使用中的簡化和因地域不同而發生的一些變化是自然而合理的。在英

國使用的英文到美國後受到當地文化和地域的衝擊發生了一些變化，所以有『美國英文』（American English）和『英國英文』（British English）之分，甚至還有『澳洲英文』（Australian English）、『印度英文』（Indian English）之稱。由於時代的演變，時間在前進，文化語意也會受到影響，四百年前的英語對白與今天的英語對白也會發生詞彙品質的變化。比如：我們大家都看得懂莎士比亞的劇本，但是從當時莎士比亞劇本內美妙的英語對白適用於我們今天生活中的對白嗎？我們再看二百年前的《紅樓夢》小說裡的對話，大家也都看得懂，但是今天我們老百姓的對話是否與《紅樓夢》中人物的對話也有相當距離呢？同時，隨著文明向前演進，有些文字也會出現減縮的寫法。我剛才說的AVENUE縮寫成AVE，Boulevard縮寫成BLVD都屬於這種現象。漢字的簡化現象自古就有，如學校的『學』字，高興的『興』字，古代寫行草時就有人把上邊的頭部簡寫成三個豎點兒。因為上邊的部分太複雜。大陸上建立新中國的時候，五億多農村人絕大多數處在貧困之中，識字的人很少。為了儘快提高整體的文化程度，提出了簡化字方案。方案中有的是將古人簡寫字、異體字作為簡化字，有的是將某個偏旁部首進行簡化，五百多個簡化字中除幾個別同音字合併的情形，如頭髮的『髮』與發生的「發」合併簡化為現在用的「發」之外，絕大部分在使用中不會發生歧義。龍的傳人的『龍』，原本十七筆，簡化以後只有五筆，省去了十二筆。靈魂的『靈』原本二十四筆，簡化後為七筆，省去了十七筆。憂鬱的『鬱』原本二十九筆，簡化後剩八筆，省去了二十一筆。簡化後易學，易寫，意義不變，有什麼不好呢？劉少奇的『劉』字，鄧小平的『鄧』字都可以簡化，哪有不可以簡化的呢？」

臺下爆發出熱烈的掌聲和笑聲。

何景賢接著講：「臺灣原來曾嚴屬禁止書寫大陸簡化字，可解嚴以後雖說正式出版物上還沒有簡體字，但人們私下裡寫信，甚至大街上的標牌已經有人使用。這也說明簡化字是有必要的，是符合人民大眾的要求的。可是，我們不能數典忘祖，不能認為我們的祖先造字有錯誤。所以，我建議和簡化

字相對的，應該叫『原體字』，不要叫『繁體字』。因為一個『繁』字，就有了些貶意，好像嫌棄我們的祖先太繁複似的。既然倉頡祖先造字是原創字，我們就叫他『原體字』，不要稱他為『繁體字』，這樣對倉頡祖先就沒有冒犯之意了，不是嗎？」臺下又是一陣掌聲。

　　「還有，大陸上的普通話是以北京語音為標準音、以北方話為基礎方言所制定的國家標準語，和新中國成立前國語差別是不大的，大家聽一聽我說的話是不是普通話？而我這口普通話就是一九三六到一九四七年間在北京讀小學和初一時學到的，這是我的母語。而當時的國語到了臺灣以後受到當地方言的影響，發生了一些變化，如北京話中的捲舌音如zh、ch、sh，在臺灣好多人都讀不准了。另外，普通話吸收了一些下層平民用語，如搞建設，抓生產，消滅掉等，貼近百姓；臺灣的國語保留了更多的文言詞，有些典雅。但無論有多少差異，血畢竟濃於水，兩岸都是炎黃子孫，兩岸用的漢字都源於我們的文字祖先倉頡；兩岸使用的標準語都源於我們的國語；我們既不能數典忘祖，更不能永遠分裂。從文字講，我提議在漢語言文字政策上，一定要去掉任何歧視，大陸上應提倡寫簡識繁，臺灣應提倡寫繁識簡；從語言講，兩岸的發音也應儘早標準化、統一化。」

　　何景賢四十三年之後這次重返北京，獲得了巨大的成功。他很好的完成了十一所大學的教授、系主任們的重托，對兩岸語言文字在半個世紀的分隔中造成的差異，從學術和政策兩個層面作出了客觀公正的說明，為兩岸的進一步溝通開啟了大門。他的發言不僅獲得了外籍代表的讚賞，而且打動了大陸教育界和學術界的人士。因為從他的發言中，代表們看到了他在語言學和教育學上淵博的學識，也感受到他對祖國發展對兩岸語文統合的赤誠的渴盼之情。這一切不僅為他的TLI日後在大陸各地雨後春筍般的成立分校，更為他後來大量影響外籍人士學好中文進軍中國市場挽回一九八九年劣勢而見中國崛起的獨到的貢獻打下了基礎。

　　當然這次四十三年之後的故鄉行，也給何景賢帶來了許許多多的傷感：當飛機還盤旋在北京上空等待降落時，他看到的是高樓林立的現代化都市，

記憶中高高的城牆、「內九外七皇城四」的城門幾乎蕩然無存；會議間隙他含著淚去月牙兒胡同、什剎海、交道口去尋找童年的記憶，也已了無蹤跡了。但滿目傷感沒有影響到他心中升起的無限希望。

一九九〇年的北京雖然因為六四風波正受到一些國家的經濟制裁，仍然顯示出壓制不住的蓬勃生機。特別是臺資、臺企、外國留學生的大量湧入，外籍人士學習漢語的需求也驟然升溫。此前TLI在臺灣已發展到五個分校，而面對祖國大陸這個新興市場，TLI的前景無可限量。更讓他激動的是，他本能地感覺到，他那「讓漢語成為世界強勢語言」的理想，將極大地加快實現的速度。

這次四十三年之後的重返北京，特別是「第三屆國際漢語教學討論會」上的發言，讓何景賢結識了很多朋友。除了參加會議的各大院校的學術精英外，何景賢還意外地見到和瞭解到，改革開放後的北京，到處都有TLI的校友。這批校友很多是早期跟美國國務院簽定二十年培訓的學生，後來被派到北京擔任大使、總領事、經濟參贊等職務，也有的在外資或中外合資的企業中擔任要職。比如，早在這一年的六月，美國新任駐華大使芮孝儉就是一九六一年在TLI學習漢語的校友；TLI的另一位校友紀思道先生也在這一年出任美國紐約時報駐北京分社的社長。

總之，何景賢在四十三年之後的第一次回故鄉，雖然連開會在內在北京的時間只有八天，卻在政、學、商各界的新老朋友間成功塑造了一個語言學家、教育學家、愛國知識份子與和平使者的形象。

▼1990年8月，何院長於臺北TLI信義校歡迎布朗大學（Brown University）教授Prof. James Wrenn 伉儷（右一、二），Prof. Wrenn為何景賢博士論文指導教授。

▲1990年7月6日，哈佛大學中文主任白特里博士訪問TLI臺北校。

▲1990年，TLI同學參加淡江大學運動會田徑賽。

▼1991年9月，何院長出席義大利斐冷翠市「國際語言學校協會」校長會議，與出席代表合影。

傑出校友紀思道Nicholas Christof

　　一九九○年，TLI校友紀思道（Nicholas Christof）、伍潔芳(Mary Wooden)夫妻，兩人共同榮獲年度普利茲國際新聞報導獎。

　　為此，他們寫了一封感謝函給TLI，說道：感謝中華語文研習所，使得我們能夠拿到普利茲獎。

　　他們在隔年一九九一年回到TLI母校現身說法，對在校學生、校友做了一場精彩的演講與對話。紀思道與伍潔芳在一九八七年到中華語文研習所學習中文時，他的身份是紐約時報北京特派員。而當我在北京出席香山會議的一九九○年，他榮獲了普立茲獎，那時，他已經是紐約時報北京分社社長。

　　同時，我們也因為接受臺灣僑務委員會委託，正如火如荼地編輯「美洲版兒童華語」教材，全套十二冊。從一九八九年開始，歷時兩年，至九○年全部編輯完成，交稿付印。這套教材至今仍是北美的美國、加拿大最受歡迎的一套教材，而在中國地區的暨南大學也以這套書為藍本編寫教材，內容形式非常相近，對此，我也感到欣然。

　　這一年來訪問我們學校的單位，除了前幾個篇章所提及的學校，還有日本十幾所大學的中文系教授、系主任也紛紛來訪，中華語文研習所一直訪客如熾、車水馬龍，非常熱鬧。

▼1987年，傑出校友紀思道、伍潔芳夫婦（Nicholas D. Kristof）於年底前來本所研習中文，直至1988年11月赴北京擔任紐約時報分社社長止。1990年獲得普立茲國際新聞報導獎。

親愛的家人

我生肖屬狗，出生於一九三四年十一月（陽曆一九三五年一月），西洋的星座來說屬於摩羯座，摩羯座的人保守固執，比較重視事業和工作，生活上有點無趣。在這本書中，我把事業和工作做了相當長的一段交代，卻忽略介紹我的家人……

談到一九九○年，那麼我就不得不說一下內人朱婉清女士。

我跟她是在一九八三年十二月二日下午四點在臺北地方法院公證結婚。正式對外的宴席則在一九八四年一月八日星期日當天下午三點的臺北市富都大酒店舉行婚禮酒會。晚上六點三十分，又在富都酒店對面的國賓大飯店進行晚宴。在富都酒會上，為我們公證的長輩是總統府秘書長蔣彥士先生。蔣彥士跟我的交情有二十多年，對我的為人、家庭、事業、工作都很熟悉，而且非常支持。

先父何健民回臺灣參加第六屆總統副總統就任時，一個月之內便過世了，當時蔣經國總統要求所有公務員不得參加婚喪嫁娶，以公務為重，嚴加杜絕官商交流黑金問題的發生。可是在這個時候，蔣彥士先生居然跟蔣經國先生說，他一定要過來主持我父親的喪事，如果他不來，副總統謝東閔先生勢必要出面。總統先生剛提過公務員不能參加婚喪等公開活動，副總統肯定不方便出來，所以就由他來代替主持我父親的喪事。

那是一九七八年夏天，到了一九八三年，他又來替我主持婚禮，我對他很是感激。

談回家庭，從一九九○年開始，內人朱婉清在工作上有了很大的變動。一九八八年連戰被調為外交部部長時，向僑務委員會借調朱婉清，將她從僑委會調到外交部新聞文化司出任專門委員。

這一調動，就是一條不歸路了。

　　一直到一九九〇年六月連戰調任臺灣省政府主席，內人也跟著到臺灣省政府擔任臺北辦公室主任並兼任新生報董事。

　　接著是一九九三年三月連戰升任行政院院長，內人又去負責把行政院院長辦公室組成，辦公室班底成立後，再調為行政院第六組組長（大概相當於大陸國務院第六局局長）。她當時負責執掌的部會很多，有教育部、文建會、國科會、衛生署、原子能委員會、中央研究院、故宮博物院、僑委會的僑教部分，共有十個部會左右，工作極為忙碌。這份工作一直持續六年到連戰參加民選副總統。一九九六年，內人仍然擔任公職，連戰卸任行政院院長時，朱婉清又被派往組織籌辦中央國際廣播電臺，也就是中央廣播電臺，接任首屆董事長，一直到二〇〇〇年七月為止。

▼連戰省主席慰問省府台北辦公室主任朱婉清暨全體同仁。

▲師大附中同學連戰伉儷與何景賢夫婦於臺灣光復四十七週年會中合影。
▼行政院長連戰接待教育界外賓，由行政院第六組組長朱婉清陪同接待。

▼朱婉清於總統府接受優良公務員的表揚。

　　兩千年五月二十日，臺灣政府發生第一次政黨輪替，民進黨候選人陳水扁被選為總統。這時，內人立即辭掉中央廣播電臺董事長職務。

　　朱婉清自一九八○年服務行政院文建會，到二○○○年由中央廣播電臺去職止，共服務公職二十年。其間並兼任師範大學、淡江大學、警察大學、政戰學校教職及中國廣播公司掃描線雜誌總編輯，曾榮獲新聞局「最佳雜誌編輯金鼎獎」，最後就回到自己的事業——中華語文教育機構，負責海外地區的教育策劃與執行。

　　朱婉清和我都是第二春。我們唯一的兒子何再生在一九八五年三月十八日出生。在臺灣讀完初中後，便往美國Valley Forge軍校接受嚴格軍事教育訓練一年，美國和伊拉克第一次作戰——「沙漠風暴」時的總指揮官也是這所軍校出身。再生唸完軍校一年後入學舊金山灣區卡斯楚山谷（Castro Valley）高中，畢業後進入加州大學伯克萊分校修讀電機系，再到聖路易斯的華盛頓大學修讀生物醫學工程系。其間，他曾於美國西岸的斯坦福大學、東岸的哈佛大學，以及北京大學醫學部做進修。

何再生在費城Valley Forge Military Academy & College光榮畢業與Adm. Peter Long將軍校長合影。

第一次婚姻

　　至於我的第一次婚姻是在一九六二年，與盧省豫女士在臺北市靜心幼稚園的大禮堂舉行婚禮，這是蔣緯國先生為紀念第一任夫人石靜宜女士而建的禮堂。

　　這段婚姻維持到一九七九年，共十七年左右。育有長女宜君、長子宜中、次女宜真、次子宜山。宜中與宜山的取名是為了紀念孫中山先生。四個孩子都在美國加州唸書，畢業後也學而有成、成家立業。何宜君在麥當勞前後工作了二十多年，擁有五家麥當勞餐廳，算是四個孩子中比較富裕的一位，女婿陳紹軒是香港移民美國華僑，所學也是餐飲業。何宜中在舊金山

經營餐飲業，他的太太是臺灣桃園人藍淑惠。何宜真嫁給美籍法裔Jacques Marine，他們自營工廠，事業相當順暢，宜真學information science and communication，在美國豐田汽車公司擔任經理。何宜山學藝術，加州大學長堤分校畢業，在美國著名卡通片辛普森公司裡擔任藝術總監，這部卡通片在全世界流行了三十多年未輟。

我與盧省豫女士於一九七九年離婚，她嫁給Mr. Richerd Feng，生活幸福美滿。

執手偕老

我和朱婉清的兒子何再生，學成後回到臺灣，幫助我協辦家族事業——中華語文教育機構，下轄二十多所分校，含中國大陸的十所語文學校，以及加拿大、歐洲、日本、美國各地分校，工作可謂相當忙碌。而妻子朱婉清在過去的十四年，也就是二〇〇〇至二〇一四年，分別住在美國舊金山和中國北京，我在海外的事業都歸她掌管。

說起朱婉清，我要為她做一個特別介紹。

她跟我三十年婚姻中前二十年都以公職為主，後十年，我的學校發展，她功不可沒。

朱婉清先翁朱虛白先生早年在上海解放前擔任上海市長吳國楨的新聞處長，等到吳國楨轉戰臺灣出任第一任省長時，朱虛白先生又擔任臺灣省第一任新聞處處長。

朱虛白先生是江蘇宜興人，老一輩非常著名的外交家吳南如先生是朱虛白先生的姐夫，曾經是臺灣行政院第一任新聞局局長，創辦新聞局，活躍在外交界，亦歷任駐蘇俄公使、駐伊朗及科威特大使。

一九四九年朱虛白隨國民政府搬遷到臺北以後，朱婉清於一九五〇年二月九日出生，在臺北市復興小學讀書，此後衛理女中、景美女中、國立中興大學中文系學士，後到美國紐約聖約翰大學東亞系拿到碩士學位，又在美國紐約大學歷史系博士班進修。後來因為朱虛白先生在臺北過世，她立刻停止

博士班學業回臺為父親料理喪事。接著進入臺北中央日報編輯副刊，自此開始了她在臺北的一連串公職生涯，同時也到夏威夷大學東西文化中心進修。

在公職生涯之前，她同時也是臺灣著名的女作家，有文藝、理論、小說、翻譯等著作十餘部。同時創辦好幾家雜誌：《摩登家庭》室內設計裝潢雜誌、《你我他》電視週刊，也創辦中國電視公司《掃描線》電視月刊，這一份月刊在一九八八年獲行政院新聞局全國最佳編輯金鼎獎。那時候全國的雜誌有四百多家，獲得最佳編輯的就是朱婉清。獲獎之後，臺灣淡江大學馬上邀請她前去擔任大眾媒體系雜誌編輯課程，同時也在師範大學開設戲劇概論，另外在政戰大學、警察大學擔任教授。在她就任大學教授前，也在屏東中學、左營中學、陸軍官校、中正預校教過高中國文、三民主義。

在美國的時候，她還擔任過紐約世界日報的編輯，文復會《文藝》雜誌主編。完成留學生涯回到臺灣後，先在中央日報任職，很快的，行政院文建會創立，她便被邀請擔任編審，再轉任行政院僑委會擔任視察，外交部專門委員，繼而出任省政府參議兼省主席連戰的辦公室主任，行政院參事兼第六組組長，最後是中央廣播電臺的董事長，與此同時兼任行政院顧問。

她從政二十年來以公務為主，接下來的十年，離開臺灣移民美國，負責管理中華語文研習所的海外事業。目前她擔任TLI國際產學集團的總裁，兼任美國舊金山中山綜合研究院院長。

朱婉清在行政院期間同時還兼任行政院婦聯會的總幹事，當時的主任委員就是連戰夫人連方瑀女士。行政院婦聯會的委員都是由各部會首長夫人擔任，朱婉清在工作上向來全力以赴，被大家公認是一位鐵娘子。然而生活中，她也重視生活娛樂、健康飲食的平衡，也是一位很精彩的生活專家，許多雜誌聘她為生活指南顧問，在生活品質與情趣方面她的素質一向良好。

內人和我生活在一起這麼些年，在我眼中，她的一生熱情誠懇、奉公守法、閱歷豐富、多彩多姿，是我生命與事業中唯一信託的革命夥伴。

訪問張學良

一九九〇年六月份，美國國務院發表由芮孝儉出任駐華（中國）大使。那時候，因為一九八九年「天安門事件」發生，美英法澳四國對中國實行經濟制裁，中國的經濟確實自此開始走入低潮。

天安門事件後，美國派了一位新任大使——芮孝儉進駐北京，聯合四個國家對中國執行經濟制裁。

芮孝儉先生於一九六一年在臺灣與美國尚維持正式外交關係時，就是TLI的學生，我們派老師到臺北美使館教他漢語，而當中我也多次和他會面。現在由他擔任這個職務，而且我們的另外一個學生——紀思道也被派任為紐約時報駐北京分社社長，與我們頗有接觸。後來，紀思道受紐約時報指示到臺灣採訪張學良先生。

那時，距離張學良西安事變差不多有六十年了，是中國近代史上一個令人深感迷茫的事件，不論是歷史學者、中國研究專家及普羅大眾都感到很詭異，不知道在什麼條件或情況下，張學良答應把蔣介石放了，並且親自將他送回南京。

這是一個影響著中國近代史，也影響世界的重大事件。在二戰時，中國終於能繼歐洲之後開闢為第二戰場，而中國戰區就由蔣介石領導，如果當時蔣介石被他處置了，那麼世界恐怕又是另一番局面。

紐約時報作為世界第一大報，一直希望找出這個謎底。

於是北京社社長紀思道在一九九〇年來到臺灣找我，希望能以紐約時報記者身份，親自採訪張學良，一探史實究竟。

西安事變當時的關鍵人物有周恩來、宋美齡，還有張學良、蔣介石，如今只有張學良先生仍健在外，其餘均已凋零。因此，能給出關鍵答覆者，就非他莫屬了。

張學良當時也已屆九十歲高齡，如果再找不出答案，這個問題恐怕就要在歷史滾滾黃沙中永遠塵封。

於是，我竭盡心力安排紀思道訪問張學良先生。

某日下午的三個小時訪問著實不容易。因為張學良的夫人趙四小姐趙一荻女士的防護意識非常強烈，每次紀思道提出問題，她馬上就插進來阻撓。不過，終於有一次，趙四小姐去接了一個電話，暫時離開採訪現場。就在這個時候，我拉了拉張少帥，說：「漢公啊，剛才紀思道提出的問題您能給他一個答覆嗎？您就簡單地說一說為什麼會放了蔣介石吧！是蔣夫人的關係嗎？還是什麼其他的原因呢？」

他想了半天，就說出一句話：「我從來沒有讀過蔣委員長的日記。」

因為當時臺灣的教科書從小學開始便談西安事變，對於為什麼張學良最後將蔣介石送回南京，論述一致：蔣介石於西安蒙難之際，張學良有機會翻看蔣介石的日記，看過之後，為他高尚的人格感動，因而將他送回。今天，張學良卻親口告訴紀思道：「我從來沒有讀過蔣介石的日記。」

後來，這段談話成為紐約時報的頭版新聞。

雖然張學良先生欲語還休，最多也只能點到為止，但能夠為他製造此一公開表白的機會，將歷史真相還原，我的內心也為「他終於開口了」感到非常欣慰。而此番作為見證人，更是與有榮焉。

另外，看到我們校友能夠用如此純正的普通話跟張學良先生對答，並且將此採訪作為紐約時報頭版頭條新聞刊登，著實為他感到非常驕傲。

兩岸之窗

一九九一年一月份，大陸國務院副總理兼外交部長吳學謙，透過香港大陸政協委員金堯如先生出面邀請我到北京跟他會面。不久，我如期在中南海跟他見了面，當時，國臺辦主任王兆國先生也在場，一共有二十多人陪見。

吳副總理跟我晤談將近兩個小時，內容涉及當時的GATT，後來成了WTO的重要談話。

1991年1月，何院長於中南海會晤國務院副總理吳學謙。（右為國臺辦王兆國主任）

蔣彥士秘書長聽說中國國務院副總理吳學謙先生約我會晤，於是在我行前邀我共進早餐。他說，李登輝總統希望我代他傳達兩個意見給吳副總理：

第一、特別要求大陸當局同意臺灣成為聯合國GATT（現已改為WTO）組織內的觀察員，千萬不要阻止，我們只要求以臺澎金馬的名義成為這個世界貿易組織（GATT）的觀察員而已。因為臺灣人民的生存要緊，跟政治無關。中共如果大力反對，我們就將被排除，排除以後，對臺灣經濟的發展、老百姓生活品質的提高有很大阻礙。換句話說，這跟政治無關，是一個經濟問題，希望陸方能夠理解。

　　第二、他瞭解臺灣有很多民意代表、立法委員，甚至於某些國家領袖（尤其是日本）跟李登輝見面以後，便到大陸宣說願意擔任兩岸的調人，代表李登輝傳達希望兩岸關係不要那麼緊張的想法。李登輝對於這件事情非常不滿意。據我後來的瞭解，這是一位非當權的前日本首相所為。對此，李登輝堅絕否認，他並沒有請託任何人傳達意思，包括臺灣的立法委員。李登輝希望我傳達的第二點就是：自此以往，沒有任何人可以代表他表達意向。

　　我在會晤吳學謙時，當眾清楚地把他的想法都傳達到了。

　　當時吳學謙的答覆是：為什麼大陸當時不對香港成為觀察員表示反對意見，那是因為一九九一年時，香港還在英國的旗幟下，也就是還在英國的保護傘之下，我們承認它是英國的屬地，因此不反對。可是一九九七年之後，香港就回歸中國了，這時就必須在中國的旗幟下擔任觀察員。現在臺灣如果提出這樣的請求，我們也不會反對，因為這跟你們的生活相關，是你們的經濟命脈。但是，必須在中華人民共和國成為世界貿易組織正式會員國之後，你們才能申請，希望臺方能夠瞭解這個原則。

　　當場，我們的談話不僅有筆錄更有錄音，所有談話內容全部被記錄下來了，其中我們也談到了兩岸的緊張關係，還有我個人的一些看法。

　　會後，我把吳學謙的回覆意見帶回來給蔣彥士，請他代為傳達，因為我不想跟李登輝發生直接接觸。

　　後來若干年間，我仍然看到臺灣經濟部、財政部的官員在報紙及電視上說：「我們很快就會成為GATT的觀察員，接著成為會員國。」說了若干年都未見效。數年後，果然在中華人民共和國成為GATT會員國之後，我們才真正成為觀察員。

　　因此，我覺得大陸當局所說的話和堅持的力道是不容忽視的。同時，也可以看出臺灣政府領導人不實際的一面，就像陳水扁經常喜歡說的：「有夢最美。」有夢當然很美，可是將夢實現則需要巨大的智慧與心力才能夠成事。

北戴河之約

一九九一年七月三十日，大陸國家主席楊尚昆先生邀我在北戴河晤面，雙方對於兩岸關係交換了許多意見和想法。

一九九一年，我以「社會公正人士」身份，被「行政院二二八專案小組」聘為研究委員，作為七人小組委員之一。同時也被「國際語言學校協會」分佈全球五大洲的全體會員六十多個國際學校代表，選為「國際語言學校協會」學術委員會主席。

同年，大陸國家主席楊尚昆先生邀請我與他見面，時間就在七月三十日下午四點鐘，我們在北戴河會面了，一直談到傍晚六點四十分。

在這一次會談中，他非常直率、誠懇和熱情地發言，與我溝通了很多問題，包括韓戰、共產主義、中俄關係，更對於兩岸關係交換許多意見和想法，也談到了張學良的事件。

這是發生在一九九一年夏天的漏網新聞。

▼1991年7月30日，國家主席楊尚昆先生於北戴河接見何院長，雙方晤面長談二小時四十分鐘。

卷八、
1992 ~ 1998年

　　一九九六年九月十六日，中華語文研習所與北京語言大學在北京創辦「TLI對外漢教培訓班」（TLI in Beijing），並於當日開學上課，這是漢語教學史上首次臺灣和大陸合作辦學的記錄。

　　TLI的北京分校設在北京語言大學校內。我們選派李佳玲、端木家玲及沈淑明三位資深教師到北語一面施教，一面培訓當地教師。課程、教材及教學法都是TLI四十年的精髓，深受外籍學生歡迎。

　　一九九七年三月三日，TLI再和日本東京托福語言學院創辦人西田忠康合作，創辦「東京中華語文研習所」。

布威斯達大學及TLI三十七週年校慶

一九九二年是TLI姐妹校美國布威斯達大學一百週年校慶，同年也是中華語文研習所創校三十七週年。

布威斯達大學一百週年校慶

布威斯達大學於一九九二年一百週年校慶當天，校長布來可博士邀請了國際著名政治人物、媒體領袖和大學校長前來慶賀，臺灣方面僅邀請我一人。

美國NBC國家廣播電臺總裁，同時也是國際普里茲新聞獎委員會主席亦應邀出席，因此我有機會在慶典上遇見他，彼此交換意見，瞭解美國新聞媒體的危機處理方法與多元動態，受到很大啟發，獲益良多。

典禮上，我以「中國即將崛起，我為何為布威斯達大學創辦中文系」為題發表演說，見證了過去十二年來TLI與布大合作，在臺美間創造的豐碩成果，獲得極大迴響與歡迎。（圖見本書第九頁）

TLI三十七週年校慶

一九九二年也是中華語文研習所三十七週年校慶。

這一天，學校榮譽董事長謝東閔先生親自到校主持切蛋糕儀式。而當時臺灣軍方兩大壁壘分明人物也都到場祝賀，一是蔣緯國總司令，蔣介石的二公子，也是蔣經國總統的弟弟；另一位是王昇上將——當時臺灣總政治作戰部主任，他是蔣經國親密學生、忠貞幹部，自蔣經國留學蘇俄十四年返國，即成為蔣一生的貼身幹部，臺灣的政戰系統、情治幹部、媒體均在他執掌與影響下四十年不變。

這兩大臺灣軍事強人在謝東閔先生主導下，以及我跟內人朱婉清共同主持的祝賀校慶切蛋糕儀式後，在眾多中外貴賓見證中，王蔣二人長時的「瑜

亮情節」於今「一笑泯恩仇」了。

　　由於這一次的TLI校慶並非三十年、四十年等整數，所以我們沒有擴大舉行，但各界送來的花籃，從大門口排到三、四樓，甚至是大街上，到場祝賀的來賓多半是政府領導人、各國駐臺灣外交與商界負責人，還有各大學校長、媒體負責人，把學校擠得水泄不通。

　　當時TLI校友會會長是美國著名律師Mrs. Hansen，同時也是美國民主黨海外委員會主席，她以TLI校友會會長身份，邀請許多美國政界人士來臺參與母校校慶，於是TLI以義無反顧支持校友的想法，與她聯合舉行盛大的慶祝酒會。

▼1992年，中華語文研習所三十七週年校慶，榮譽董事長謝東閔先生（右二/中華民國副總統）、王昇上將（右一）、蔣緯國上將（左三）、何院長仉儷共同主持切蛋糕儀式。

陸媒採訪少帥張學良

　　一九九二年，大陸的新聞媒體訪問團到達臺北，他們的第一重要任務就是訪問少帥張學良。這個新聞訪問團透過外交部、新聞局均不得其門而入，被趙四小姐堅決拒絕。於是輾轉找到了我。

　　這一天，我趕到少帥公館去看望張漢公。

　　我對他說道：「漢公，這是大陸媒體第一次訪臺，而且集結了——新華社、人民日報、中央電視臺等各大新聞電視臺，我知道您有許多好的想法，為什麼不藉著這次機會跟他們好好談一談呢？」漢公答道：「我這六十年來沒有接受過任何一個臺灣媒體的採訪，大陸記者一來，你就讓我受訪，那我以後怎麼面對臺灣的新聞媒體呢？對於兩岸媒體我一視同仁，一概不見。」

　　「您說不見，那為什麼上一次卻接受了美國的新聞媒體紐約時報北京分社社長紀思道的訪問呢？而且您也接受了日本NHK的專訪，這是又是什麼原因呢？」

　　他說：「接受NHK的訪問，是為了道出日本人加諸於我的殺父之仇，我不能裝成一個傻子啊！日本的帝國主義必敗，我要利用NHK教育他們。至於紐約時報，是因為閣下你強行登陸，把人都帶來了，我也沒有辦法（苦笑）。還有，你說紐約時報是世界第一大報，它的影響雖然深遠，報導會被各國轉載，但不是在臺灣或大陸這樣的敏感地區發表。我如果見了大陸記者，會不會製造麻煩呢？我已經安靜許久，不希望再招惹任何人或事！」

　　於是我只好把腦筋動到趙四小姐身上，因為她對於傳基督教福音很有熱忱，經常說道，希望為大陸十幾億同胞禱告，祈求他們有太平的日子可過，尤其是在文革之後。我對趙四小姐說：「這次的採訪也有中央電視臺在內，你可以藉機將福音傳達給數億的同胞啊！」她說：「哦，這次也會訪問到我嗎？」「既然他們要訪問漢老，妳作為他最親近的人，肯定會問妳一些生活

上的問題，自然就會訪問到妳。而妳只是談些福音之事，我想這不會成為問題。」她為了能夠傳福音，改變了想法，便說：「那也未嘗不可。好，我現在去勸勸漢公，讓他接受訪問，不過時間不能太長，不要超過三十分鐘。」我說，那就四十分鐘好了。

事實上，那天我帶大陸記者團來談話，一下子就談了一個多小時。

當時為了平衡兩岸媒體，於是由我來緩頰。我跟漢公說：「報告漢公，既然您也顧及臺灣媒體的感受，那我就安排五位大陸記者和五位臺灣記者同時來訪問。您覺得這樣公平嗎？還有什麼不妥的地方嗎？」他沉思片刻，似乎不太拒絕，隨後也就欣然同意了。

要從一、二十位大陸記者中選出五位，實在相當不容易，最後他們真的只來了五位。可是臺灣方面就失信了，當場至少有三個官員夾在五位記者之間。保安人員叫我過去檢視，有沒有不對的。我忖道：要是提出異議，那麼張漢公肯定會不高興。我只好說：沒錯沒錯，就是他們。於是把他們幾個人，連同臺灣的官員全部放進去。幸而這次談話非常愉快，效果極佳。

他們一進門就向漢公鞠躬問好。趙四小姐立刻拿出一本本張學良英譯的福音書，就是可以揣進口袋裡的那種隨身書，發送給在場的人，大家拿到書後都希望得到漢公的簽名，簽上張學良三個字，他也一一照辦，氣氛一片和氣。漢公沒有用真實姓名「張學良」印在福音書上，而是用筆名「曾顯華[註1]」取代。在這愉快的氛圍中，大陸記者代表廣大大陸同胞向他問好，祝他身體健康、一切美好。大家也都遵守我的要求：不問敏感問題。只希望他能順利把心裡話說出來，大陸十幾億人能在電視上看到他，目的也就達到了。倒是臺灣的華視趁機播出三十多分鐘。

我聽說中國大陸僅播放了七分鐘，因為有很多內容在當地是不宜播出的，經過中國新聞單位檢查後，只有限量的鏡頭、限量的時間能夠出現在螢光幕上。

註1、取自張學良先生三位英文老師姓名：曾虛白、董顯光、周聯華各一漢字。

　　這是在一九九二年本人無心插柳的一段小插曲，但對大陸十三億人來說可是舉國轟動的大事。

▲（上左圖）1992年9月，第一個大陸新聞記者訪問團訪問「少帥張學良」。前因屢遭少帥婉拒，何院長（後右三）在海基會再三請托下終不負所望促成採訪，於九月中旬讓大陸十二億人電視中目睹少帥伉儷風采。（上右圖）1992年10月20日，何院長夫婦與張學良伉儷合影。

▼1993年8月24日，何院長（中）代表大陸書畫名家贈畫於張學良公館。

▲1992年耶誕節，大陸「電影演視藝術家訪問團」來臺，何院長伉儷陪同拜會張學良先生伉儷（前左二、三）。

香港立法局議員參訪

一九九二年,我以《思與言》雜誌社發行人和中華語文研習所董事長雙重身份,邀請香港立法局議員一行八人到臺灣參觀訪問。

我相信,這對促進港臺民間友誼與提升港臺文教品質都有實質助益。

香港立法局訪臺為期一個禮拜。高潮是我透過《思與言》雜誌社邀請臺灣執政黨與民進黨代表,另有自由與保守派學者三十位專家與香港立法局議員對談,在多場歡迎宴中分別會晤陸委會黃昆輝主委、海基會副會長焦仁和、港澳協會會長張京育、國民黨林澄枝副主席等。並且參訪臺中市政府、高雄市政府,以及左營海軍艦隊的表演,而且也登上佛光山與星雲大師座談。

他們在臺北拜會了臺灣政府各部會,第一個單位是總統府,由蔣彥士秘書長接見,回答關於港臺未來發展的問題,以及香港回歸以後發展趨勢的想法等。

▲ (左圖)1992年「香港立法局議員訪臺團」一行六人應何院長邀訪臺一週,何院長親率該團拜會總統府蔣彥士秘書長(中)。(右圖)並由何院長伉儷陪同參訪左營海軍基地,受軍禮歡迎。

同時,這一年我也接受中國社科院的邀請,參與臺灣教育工商大陸訪問團。這是由政治大學歐陽校長組織的二、三十位學者及企業代表,前往北京參加「海峽兩岸關係新趨勢學術討論會」。討論會後,有一半人回到臺灣,

另一半人移師訪問北京大學、黑龍江大學及社科院，並且順道前去大連、哈爾濱訪問。大家都覺得收穫很大，而且對促進兩岸關係很有幫助。

隨著這個訪問團，我在同一年第二次與中國國務院副總理吳學謙會面。他看到我便說：「我們是老朋友啦！」兩岸雙方的對談內容自然有一些敏感問題，就有臺灣隨團媒體記者斷章取義，說是大陸要對臺灣採取諸多讓步措施。如吳副總理說：「為了實現和平統一，國名可以改，叫中華民國又有何不可呢？國旗可以改，國歌也可以改，畢竟我們是同一個國家。」

於是，臺北中央日報記者馬上打電話到北京向我求證，問我有沒有這回事，我說他們誤會了，並解釋道：「吳副總理的確說我們是一個國家，不需要太在乎國名到底是『中華人民共和國』還是『中華民國』，沒有必要在這上面爭執，只要記住我們都是中國人，都是中華民族，我們的未來就會有希望。」他說的是一個正面積極的觀念，並沒有說出「國旗、國歌、國號都可以改」這些話，至少我所瞭解的實情是如此。若是有人擴大解釋之，我不予負責。聽我解釋完，中央日報遂用大標題刊登出來。結果此舉又得罪另一報紙的參與人士，造成另一番誤解。我想，報紙是社會公器，報導務須公正，不可以偏概全，更不應當作個人製造業，見證人憑良心說實話，理所當然就釋然了。

自從一九九一年初次結識吳學謙和國務院國臺辦主任王兆國之後，一年有四、五次機會到大陸時，都受到兆國先生的熱情接待，我們彼此交換的想法意見，也都是朝著正面友善、「兩岸互惠」的方向發展。尤其是我在闊別四十三年後重返北京，特別有一種親切感。

一九九二年我也應邀訪問日本東京文教大學，文教大學也是我們的姐妹校。這一場訪問共舉行了兩場學術報告會，同時還簽署了一份教師交流合約，內容為同意他們的日語教學系每年選派五名通過教學實習合格的新教師到臺北TLI外文部教授日語，我們也會選派三名老師到文教大學進行日語精研訓練。

本年度收穫可謂相當豐碩。

▆1992年12月，日本文教大學代表（左一、右一）來臺與TLI締結姐妹校，何院長（中）致歡迎詞。

　　到了一九九三年三月份，北京語言大學的校長楊慶華教授經過兩年的公誼交往跟我簽訂了「聯誼簡訊」，內容如下：北京語言大學和TLI因教育理念相同，希望雙方展開漢語文化教學與教師學習交流，並將具體的措施羅列出來。

　　冬天，我應邀出席廣州「中國修辭學會」年會與國際討論會。並且參觀中山大學、暨南大學、華南師範大學，分別跟三個大學的校長都有很好的交流，並且跟中山大學的曾校長有更進一步合作簽約。

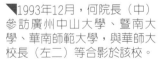

▆1993年12月，何院長（中）參訪廣州中山大學、暨南大學、華南師範大學，與華師大校長（左二）等合影於該校。

　　這一年，我的生日正好在廣州度過。這裡是我五十八年前的出生地，於是中山大學曾校長當晚為我設壽宴，華南師範大學校長也在當日中午宴請我，並獲得廣東省長葉選平先生贈送的一副黃山壁畫。五十八年前，我在廣州出生，如今能回到故鄉過生日，還由兩位大學校長做東，以文會友，讓我覺得格外親切，饒富意義。

　　這是我第一次參加「中國修辭學會年會」。有一些大陸教授們覺得普

通話經過四十年的演化，應該有些修辭需要適當的提升，於是有志之士組織了「中國修辭學會」，立意甚佳。我意外的出席這個會議，更沒料到他們請我即席演講，我遂以「社會語言學及心理語言學」開始講述：中國以泱泱大國、禮儀之邦，四千年來的優質文化，成就了歷史上多少聖賢，代代延傳，不幸近百年來的天災人禍，導致生民塗炭、戰亂頻仍。建國後政府努力建設，鼓勵老百姓用平易的普通話與方便的簡體字立足社會，確實便於大眾交流。改革開放後，國力逐漸振興，中外民間交流頻繁，於是「中國修辭學會」的使命就在於提高老百姓的語言層次，倡導基本生活禮貌與善良風俗，客氣話語開始慢慢影響社會各層次，而在最後達到「富而好禮」的境界，這都需要仰仗各位賢明之士設定近、中、遠程目標來達成。願大家共勉！

演講結束之後，他們一致通過聘我為顧問。當時中國修辭學會第一次有顧問產生，而且顧問是來自臺灣的何景賢，讓我感到親切與榮幸。

兩岸漢語語彙文字學術研討會緣起

一九九三年我積極奔走，籌備召開「兩岸現代漢語語彙文字學術研討會」，獲得大陸教育部、國臺辦、語改會及各學校漢辦及臺灣教育部、文建會與陸委會等兩岸高層全方位的支持。

萬事俱備 只欠東風

為了成就「兩岸現代漢語語彙文字學術研討會」，兩岸及海外各方面審慎推選了漢語文精銳專家學者二十五名，與各有關單位誠懇溝通後，可說是萬事俱備，卻不料只欠了最主要的與會人：大陸代表。

因為大陸高層認為，十三億人說的話、寫的字，沒有討論的必要。十一月份，他們便通知我，這個會議的舉行機率等於零。

於是一九九四年年初的時候，我先去拜訪北京國臺辦王兆國主任，教育部韋鈺副部長，再赴上海拜會海峽交流協會會長汪道涵先生。在與汪會長關鍵性的談話中，我以大義所趨，就此會議必須召開的理由提出了看法。我談到大陸成立「語言文字改革委員會」，經過多少年的努力研究與討論，產生多少簡體字，後來又廢除多少簡體字，而且其中一個案通過進行七年實驗後又作廢。我當時提出了實際數字及人時地等證據，這是不是表示語言文字是可以討論的呢？況且語言文字的變化和討論在世界上已經成為一種必然趨勢，有些英語單詞已經簡化，而美國的英語和英國的英語因地域與時代的不同，自然有些小改變，我不厭其詳的舉例說明。最後，汪先生瞭解了我的意思，也贊同我的想法。此會遂在汪會長大力支持下，由他負責說服高層，終於又恢復生機。

召開「兩岸現代漢語語彙文字研討會」

轟動國際的「兩岸現代漢語語彙文字研討會」在萬千關注漢學人士的期盼下，終於得以在一九九四年三月六、七日召開。我以主辦單位的身份，邀請兩岸三地，包括美國、港澳地區共二十五位專家學者代表出席，在臺北圓山飯店召開。臺灣方面的專家包括各大學中文系所教授與研究生，與會者共有三百餘人。

這個會議引起美國之音電臺（VOA）、英國國家廣播電臺（BBC）、臺灣中央廣播電臺（CBS）與日本NHK電視臺的重視，均派出專人到臺灣採訪會議全程，各國在臺灣的代表處也紛紛派員參加。由於兩岸語彙文字似同似異的爭議困惑了半世紀之久，這次研討會的主題特別吸引國際媒體關注，因此大會期間國內外報導密切頻繁，特別熱鬧。當時所有中外報紙、社論、新聞幾乎整星期都充斥著這些消息的大幅報導。兩岸學者專家濟濟一堂，經過充分地溝通討論後，達成了一個共識：「以繁釋簡，以簡釋繁，異中求同，互濟

共存」。這是我們全體通過努力的一個目標。

　　同時，海協會汪道涵會長、海基會辜振甫董事長都出任大會顧問，並致賀電。行政院院長連戰也道賀詞，並當場宣讀。與會中外來賓皆欣然見證兩岸官方與民間首次同步支援的會議終於和平落幕，而我在閉幕式的時候順勢宣佈：「第一屆兩岸漢語語彙文字研討會到此結束，第二屆將於明年夏天在北京召開。」大家熱烈鼓掌通過。

　　這件百年創舉，尤令長期寄望兩岸和平發展的國際學者、媒體、政界及華僑領袖感動不已。因為在過去的一百年裡，我們的國家處於各種戰爭危難中，沒有相對理性的對自己語言文字進行整理研究，現在是一個契機與開端，中國的語言與文字終於朝統一整合方向大力邁進。

▲1994年3月6-7日，何景賢主持「兩岸漢語語言文字學術研討會」。會議在臺北圓山大飯店盛大召開，會議成果豐碩驚人，影響漢語教學至深而廣。

TLI其他國際活動

　　一九九四年，TLI和美國東洛杉磯大學締結姐妹校。校長率領教授團到臺北TLI來訪問，並於TLI歡迎酒會中公開頒發「榮譽教授」證書，感謝TLI對該校中文教學的貢獻。隨後，我也帶領學校主管到美國回訪，雙方進行極好的語言文化交流。

　　十一月份，北京語言大學又邀請我前往參訪，同時簽訂正式合作協定，內容主要是擴大師生交流的範圍及教材合作事項。

　　一九九四年一月，TLI製播的兒童英語教學節目開始定期在中國電視臺晨

間播出，該節目由美籍教師主持，播出一整年，獲得臺北市教育局的獎勵，許多家長都熱烈讚許這個高度水準的外語教學節目。

這一年，TLI臺北分校喬遷羅斯福路新址，全校師生愉快地舉行慶祝酒會。

兩岸漢語文字合作研究學術討論會

一九九五年初，為了執行一九九四年在臺北通過的「兩岸語彙文字學術研討會」於北京繼續召開的決議，我發動TLI跟北京語言大學於一九九五年六月十七至十九日，在北京召開第二屆會議，會議名稱定為「兩岸漢語文字合作研究學術討論會」。

這一次除兩岸的專家學者代表齊集在北京語言大學，同時也有國家語改會主任許嘉璐先生、社科院語言研究所的研究員專家們出席，討論內容聚焦在：兩岸漢語言文字之現代常用漢字詞彙的整合。（圖見本書圖錄一／四百一十頁）經過三天密集會議，由我本人宣佈會議的一致結論——組織兩岸漢語言教育精英學者，共同編輯一本中型現代漢語文詞典，由「中華語文研習所」和「北京語言大學」聯合執行。這本詞典名稱即是《兩岸現代漢語常用詞典》。

會議仍由大陸海協會汪會長道涵先生和臺灣海基會董事長辜振甫先生擔任顧問，他們也表示全力支持。

大會終於獲得理想結論，決定兩岸分別成立領導小組和編輯工作小組，臺灣的領導和編輯工作小組組長由何景賢擔任，成員則是邀請臺灣具代表性

的語言學專家，包括臺北師大TLI語言學顧問會及臺大中文所教授參與。中國大陸則由北京語言大學楊慶華校長來組織，其成員也包括北京語言大學教授和中國社科院的成員若干人在內。

詞典編輯部分別在臺北和北京組織起來，大概各有二、三十人參加。包括編輯部裡的成員、編輯審稿、助理編輯，硬體電腦分別由兩岸代表負責。

編輯經費本來談定由臺灣教育部文建會來負責，但是後來李登輝總統的「去中國化主義」，使得這個計畫全部停滯，經費無著，這個幾經苦思、具劃時代意義的中國語文重大重整工程一念即逝，如不把握時機，奮力達成，則「功虧一簣」，豈不成千古罪人？

既然已經做出承諾由臺灣負責，於是我跟內人朱婉清商量，請她顧全大局，成就此一中華文化存續惠及後代子孫命脈的壯舉，則我死而無憾，在悲壯痛苦抉擇之下，終於我們決心賣掉夫妻倆原計劃退休養老的整棟四層樓洋房，作為支援這本詞典兩岸全部編輯、設備、房租經費及編審人員三年內陸臺往返的交通食宿和所有開支。既然我已同意擔任「總校訂」，只有毅然承擔。

這個承擔竟延長到八年之久，非常的吃力與嘔心瀝血。不過，總算皇天不負苦心人，這麼重大的工作終能大功告成。

一九九六年，在TLI四十週年校慶前，英國「劍橋國際名人傳記中心」頒給我「一九九五到一九九六年國際風雲人物獎」，以表揚我對中國語言學及整合兩岸官方語言的歷史性貢獻成就，雖然感覺榮幸，但背後心酸只有點滴在心頭。

兩岸詞典編輯小組成立以後，繁重的於編輯工作使我忙碌異常，除了世界各地允諾的出席演講，還有日常的校務要處理。所以這一年對我來說，真是暗無天日，自討苦吃的一年！

《兩岸現代漢語常用詞典》

編纂緣起

　　一九九四年，TLI終於排除萬難，在臺北市圓山大飯店隆重召開「兩岸現代漢語語彙文字學術研討會」，並邀請兩岸三地的漢語教育專家學者二十五位，在臺北圓山飯店召開三天會議。

　　這次會議中得到的結論是：「大家要『用簡視繁』，用簡體字認識繁體字；『求同存異』，而非雞蛋裡挑骨頭，互相排斥兩岸的漢語文。」這個結論極受國際漢學界歡迎。國際新聞媒體整週都在報導這個爭論數十年的兩岸語言問題，終於達到這樣的一個理想共識與目標。

　　第二年，一九九五年六月，在北京語言大學又召開了第二次會議。這一次是由中華語文研習所和北京語言大學聯合邀請兩岸語文教育專家學者所舉行的「兩岸漢語語言文字合作研究學術座談會」。同樣經過三日密集的討論，終於通過由我本人宣讀會議結論：組織兩岸漢語文教育精英學者，共同編撰一部中型的漢語文詞典，由兩校——中華語文研習所和北京語言大學合作執行，詞典的名稱就定為《兩岸現代漢語常用詞典》。

兩岸現代漢語常用詞典

　　會議結束後，我立刻回到臺灣找教育部、文建會（現為文化部）及陸委會，三方共同討論經過兩次會議的結論，最後建議我十二月份再赴一趟大陸，跟官方溝通和交換意見，把臺灣方面的想法跟大陸交換意見，並簽訂合作協議，制定編撰計畫，詳列工作進度。預定在一九九七年起修改定稿，召開最後的審定會，然後再分別進行印製、出版。

　　這是一部歷史性的文獻鉅著，極具開創性。兩岸分治後，經過雙方政府授權可信託的專家學者，重新整合編訂的一本現代漢語規範辭典，也是全世界研習及關心現代漢語之中外人士的聖經寶典。這本詞典是萬千迷惘的外籍

學生恢復研習中文信心的依據，也可視為在一九七八年以前，外籍學生到臺灣學習的中文仍可被兩岸所承認。

同時，大陸固有的詞彙文化也都會在這本新詞典裡顯現。所以，這一項工程，可以說是歷史性的編寫歷程，藉此建立一個具有新時代歷史意義的里程碑。

在北京，我與教育部、語改會、漢辦及北語學校代表們經過一段時間溝通後，確定詞條數量、辭典編寫方法，以及兩岸不同詞彙、拼音，劃定辭典規模、文字總數量和兩岸編輯小組組織成員，編審委員巡迴兩岸審查研討的時間與方式，編寫時限為三年，並就總經費預算等意見具體討論完成，簽妥合作議定書。簽字前我一一電話回報臺灣三個部會，請示同意獲准。

大陸方面，北京語言大學和教育部臺辦負責人也都瞭解、同意。

沒想到等我回到臺灣，當教育部向上面請示的時候，李登輝總統竟說：「中國人的事情跟我們有什麼關係？」且「去中國化」的政策正在執行，所以，這個案子就被擱置下來了。

當時臺灣三個部會爭相邀功，他們都希望單獨負擔這筆經費。結果沒想到，等到李登輝的意見提出來以後，沒有一個單位膽敢得罪總統來承擔經費，於是整個編寫辭典的經費一時沒有了著落。當我面臨到這一個難題，本該打電話到大陸去說明，但我並沒有這麼做。原因就在於我前往大陸出席這個會議前，於幾次座談會當中，歐美各國學者、專家多人曾經親自跑到臺灣「中華語文研習所」看我，都強調希望兩岸的語彙文字能有一個統一的決策敲定與落實的做法，編纂一本具權威性的規範詞典。經過如此漫長的奔走談判，在臺北、北京兩次召開，動員數百名專家學者的會議半途而廢，將要使萬千學習中文的學子感到失望。所以我在左思右想後，毅然決定不將臺灣政府取消經費支援的消息告知對方，自己一肩扛起這個責任。

為了負起這個責任，我便跟內人商量，究竟我們能夠出資多少？有沒有辦法向外募款？但因為這個案子並不是一本萬利的事，而是一個沒有利潤的投資，要請人來投資捐助非常困難。幾經考慮，內人終於同意把她名下的一

棟房子賣掉，作為編寫《兩岸現代漢語常用詞典》的基本經費，這是當時唯一別無選擇的決定。我也非常感謝我的賢慧明理妻子對我事業的全力支持和犧牲。

大陸版問世

此案一經決定後，兩岸就分別在北京和臺北組成編輯室，兩邊都推出一流的編輯人選。大陸的負責人是北京語言大學校長楊慶華教授，他也是大陸的編輯工作領導小組組長，成員有他們學校的副校長、教務主任、中文系資深教授、社科院出版社社長和電腦專家等。

在臺北，是由我兼任組長，編輯成員包括教育部國語推行委員會主任，另外還有師大、政大教授、中華語文研習所的資深研究員和教師等人參與。這個工作一直進行了八年，大陸與臺灣雙方你來我往，他們多次組團到臺灣進行編輯座談；一段時間之後，臺灣的編輯群也組團到北京去跟陸方交換意見。終於在二〇〇三年，大陸編輯組先行完成了簡體字版，出版約一千五百頁的《兩岸現代漢語常用詞典》。

臺灣版問世

臺灣方面則是因為又增加美國國務院的一些提議，需要補增詞條，因而延緩了出版進度。這些新增的內容對美國外交官及華語知識新方向都有幫助。美方一共提出了兩千多個新詞條，我們也一一做了縝密的分析和研究，再經過仔細增刪，最後出版的臺灣版辭典頁數逾二千零九十三頁，份量較大陸版多出三分之一以上的篇幅。

《兩岸現代漢語常用詞典》臺灣版在二〇〇六年出版。十月二十八日適逢「中華語文研習所」五十週年校慶，酒會當日同時舉行《兩岸現代漢語常用詞典》臺灣版發表會。在五百位中外貴賓、外籍學生及全體教師同仁見證下，AIT中文學校校長、各國駐臺灣代表、大學校長、媒體負責人一一上臺致賀，AIT中文學校麥恆毅校長並代表美國國務院致贈「慶賀TLI建校五十週

年，促進中美友誼貢獻良多」大獎牌一座，獲全場熱烈掌聲，場面感人，對比部分低頭不語面帶羞愧的臺灣政府官員，成了另一番場景。

校慶過後一段時間，某位臺灣立法委員好友傳閱了一份教育部第七次國語推行委員會全體委員會議案。內容指稱會議通過建請政府相關單位支援民間語文教學機構，結合大陸對等學術單位，邀請兩岸語文教育專家，進行籌備《兩岸現代漢語常用詞典》，建議由專人收輯各報章出現的方言詞、外來詞，定期審核，並由教育部公佈新詞彙，加強在海外推廣使用國語注音符號及正體字，請研擬方案。

這個教育部的提案在李登輝無能的領導下付諸流水。無論李登輝政府或後來的陳水扁政府，他們都是延續性的，李登輝主政十二年，再加上陳水扁的八年，總共這二十年，臺灣的對外漢教教育可謂白紙一張，停滯不前。

而李登輝異想天開地推出一位萬能博士諾貝爾化學獎得主來主持「教育改革」，結果把臺灣的教育改得亂七八糟。不夠資格的專科技術學院一律升格為大學，臺灣這麼一個小小的島就出現一百三十所大學，供過於求，導致大學教學品質低落，學生畢業後等於失業，到處找不到工作，此種光景一直延續至今。果然應驗了李登輝的一句魔咒——「臺灣人的悲哀」！也可說是「李登輝因果」吧！

教育部公函

一九九四年正月，我在美國參加了兩個國際會議。回到臺灣以後，便接到教育部發來三封公函，而這三封公函的內容都是一樣的。

公函的發文字號是臺語字第0930174306號，發文日期中華民國九十三年十二月二十九號。

發文主旨：本部國語推行委員會進行國家語文綜合連結、檢索系統網路版，急需使用貴所編輯的《臺英辭典》內容資料，敬請貴會所予免費提供上項資料，特請查照。

說明一、有關上項出版刊物若蒙提供，請惠允同意打字、編排，運用於國家語文綜合連結、檢索系統網路版計畫中。建立詞典之轉換系統，每個語言能增加到二到三個參考詞典，本部當善為保護。貴所的著作權倘急需簽訂相關授權契約，亦請回復。該資料庫編輯工作完成後，成果將提供各界參考、使用。

說明二、檢覆國家語文綜合連結、檢索系統網路版（如附件），請酌參！

正本：財團法人中華語文研習所。

副本：本部國語會。部長杜正勝。

我收到教育部連續三份內容相同的公函，正在納悶的時候，教育部新任「國語推行委員會」主任委員鄭良偉教授（鄭良偉教授曾任夏威夷大學遠東語文學系的教授，我跟他相識已有三十多年）突然打電話給我，說是想來拜訪我，我當然表示歡迎。但心裡也想到，他要來看我一定是為了教育部這份公函，因為我沒有回函，他們想弄清楚到底是怎麼回事？

果然，見面以後，他就跟我提到：「教育部已經將你們所編纂的《臺英辭典》全部打字編排完成，現在只要給我一個同意書，我們就把它放在網上，變成電子書，方便大家使用。」

鄭良偉先生在我的心目中是一位很正直的學人，口中所說的也都是老實話。聽完他這一番話以後，壓抑著自己激動的情緒對他說：「你們教育部部長給我的這份公函，說的是請我同意本部打字、編排運用的計畫，建立詞典的轉換系統，還說本部會善為保護貴所的著作權，急需跟我簽訂相關授權契

約。這是運用於國家語文綜合連結、檢索系統網路版的大計畫。希望我同意之後他們再去打字，並非現在所呈現的情況——全部都打好字了，就等著我寫『同意』兩個字並簽上名字，即刻就把它公佈上網，這實在是一個欺騙行為，並且牽涉智慧財產權的問題，你們難道不會考慮到嗎？身為一國的教育部部長，竟然連智慧財產權的觀念都沒有，擅自把這一本詞典打字，分文不付，還希望我同意使用。

當年教育部部長、文建會主委、陸委會主委，跟我開會時同意《兩岸現代漢語常用詞典》編輯完成，將會給予經費支援。等到我全部做完以後，不但沒有一分錢，還將李登輝總統『去中國化』這個大幌子拿來搪塞。而且我在出版《臺英詞典》之前，你們以『臺北市政府（60）4-26府新一字第19339號代電』通知臺北市的各印刷廠不准印製，認為它有鼓勵臺灣獨立運動之嫌。今天我們經過克服百般困難自己獨力完成，自費出版以後，你們反而想撿現成，並且在未獲著作人同意下就私自打字編版，就打算強行上網使用，這樣霸道的做法實在令人寒心。」

我繼續說道：「良偉兄，你現在雖貴為國語推行委員會的主任委員，但你從美國而來，受過美國教育，美國是非常注重智慧財產權的國家，當你發現他做了這麼一個卑鄙、不尊重智慧財產權的事，就應當跟他們做建議，應當為他們修正錯誤觀念與做法，請他們用客氣、有禮貌的方式來跟我商量，不應該只是一紙文件就來逼我同意，是不是呢？這樣似乎是欠缺考慮，不過你放心，這件事跟你沒關係，因為來函者是教育部長杜正勝，所以我指謫的對象是杜正勝，他將在兩個禮拜之內接到我的一封律師函。我會拿這封教育部公函文件做最好的證據，控告他侵犯我的智慧財產權，不尊重人格權。」

鄭良偉先生頓時臉色大變，一再對我好言相勸，希望「買賣不成仁義在」。現在突然跟我談起「仁義」，我也不知道教育部的杜正勝、李登輝這些人有什麼道德仁義的觀念，二十年來，我沒有看到他們任何的「仁義」行為表現。

所以我非常堅持，我說我可以不考慮去律師函，但是要我同意《臺英詞

典》由教育部上網，變成電子書，恕難同意。

「你們有本事就自己花個三、五年編列預算進行編輯工作。實話對你說，這本《臺英詞典》前後共花了我們十年時間，動員包括臺北、臺南兩個地方的人力、物力，而且詞典裡的音標、符號，是我們特別從德國IBM（一九六七年）公司訂做而來的，並且還專用的電子打字機送到臺灣。花費的人力、腦力和財力不可勝數，還邀請很多專家學者共同討論研究，才得出的碩果。杜部長既然熱衷臺語運動，看到《臺英詞典》出現，見獵心喜，請他撥一筆經費，讓他們自己好好地去編吧！」

當然我仍然以客相待，好好地請鄭兄吃了一頓飯，然後他就遺憾的離開了。

在這件事上，我私下裡在情感上對他很抱歉，但是在公事上我覺得做了一件大快人心的事情。後來，我就此事請教前任教育部長曾志朗先生，他也百分百贊同我對教育部處理的看法與方式。

國際管理研究院

一九九五年，「國際管理研究院」（International school of Management）兩位創辦人來找我，希望可以與TLI合作辦學。這是一個專門培育商業高階人才的國際組織。

TLI加入國際管理研究院

「國際管理研究院」的兩位創辦人，其中之一是德國籍艾華德博士（Dr. Clause Evard），他是一位大學教授，是「歐洲管理學院」的首位創辦人，

這個機構在一九七一年開始運作，至今二十多年，他本身所學是金融財務，在法國巴黎Sonbers大學拿到博士學位後，分別在德國和倫敦兩地創校。

當他創辦倫敦的歐洲管理學校時，遇到了來自美國的邁克蔓博士（Dr. Michael Mcmanus），他是美國康奈爾大學財經博士，也曾經在美國的賓州大學的華克學院拿到工商管理碩士學位（MBA）。於是，志同道合的兩人，遂以「歐洲管理學院」為基礎，在美國聖地牙哥創辦了「國際管理研究院」。既然是國際性的學校，他們僅僅在美國和歐洲有學校基地，在亞洲卻沒有合作的學校，就顯得國際性不夠。於是臺灣前任財政部長錢純先生介紹他們來找我。

因為當時我剛剛接下《兩岸現代漢語常用詞典》編纂的重任，肩負編務和督導工作，並且在財務的調度非常吃力的情況下，原本無意再添責擔。但他們一再於歐亞美洲間往返，拜會我了兩、三次，最後礙不過他們誠懇的請託，我終於勉強答應。「國際管理研究院」再加上亞洲TLI這股力量，就算是三足鼎立了。所以我成為這所國際學校的第三個創辦人兼董事，他們在「國際管理研究院」的大學簡介中大力為我做介紹：「我們終於有了亞洲的leadership（領導力量），由出身布朗大學的何景賢博士領導，足以讓『國際管理學院』更加堅強。」

國際管理研究院董事會的人選一般都是在國際外交金融方面享有盛名的人物。董事會列下的名單總共有八位，這八位包括美國科羅拉多州參議員Sanetercambel，還有剛才提到的愛德華博士，曾任中華民國財政部長、中央銀行副總裁及臺灣中國商銀的董事長錢純先生，芝加哥論壇的董事韓那迪（Hernadez）先生，臺北語文學院創辦人何景賢院長，美國休閒協會主席柯陸奇（keluche）先生，美國前駐澳洲大使林勒特先生及美國駐聯合國大使華特先生。

從一九九五年TLI加入「國際管理研究院」到現在大概有十八年的時間，再加上之前在歐美成立二十年的記錄，合計將近有四十年的歷史，學生共有五百名左右，都是研究生。

他們在董事會之外，還成立了一個組織——「大使委員會」（Ambassder of Counsal），成員都是知名人士，學校也諸多仰賴他們的支援力量，具有實質影響力。

美國國務院外交學院訪求TLI教材

一九九五年當中，除了這突如其來的事件，美國國務院外交學院院長雪佛博士（Dr. Soffer）也來訪問TLI，跟我討論是否可以從我們學校選幾本教材到美國國務院外交學院使用，並保證不外賣，她希望我能夠同意美國外交學院使用TLI的教材。

為了成就這件事，她特別拜託美國駐臺代表在前一天晚上請我和內人吃飯，表面上是歡迎美國駐印度大使來臺灣訪問，這位大使的夫人就是當時美國駐斯里蘭卡的大使雪佛博士，她在一個星期之後就接任了美國外交學院院長，不過當時她並未說出即將接任美國外交學院院長一事。當天招待我來做陪客，但其實我才是主客之一，因為他們的宴會目標就是我。當時的陪客還有國防部長唐飛，後來出任陳水扁總統的行政院長，同時有臺灣考試院院長許水德。

沒想到晚宴後隔天的一清早八點多鐘，就由美國在臺協會會長打電話給我，表示雪佛大使要來TLI參觀，並且很老實的告訴我，她已經內定下個星期要接任美國外交學院院長，希望我無論如何要跟她會面，共同商討TLI教材開放予美國國務院外交學院（FSI）使用事宜。

我思忖著：既然他們學校好幾位老師都是TLI的學員，我也應該做個順水人情，成全他們。當天接待了她，同時也做一些教材的討論和介紹，並有條件地讓她挑選兩本TLI教材在FSI使用。

這一年還有世界極負盛名的捷克查理斯大學校長戈塞克博士來TLI訪問，並討論對外漢教的課程教材與方法等。這所知名大學，歷史有將近一千年，我們也給予熱烈的歡迎。

一九九五年可以說是TLI忙碌而有意義的一年。

TLI四十週年校慶酒會

一九九六年是TLI創建四十週年，這一年也正好是我接任TLI第十任專任校長。

自一九五六年TLI創校起始，董事會採取每位董事輪值一年並兼任校長制，全部都是外籍傳教士，他們每個月僅來臺一次，因此前面九任兼任校長都是掛名的，我則是實際負責並領全薪的助理校長。

一九九六年，我接任第十任正式全職校長至今滿三十年，而TLI的四十週年校慶（全省五所）均由我親自規劃主持。

校慶前，學校幹部同仁先為我舉行「慶祝何景賢博士榮任TLI三十週年校長晚宴」，也安排了一些社團負責人，如中美文經協會理事長魏鏞、救國團主任李鐘桂、立法委員趙文藝、監察委員謝孟雄等好朋友同來慶賀，大家熱情的要我發表三十年校慶感言，我以「忙碌與快樂」五個字答覆。

事實上，TLI建校四十年，它可以說是我生命的全部。

我們在臺北、高雄與臺中分別舉行一連串校慶活動。三月九日在羅斯福校本部舉行「教師論文發表會」，由TLI全省國、臺語教師們發表，共有四十多篇論文，內容非常豐富。美國在臺協會華語學校麥明之（Miracle）校長也親自到場發表專題演講，祝賀TLI建校四十週年，並感謝學校提升對外漢語教學的水準，幫助許多美國外交官，更鼓勵TLI老師們繼續在職進修，研究創新。

酒會於十月十二日在臺北市遠東國際大飯店舉行，海內外上千名傑出校友和貴賓到場祝賀，祝福TLI揚帆四海、繼往開來，邁向更美好的境界。這一天在貴賓簿上統計近千人，雖然當天風雨交加，更添風雨故人來的感受。

還有世界各地組團來祝賀的校友，如英國、德國、美國，還有日本、香港。在酒店入口、大門外，整個宴會廳內佈滿花籃、掛滿彩球，非常耀眼。

校友副總統連戰夫人參加酒會並致詞，特別就本人過去四十年來把時間全部奉獻給TLI，使得這所學校為世界各行各業造就無數中文人才，貢獻宏偉，並代表十萬名校友贈我「終身成就獎」金牌一座。各國駐臺代表七十多位也都以學生校友身份出席，這是非常熱鬧的一天。

　　當時觀禮來賓都湧到臺上來祝賀，連戰夫人和我以及內人朱婉清一起切蛋糕。這是又一個高潮。特別值得一提的是駐瑞士商務代表，也是校友的馬哲明，自編自彈充滿歡樂氣氛的獨奏，他用電子琴演奏「TLI頌」，並把這首曲子送給我們作為校歌。今日的校慶宴會就是由這曲「TLI頌」揭開序幕。後來馬哲明也成為瑞士駐中國北京的大使。四十週年慶祝特刊中可見到五十位兩岸名人，含各黨派主席、總統、副總統、五院院長均親筆題祝賀詞。

　　當天，我用了很多感性的語彙以中英文致辭，歡迎到場的貴賓。連方瑀女士也用在TLI學來的臺語和生動的英文，以校友身份致賀，贏得滿堂彩。

▲1996年，TLI四十週年校慶，連戰夫人連方瑀女士（中）與創辦人何景賢夫婦（左一、二）、林澄枝資政（右一）、青年團主任李鍾桂（右二）一同切蛋糕慶祝。

▲1996年10月12日，TLI四十週年校慶大會，連方瑀女士代表全體校友致贈「終身成就獎」予中華語文研習所創辦人何景賢院長，當日有千人到場同慶。

◤1996年，TLI四十週年校慶香港代表團專程來臺祝賀。

　　這一天，我們也同時把參與兩岸漢語權威學者編撰詞典的代表們都邀請到校。另外還有國民黨副秘書長簡漢生校友，他學的是臺語，於是使用流利標準的臺語上臺致辭祝賀，曾先後擔任過美國在北京及臺北的新聞處處長唐占晞也上臺用國臺語致賀，香港代表團由劉千石議員代表上臺講話。這場校慶酒會讓所有外籍學生、校友、TLI同仁及貴賓們同聲稱慶。

　　這一年，我獲得劍橋國際名人傳記中心頒發「一九九五到一九九六年國際風雲人物獎」，以表揚我對中國語言學及整合兩岸官方語言的歷史性貢獻成就，也成為了校慶的高潮。

TLI立足臺灣　前進中國的里程碑

　　一九九六年九月十六日，中華語文研習所與北京語言大學合作創辦「TLI對外漢教培訓班」，並於當日開學上課。

　　在北京成立的「TLI對外漢教培訓班」，英文即「TLI in Beijing」（中華語文研習所在北京）。這是漢語教學史上第一次臺灣和大陸合作辦學的記錄。

　　TLI北京分校設在北京語言大學校內。學校選派李佳玲、端木家玲及沈淑明三位資深教師到北語一面施教，一面培訓幾位當地遴選的新教師。課程、教材及教學法都是TLI四十年的精髓，深受在陸外籍學生歡迎。

TLI揚帆日本 / 成立中華語文教育基金會

一九九七年三月三日，TLI和日本東京托福語言學院創辦人西田忠康合作，創辦「東京中華語文研習所」。同年，為推廣華語教育及中華文化，TLI申請設立「財團法人中華語文教育基金會」。

「東京中華語文研習所」成立以後，我們派遣了三位老師前往駐校。東京分校開幕酒會由TLI何創辦人及西田忠康院長共同主持，與會嘉賓包括臺北駐日本代表、紐約時報東京社長紀思道（TLI校友）及日本各大企業商社代表三百餘人，場面溫馨感人。

東京有「中華語文研習所」就是從這一天開始的。

◥1997年3月，TLI於日本東京成立「東京中華語文研習所」，何院長親自赴東京培訓漢語教師，與結業學員合影。

成立中華語文教育基金會

這一年，為了加強國內知名教育人士，贊助推廣中華語文教育，TLI邀請國內多位知名的教育翹楚申請設立「財團法人中華語文教育基金會」。

這個基金會由我和內人朱婉清各捐五百萬臺幣，報請教育部立案，在一九九七年二月四日核准成立。經過臺北地方法院發給法人登記證書後，從此可以和中華語文研習所的業務合為一體，相輔相成，以此擴大國際活動範圍。以往我們用學校名義辦活動時，經常受到各種限制，今改以基金會名

義，便能夠不受限制了。

　　TLI基金會成立至今已十八年，於世界各地舉辦了無數文化活動，在北京、南京、天津、臺北、華盛頓、紐約、舊金山、洛杉磯的戲劇表演，如京劇、崑曲、歌仔戲等，同時也將歐洲歌劇介紹到臺北。兩岸還在北京合作演出《四郎探母》，甚有意義。

　　尤其是二○○八年兩岸開放以後，臺灣人在五、六十年後回到大陸與親友見面，一幕幕的悲歡故事出現。兩岸合演的《四郎探母》由「中華語文教育基金會」主辦，在北京長安大戲院演出，得到很好的效果。我們也和北京語言大學合辦對外語言培訓班，實驗期滿後，分別頒發給學生學分證明。

　　辦學半年之後，經過王兆國人大副主席正式推薦，在一九九七年二月二十八日這一天又在北京中日交流中心成立了TLI北京分校，由中日交流中心總經理陳松先生和我們進行簽約儀式。兩個單位的合作，從一九九七年始到二○一四年已經十八年，一直是北京對外漢教的重鎮。

　　東京中華語文研習所在三月三日開幕式酒會後正式上課。

　　慶慶祝會上，日本各大企業、商社代表和各國駐日代表皆前來慶祝。而且不論是公司職員或親朋好友，都來TLI東京校學習中文。來校上課的各大企業包括有三菱、三井、住友、丸紅、豐田公司。

　　後來，我們在上海成立TLI校友會，宴開四桌，其中三菱公司駐上海的十八位經理中有十四位是TLI校友。又如美國時代雜誌社上海社長馬卡錫先生也是TLI校友，他是活躍於港滬兩地國際媒體中的明星人物。

　　中華語文教育基金會也成為兩岸開拓文化交流的先鋒。

　　接下來，一九九七年五月十六日我們邀請北京國際青年研修大學校長陳松、副校長房恩、副教務長張忠義一行三人到臺灣訪問十天，並且五月十九日在臺北舉行北京漢語中心簽約儀式和慶祝酒會。北京方面也在五月三十一日中日交流中心舉行成立酒會，貴賓雲集，汪道涵先生、王兆國先生都致贈花籃，場面莊嚴盛大。

　　五月三日，美洲華語教師協會在美國加州聖荷西市舉行「一九九七年華

文教材和教師專題論文報告研討會」，我本人也到場做專題演講，並且對兩岸教學模式的不同做了深度清楚的介紹，引起廣泛的興趣。

　　《兩岸現代漢語常用詞典》的編纂工作在這一年也進行得非常順利。臺陸雙方在七月二十七日於北京進行交流，互通編審意見。

會見教宗若望保祿二世

　　一九九七年還有兩件事值得提出，一個是中華語文研習所董事朱婉清，因在行政院擔任第六組組長，在元月初兩度訪問羅馬、梵蒂岡，其主要目的是安排行政院長連戰、國安會秘書長蘇起和臺灣駐梵蒂岡大使一起觀見教廷的教宗——若望保祿二世。果然成功促使他們受到教宗的接見。

　　時間是一九九七年一月四日，出訪人員有連戰伉儷、蘇起、朱婉清、臺灣駐梵蒂岡大使戴瑞明一行。

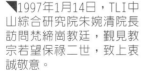
1997年1月14日，TLI中山綜合研究院朱婉清院長訪問梵締崗教廷，觀見教宗若望保祿二世，致上衷誠敬意。

中文拼音改革

　　另一件大事是——自一九六八年，經我長達一年在印度德里大學創辦「中國研究系」任務達成後，我看準大陸「漢語拼音」的未來發展趨勢，便決定將「漢語拼音」引進到臺灣，主要是便於TLI學生未來轉進大陸工作或生活時使用。

　　我認為「中國研究」不應侷限於臺灣，給學生多一個選擇應是正確的決定，不料這卻使我遭受了巨大挫折。大家均認為國府已經沿用一百多年的威

妥瑪式拼音才是唯一的標準。

　　幸而在一九九七年二月份，我們終於突破了僵局，終使得臺北市政府接受我們的道德規勸。

　　我的論點是：「『漢語拼音』在世界上已經成為一種顯學，大家都承認大陸的『漢語拼音』，臺灣可以不使用，但是得讓我們的學生瞭解知道，以便於未來進行國際化事務。」

　　當時，李登輝請中央研究院院長李遠哲博士負責教育改革，而內人朱婉清兼任「教育改革委員會」執行秘書。在教改會主委李遠哲及前教育部曾志朗部長的影響之下，臺北市長馬英九率先採用「漢語拼音」，並決定臺北市內所有英譯地名一律採用「漢語拼音」，以利國際接軌。這個責任自然就落到我們「中華語文研習所」身上，因為全臺灣只有我們學校同時採用漢語拼音、耶魯拼音、威妥瑪式拼音，還有注音符號，並且也只有我們學校的老師熟悉使用「漢語拼音」。

　　臺北縣政府教育局卻也知道乘勢而為，在這一年二月十八到二十三日，在板橋市大觀國小舉辦了「臺北縣漢語拼音教師師資培訓班」，一共有一百五十多名教師參加。

　　TLI精心挑選兩名任課教師，教材也由TLI編制。培訓內容包括「國語注音符號」和「漢語拼音」的比較、「漢語拼音」發音教學的理論及技巧、「國語注音符號」和「漢語拼音」教學法的比較及異同、「漢語拼音」教材的利用及補充介紹、如何把「漢語拼音」實際運用在教學上，另外還舉行了示範教學和討論。培訓結束後，學員們均表示獲益良多。

　　一般來說，學習學漢語拼音並沒有什麼困難，主要的問題是「正音」。

　　大多數學生都有臺灣閩南口音，所以，我們在正音上花費很多功夫。另外還有幾所學校計畫請我們的老師進行後續課程。這次活動結束以後，臺北縣教育局長鄧運林表示活動圓滿完成，對中華語文研習所鞠躬致敬，並表示日後的「漢語拼音」教學改由該縣教育局督促推進。

　　這次臺北縣政府舉行的國小教師「漢語拼音」師資培訓研習，在臺灣算

是一次「破冰之旅」。值得做一特別介紹。

臺灣十大傑出工人選拔

此外還有值得一提的事情，那就是「臺灣十大傑出工人」選拔。

我在一九七六年整年度率領「中華綜合藝術團」巡迴東南亞，從新加坡、馬來西亞、香港到印尼，高潮是率領七十五位表演團員歷時四個月訪問美國四十多個州，以慶祝美國建國二百年，同時也訪問加拿大東西兩岸。

這七十五名團員當中，有一位鄭永森，他後來當選「中華民國勞工聯盟」理事長，當選後意欲回饋勞工，因他認為勞工對臺灣的貢獻很大，每年都舉辦選拔十大模範勞工。

今年他特別來看我，邀請內人朱婉清擔任中華民國「十大勞工評審委員會」主任委員，另聘評審委員一共十二位。

朱婉清認為勞工聯盟是為了實現回饋社會，擴大服務層面，落實勞工政策，激勵勞工獻身社會，肯定勞工對人類、社會、國家的貢獻，而且是表揚好人好事，特別有意義，於焉允任。

從初選、複選到決選，她總共花了三個月的時間。選完後還有一個發表大會，特別邀請我出席祝賀致辭。因為聯盟的理事長是我以前率領的一位團員，他能夠在退出演藝界後，獻身於勞工福利事業，我也覺得非常有意義。

這一次在臺灣二十三個縣市中由三十多個單位推舉八十七名候選人，最終選出十人。這十人中有歌仔戲演員、電子公司工人，也有按摩業、水泥業、理髮業的從業人員。這算是完成了一件有意義的事情。

一九九七年對我們來說是很有意義的一年。

第六屆中國現代化學術研討會

一九九八年，「第六屆中國現代化學術研討會」於八月十日在甘肅蘭州舉行。兩岸教育學術界代表有一百多人出席。

我身為主辦單位，邀請促進中國現代化基金會董事兼大陸委員會主任隨團出席，團長王昇上將，副團長梅可望博士，其他董事有梁尚勇、孫震、謝孟雄、朱炎教授也都出席了這次會議。

除了在蘭州的會議外，臺灣代表們還進行了一趟絲路之旅。前往新疆、敦煌、西安，對西部大開發也有一番了解與認識。

▼1995年夏，何院長出席海協會主辦中國現代化研討會，於拜謁南京中山陵後接受新華社訪問。

《兩岸現代漢語常用詞典》終審研討會

中華語文研習所和北京語言大學合編的《兩岸現代漢語常用詞典》，經過兩岸語文教育專家長達兩年相互溝通、交互審查，至一九九七年底已接近初步完成階段。

由中華語文教育基金會邀請詞典編纂委員會北京地區負責人——北京語言文化大學校長楊慶華、主編施光亨、副主編張維一行三人，在九月十五日到二十一日來臺參加《兩岸現代漢語常用詞典》終審研討會，順便進行七天的訪問。

十五日，貴賓抵臺那一天，我以家宴歡迎他們。也邀請臺灣教育部長林清江、教育部次長林昭賢、臺北市常務副市長白秀雄、實踐大學校長謝孟雄作陪。之後安排他們參觀臺灣大學，與臺灣大學校長陳維昭、中國文學研究所長李偉泰會談；接著參觀中央廣播電臺，接受辭典編輯審查訪問，並由電臺朱婉清董事長在圓山飯店做東，陸委會副主委吳安家及行政院政委蔡政文作陪；另訪問中南部多間私立大學，參觀日月潭、九族文化村及小人國等名勝古跡和廟宇，對寶島留下深刻及美好印象，更為這次辭典終審會議劃下完美句點。

籌設上海漢語中心

十一月份，本人以中華語文研習所董事長身份再度訪問北京與上海。在北京與國際青年研修大學校長陳松先生，共同商討校舍擴充與學生宿舍續約等問題。在上海訪問上海外國語大學、交通大學及上海大學，並與TLI校友餐敘，研究籌設TLI上海漢語中心，拓展漢語教學領域。

這一年，美國哈佛大學中文部主任何寶璋博士，還有耶魯大學中文系教授羅福林先生，也都在十一月先後到臺北TLI訪問。兩位教授不約而同地對TLI「以學生為中心」的教學法，量身定制的課程、教材、考試與評估的獨到方法表示驚訝和讚佩。

一九九八年歲末，另一新好消息傳來。本校校友邰培德（Patrick Tyler）接任紐約時報北京分社社長。邰培德為TLI一九九一至九二年校友，全年每日上課七小時個人班，為全勤學生。自發音班開始入門，到高級班國語朗朗上口、辯才無礙。曾出版全美暢銷書《美國六位總統與萬里長城》，為本校一明星學生。

▲1993年夏，國民黨黨國大老陳立夫先生於自宅會晤何院長，鼓勵「中華語文研習所」弘揚孔孟學說，做好中華文化通五洲工作。

▲1993年，連戰院長於行政院為謝東閔資政舉辦壽宴（左二起為何院長、連院長、謝資政、倪文亞院長、黃尊秋院長、徐立德副院長、葉明勳董事長）。

▲1993年夏，何院長伉儷應邀訪問約旦大學，與校長（右二）及臺灣駐約旦代表劉瑛大使（右一）合影於校長室。

▲1994年，美國前總統甘迺迪外甥威廉史密斯(TLI校友)參加實踐大學園遊會，與教育部長李煥晤談，後為謝東閔副總統。

▲行政院連院長歡宴政學界來賓。（左起謝孟雄校長、徐立德副院長、連戰院長、何景賢董事長、趙守博秘書長、宋楚瑜主席、秦孝儀院長、張豐緒資政）

▲（左圖）1994年5月，何院長（前右五）於臺北TLI歡迎「國際語言學校協會訪華團」代表一行八人到訪。（右圖）工商界舉辦的外籍學生國語演講比賽進行中，評審委員認真執行任務之見證。（左二起：毛治國、何景賢、倪公炤、楊榮藻）。

▲（左圖）1994年，「美國南加州中文學校校長回國訪問團」一行三十人參訪中華語文研習所。（右圖）同年6月「TLI北京校友會」成立，何院長（前左三）及TLI北京燕莎校主任李佳玲（左一）到場祝賀。

▼1994年，TLI與美東洛杉磯學院締結姐妹校，展開學術文化交流。

▲1994年10月27日，「中華語文研習所」三十九週年校慶，行政院郝柏村院長致賀詞，謝東閔資政、高玉樹資政（右二、一）蒞場祝賀。

▲（左圖）何景賢伉儷接待西班牙大學校長訪華團。（左為教育部代表劉定一先生）。（右圖）1996年，何院長與相交逾三十年老友張榮發（長榮集團創辦人）於國際酒會中巧遇，互道珍重與惜福。

▲（左圖）1996年謝東閔副總統與何院長伉儷攝於何府。（右圖）同年三月何院長率美國《時代雜誌》媒體訪問團一行三人（均為TLI校友）到臺北總統府採訪連戰副總統。（左起攝影師Hartung、臺北社長Shapiro、連戰副總統、上海社長McCarthy、何院長、林碧昭副秘書長）

▼1997年8月29日，何院長伉儷為慶祝連戰副總統六十二歲華誕，特於自宅設生日晚宴。

卷九、
1999 ~ 2005年

　　二○○三年九月一日，由TLI中華語文學院和北京語言大學合作編纂的《兩岸現代漢語常用詞典》簡體字版，正式在北京問世。

　　當天，中央電視臺的全國聯播節目熱烈報導。於此同時，TLI也收到世界各地的關心致賀，並且探詢海外銷售管道。

　　這一部耗時八年，動員兩岸海內外漢語界專家學者與菁英二百餘人，由本人獨立捐資完成的創世鉅著終於面世，實甚感欣慰。

國際政教名流分訪TLI

中華語文研習所在北京和國際青年研修大學合作創辦的「漢語培訓中心」，於一九九七年二月二十八日正式簽約。五月十六日，陳松校長偕同北京語言大學副校長崔永華，接受中華語文研習所邀請到臺訪問，行程涵蓋全島，目的為認識TLI及瞭解臺灣人文、風俗，以裨益兩岸合作。

一九九九年，到TLI北京校訪問的中外團體非常多，還包括了臺灣師範大學華語教學研究所師生。

師大華語研究所成立之後，結業生對大陸的漢語教材、教學情況均不甚瞭解，因此，華研所所長鄧守信希望我們同意讓碩士研究生到北京TLI分校進行教學實習。

這確實有些困難。因為北京校的外籍生不喜歡沒有教學經驗的「準老師」來上課，他們認為臺灣研究生只熟悉臺灣教材，沒有接觸過大陸教材，且說話帶著閩南語口音。對照TLI教師經過嚴格地專業培訓和輔導實習，並在職場上不斷地演練備課，每一位都是身經百戰的一級教師，這些師大新血自然不易為外籍學生接受。但為了兩校情誼，我還是特別通融准許了，但他們必須先在臺北TLI進行一個月的免費培訓，熟悉我們的教學方法、教材、漢語拼音法和教材的理論及應用。

這是第一次臺灣有研究生派往大陸吸取教學經驗的計畫，對於兩岸漢語教學情況會有比較正確的認知，TLI義無反顧的扮演了這座橋樑角色。

北語論劍

這一年，我們也組織中華語文研習所七個分校，包括臺灣五個、大陸一個，還有日本分校共三十三位教師研訪團，由我本人率領，在六月二十八日前往北京語言大學展開交流，從早上八點一直到晚上十點。

　　北語楊慶華校長非常熱誠而親善地率領北語五個學院的院長、教務長、資深教授、網路教學教授專家參與討論，雙方互相交換教學及編寫教材經驗，可說是傾囊相授、知無不言。姐妹校經過雙方教師整日近距離面對面親切交談，加深了彼此的友誼，確實是一場難得的緣聚。討論會直到下午四點鐘，大陸國臺辦主任陳雲林先生發現我人在北京，十萬火急地派車把我接去討論一些問題，並接受他晚宴款待，直到九點半才讓我回到酒店。

　　會後，我瞭解到TLI教師研訪團在這次的討論會中收穫頗豐，並且拿到結業榮譽狀，同時認為參觀教學和聽取北語漢語水平考試（HSK）經驗獲益良多。

　　臺灣方面，也把我們「以學生為中心」的教學方法、教材編研、教材理論研究和學生的學習方法跟北語進行交流，楊慶華校長及五個學院院長都非常滿意這次的兩岸「北語論劍」。

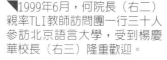
1999年6月，何院長（右二）親率TLI教師訪問團一行三十人參訪北京語言大學，受到楊慶華校長（右三）隆重歡迎。

　　二十九日晨，國際青年研修大學陳松校長陪同TLI三十多位教師到內蒙古呼和浩特進行了為期三天的訪問。

　　呼和浩特市是內蒙古自治區首府，位於內蒙古中部，海拔高達一千米。呼和浩特為蒙古語「青色的城」之意，是一座具有鮮明民族特點和眾多名勝古跡的塞外名城，蒙古族、漢族及其它少數民族的文化都於此交融。我們在此體驗了當地獨特的美妙風光，豐富多彩的文化，歷史深厚的古跡，豪邁歌聲與悠揚音樂，彪悍的民族性，摔跤、賽馬、哈達、蒙古包、大塊羊肉與大碗酒，都是令人難忘的草原文化。沒想到被毛澤東視為「只識彎弓射大雕」

的成吉思汗竟能在中國建立元朝一統天下，其雄才大略，用兵如神，不可小覷。

此一「TLI教師大陸文化研訪團」可稱為文化教育之旅，為TLI教師打開一扇中國之窗，親歷感受不同的「蒙漢大餐」。研訪團回程時行經北京，團員們登上萬里長城，並再遊故宮及頤和園，在在讓TLI教師大開眼界，可謂賓主盡歡。

一九九九年，上海外國語大學王德春教授於六月十一日到臺北TLI訪問，而且跟我們學校的教師針對對外漢語教學進行了深度討論，雙方也提到兩校未來進行合作的方向，並簽訂教師交流合約。

同年六月二十二日，美國加州蒙特利市市長趙美心博士（Dr. Judy Chao）陪同我們姐妹校「東洛杉磯大學」校長莫瑞諾教授等一行四人到臺北TLI訪問。我們熱情地歡迎並接待他們，也將對外漢語教學的重要及如何推動與發展都向他們做了知無不言、言無不盡的詳盡說明。

由大陸漢辦主辦的「第六屆漢語教學討論會」在本年度八月八日到十二日在德國漢諾威市舉行。我是臺灣三名代表之一，非常忠誠地全程出席了會議。臺灣另兩名代表在發表論文之後便轉往巴黎去度假了。

▲1999年6月20日，美國加州蒙特市市長趙美心博士陪同TLI姐妹校東洛杉磯大學校長莫瑞諾教授等一行四人蒞校訪問。

▼1999年，何景賢博士出席德國漢諾威「第六屆國際漢語教學討論會」，報告《兩岸現代漢語常用詞典》臺灣版編纂緣起、方法及內容，受到與會人士重視與歡迎。

我在閉幕時做了一個專題報告,介紹《兩岸現代漢語常用詞典》編纂的緣起和內容,受到外籍代表的廣大迴響,並且將我選為中國「世界華語教學學會」理事,這也是臺灣唯一入會理事。雖然我一再謙辭,但是呂必松會長非常熱情,我實在拗不過而同意了。

臺灣九二一大地震

這一年九月二十一日,臺灣不幸發生了「九二一大地震」,各地都遭受不同程度的破壞與損害,我們學校也受到相當的損失。

這是可怕的一天,臺灣因為九二一大地震,受害死亡人數達兩千多,臺北市有一座十二層高的大樓居然有六層樓陷入地下。

這一天,內人婉清剛好到加拿大出差,打電話到臺北家裡一直沒有人接聽,後來終於用手機找到我的司機,請他從鄉下趕到臺北我的住家,爬了十六層樓,才終於找到我。我的人身安全無恙,但電氣設備、吊燈、電視、室內電話等均毀壞無存,於是我趕緊回電跟婉清報平安。回憶起「九二一大地震」,至今對臺灣的影響不可謂不大,現在仍有很多人把這次地震當做一個刻骨銘心的教訓。

不停歇的文化交流

同年十一月份,美國緬因州州長安格斯‧金(Angus King Junior)訪臺一週。他在九日拜訪我們學校,並且接受本人午宴款待,對學校發展、校友成長歷程都非常關切。

　　這個月六日，美國科羅拉多州經濟學院校長克洛斯博士（Dr. Larry Cross）來訪，與我談到兩校英語教學合作事宜，並進行簽約，我們均對未來發展抱以信心。

　　下旬，我再度到北京、上海訪問，與北京語言大學、國際青年研修大學共同討論兩岸編纂辭典的進度、內容，以及學生簽證問題等合作專案，還對協同上海中智公司合作方發展為三個分校——浦東、徐家匯及虹橋的計畫做充分的交流，我們也花了一些時間討論教師培訓及編制新教材方向，同時簽立合作備忘錄。

臺俄文化教育交流

　　一九九九年TLI一個意外的高潮是在十二月十四日，經過內人朱婉清三次訪問蘇俄聖彼德堡大學，請到校長魏碧思博士（Dr. Verbitskava）和副校長費德佗夫教授（Pro. Yurifedotov）專程趕來臺北，為臺灣副總統連戰先生頒贈榮譽博士學位。

　　為了促成這件事，朱婉清不遺餘力地奔走臺俄兩地磋商討論，絞盡腦汁與聖大交涉，終於獲得落實。

　　朱婉清強調：連戰出身美國芝加哥大學政治學博士，是以臺大政治系主任七年資格，又出使過南美薩爾瓦多大使，而且歷任臺灣省主席、行政院長、外交部長一直到副總統，他在國際政治的專業領域貢獻極大。經過聖彼德堡大學董事會的通過，決定頒發榮譽博士學位給連戰先生。在頒發榮譽博士學位典禮上，行政院長蕭萬長等內閣部會首長、臺灣各大學校長共二十餘位蒞臨現場觀禮。

　　當時因為連戰副總統不便頒給聖大校長榮譽獎章，所以由中華語文研習所出面，代為頒發「中華語文研習所榮譽狀」予這兩位世界名校校長和副校長。十二月十五日晚上，在臺北市當時最高的建築——新光大樓四十五樓福華貴賓廳，由TLI邀請臺北著名的「七心參會」會員六十多位臺灣企業界知名領導人士聚餐並觀禮。

　　聖彼德堡大學之所以著名，是因為該校過去八百年歷史中出現過十幾位諾貝爾獎得主，也產生多位俄羅斯總統和總理，如葉爾欽、普丁等，而普丁還曾是魏碧思校長的特別助理。身為俄羅斯第一大學（聖彼德堡大學）校長的魏碧思博士從來沒有到過臺灣，這次專程為將榮譽博士頭銜頒發給連戰副總統而來，所以李登輝總統當時對此不甚愉快，因而拒絕出席與接見。所以，連戰接受學位後也無從代表總統府回贈任何禮物，於是我以聖彼德堡大學校長魏碧思博士與副校長費德佗夫博士遠道來臺，促進臺俄文化教育交流名義，特將「中華語文研習所文化榮譽狀」在臺灣各界工商領袖、名流人士前公開頒贈給二位蘇俄著名教育家——蘇俄第一大學校長、副校長，並讚揚二位千里迢迢來臺促進臺俄友誼，令人讚佩。

　　頒贈榮譽狀後，全體出席貴賓起立鼓掌祝賀，魏碧思校長於感動聲中答謝，說她很高興有機會第一次踏上臺灣土地，並近距離感受到臺灣友誼，非常親切，歡迎臺灣的朋友們也有機會去參觀聖彼得大學，她與副校長一定會做個好主人款待大家。

　　頒獎後，兩位校長由新光集團主人吳東進親自陪同走在新光百貨大樓地下食品街，走到哪裡都受到攤位老闆贈送的小禮物和食品，令他們印象深刻，深覺臺灣是一個民主繁榮而溫馨的國家。

▲（左圖）1999年9月，巴拉圭共和國總統龔薩雷思（L.A. Gonzalez）親訪臺北中央電臺，並簽署「廣播交流合作協定」，受到朱董事長親切歡迎。（右圖）1999年12月15日，俄羅斯聖彼德堡大學校長魏碧思（Rector Verbitskay）訪臺，接受何院長「TLI榮譽狀」。（聖大為世界百大著名學府）

國事、家事、天下事

西元二○○○年,對學校和我自己的人生來說,都是很難忘的一年。這一年,經過多次密集溝通與審察,美國聖荷西明道語文學院院長鄭淑孟率領代表一行三人到臺北,與TLI洽談簽約,希望歸屬TLI集團。

美國荷西明道語文學院希望藉由歸屬TLI集團,讓他們的華語教育水準、業務得以長進。經過多次會議,雙方終於簽署合約。

臺灣教育部也在二○○一年,開始將鄉土教學(閩南語及客語)正式納入九年義務教育之中。但是,教育部對於臺灣本土語言的教學,教育部並沒有任何經驗,所以指定臺北市教育局找TLI策定教育白皮書,對推動鄉土母語教學要不遺餘力。TLI臺語部主任方南強老師受我之命負責此事,方南強也是TLI校友馬英九、宋楚瑜、關中、連方瑀、簡漢生等知名學生的臺語老師。

此外,東京漢語師資培訓班在三月二日順利開班,為期一個月,臺灣方面派遣三位老師去做教學指導。

三月三十一日TLI上海漢語中心正式揭牌。當天下午三點舉行酒會,海協會會長汪道涵先生送來巨大花籃,還有很多大學校長及工商企業代表也出席了這個盛大隆重的酒會。揭牌之後,教學就正式開始。一年實行四學期制,完全配合臺灣總校的教學時程。

▼2000年3月31日,TLI與上海中智公司合作成立「TLI－CIIC上海漢語中心」,舉行隆重揭牌儀式,由TLI何院長(右一)與中智公司陳偉力董事長(左三)、石磊總經理(左二)聯合主持。

接下來，「促進中國現代化基金會」在五月五日由王昇董事長率領部分董事來TLI參觀。這個基金會創立於一九八七年，創辦人就是王昇，成員為臺灣著名公私立大學院校校長及教育碩彥十七人，對口單位是大陸「海協會」，每年分別在兩岸各大城市主辦學術研討會。基金會下設三個委員會，由各董事兼任：大陸委員會由本人兼主委，學術委員會由前臺大校長、國防部長孫震博士兼主委，財務委員會則由臺大退休名教授許教授擔任主委。

六月十五日到十八日，TLI應泰國商務總會之邀前往，希望能對華僑的中文學習有所幫助，我們也派專人前往協助。

這一年日本的TECC華語能力鑑定考試委託TLI在臺灣舉辦兩天，對象是日本留臺的學生及工商界人士，這項考試過去都在日本舉辦，今年第一次移師臺灣，我們一共招收了三十多位在臺灣學習中文的大企業學員來到TLI考試。

九月二十五日「達賴喇嘛西藏宗教基金會」董事長Mr. Atisha率領該會幾個重要領導人，包括Tashi和執行長Tsegyam到TLI參訪。拜訪過後，Atisha董事長就開始在TLI學習中文。過了一段時間，他又帶來一位年輕人學習華語，一年後，這位年輕人被送到臺灣警察大學受訓一年完畢，成為達賴喇嘛的私人保鏢。

「日本亞洲文化中心」執行長大田浩貴先生和營業部松崗英孝先生，於十月二十八日專程自日本抵達臺灣訪問TLI跟我會晤。「亞洲文化中心」希望能擴充業務，加強與TLI的合作，以提高日本人在臺灣的中華文化和語言進修程度，針對未來努力目標與方向，跟我們做了充分的意見交換，最後並達成共識。

同時，TLI上海分校舉行的師資培訓班在十一月十八、十九日兩天舉辦，TLI自美國與臺灣又派去兩位老師，對他們新進的二十多位學員進行培訓。

後來，當高雄縣教育局發現臺北市的閩南語教學由TLI負責，著有成效，他們也開始與TLI協商舉辦托兒所河洛語（閩南語）研習營。師資培訓營在十一月四日到十二月十六日在高雄TLI校內舉行，參加托兒所培訓的老師差不多有四十五人，培訓結業後每位教師均獲得「TLI河洛語教師結訓證書」。

　　TLI長期致力於對外漢語教學的研究與發展，從我一手創辦TLI廣納外籍學子，編寫中文教材，自創TLI語言教學法並到美國布朗大學深造，校史延續近一甲子，橫跨世界五大洲，校友三十萬人，多非泛泛之輩，包含了世界一流的政治家——亞洲兩位總統，還有各國重量級的閣員、外交官、民意代表、媒體負責人、大學校長、教授以及宗教界各教派、科技界、教育界領袖和世界著名社團負責人。TLI遍布世界的校友都有舉足輕重的地位。

世事多變，一萬年太久，只爭朝夕

　　我因家族前後兩代和大陸國民政府時代及臺灣時期的國民黨都有淵源，從一九一七年到現在，前後有近一世紀的政學關係，讓我親眼看到國民黨在一九四九年因長期抗戰及內戰的耗損，加以用人不當，導致戰敗，而撤退臺灣的情景。

　　一九七七年，國民黨主席蔣經國接任臺灣第六任國民黨總統，到一九八八年一月十三日逝世，臺灣總算能延續安定富足一段時間。

　　後來，李登輝接任總統長達十二年，也讓我有機會看盡國民黨的腐敗與興衰，以及與民進黨的政權惡鬥，後來由於李登輝全力暗助，讓陳水扁順利接任總統到二〇〇八年，陳水扁由於無數大貪污案定罪，現在還關在大牢裡，我妻朱婉清於扁政府接任不到半年，即被陳水扁直指為「連戰死黨」，假借黑函羅織罪名而被迫於二〇〇〇年十月十三日移民美國。我的兒子何再生也不得不留在美國讀書，直到讀完生化醫療碩士。我本人則一本初衷獨自留在臺灣，為維護TLI存亡而繼續奮戰，一方面是為了實現自己終生傳播對外漢語教學，弘揚中華文化的志業，另一方面是繼續看盡國民黨和民進黨的惡鬥嘴臉，還有因為釣魚臺的主權爭議問題，日本和美國不識時務的插手與干擾如何善了等事端。

　　二〇〇〇年，陳水扁做夢都沒想到，自己能在李登輝的大力支助下當選上總統，主要是當時國民黨的連戰和宋楚瑜的自相殘殺，分別角逐總統大位，終於讓陳水扁在李登輝暗度陳倉的幫助下，在五月二十日順利登上了總

統寶座。連戰帶著幾位忠貞幹部，在總統就職典禮前一天遠走前往新加坡訪問，沒有參加陳水扁的就任大典。又後來，在李登輝扶持下，陳水扁終於坐穩大位，展開貪腐之政。

連戰返臺後，朱婉清辭去了中央廣播電臺董事長一職，接任TLI旗下的華光股份有限公司董事長。八月份，我妻受邀參加「中國絲綢之旅」，這個團體的成員包括了退役上將，如前副參謀總長葉昌桐、行政院輔導會主委和華視董事長等伉儷一行十五人，朱婉清被推選為領隊，他們花了兩個禮拜的時間，從蘭州、敦煌到西安，一路上飽覽故國山河文物歷史古跡，對中華文化之幽美、偉大讚歎不已。我因早於兩年前參加「中國現代化基金會」兩岸蘭州會議，走過「絲綢之路」，故而此趟缺席。

該團一行回到臺北機場的時候，葉昌桐就被臺灣調查局帶走約談，全國電視觀眾看到陳水扁窮凶極惡的行為，實在令人咋舌。後來朱婉清也在十月十二日一樣被約談，從早上十點報到，直到晚上十點多回來。這一天，我們剛好在家宴請參加「絲綢之旅」的朋友們，由於主人被邀去約談，所以我只好獨自做東主待客。席間，我接到了一通電話，要我帶五十萬臺幣前去保釋內人朱婉清，在毫無證據的情況下，誣指她涉嫌在連戰選舉時助連戰賄選，調查局人員找她問了一整天話，回到家中已是十點三十分，因十五歲的兒子何再生，務必要在十月十三日往美國賓州威里弗吉軍校（Vally Forge Military Academy）就學，當晚最後一班長榮班機時間為凌晨十二時零五分，距起飛時間僅一個半小時，當時家中客人已散，我們急忙收拾一些簡單行李，便由一位朋友駕車送我們到機場，走得很匆忙。臨上飛機前，內人讓我放心，她把兒子送到軍校後馬上就會回來。

但是，第二天全臺灣的媒體報紙電視統一口徑，異口同聲的報導：朱婉清棄保逃亡了！而且大批媒體聚集在我家大門外要求採訪，我本能地拒絕了他們，以免受政治利用而斷章取義。臺灣媒體為政治服務的醜態，真是令人寒心。

同時，法院及調查局前後來了九個人一面與我談話，一面又轉到我們淡

水別墅去搜索「證據」，後來確因查無賄選證據而我又是局外人，便找個理由，說我們的房子屬於違章建築，於是對其大動干戈，強行拆除。我實在不服違章之說，這是自費百萬餘元修繕的房子，且有臺北市工務局的的合法整修文件，而我家陽臺隔壁鄰居明目張膽的兩大「違章建築」卻迄今仍挺立原位，被陳水扁政府認為「合法」。就在臺北市工務局派人全力破砸我的住房時，我衝向大門對擠滿的電視媒體說：「今天抄我家，讓我妻離子散，總有一天，害人者將會遭到報應。」沒想到這一天來得真是挺快，不到十年，陳水扁終因貪污入獄，大快人心。

　　二〇〇〇年十二月二十四日耶誕節，妻離子散兩個月後，我第一次再赴美國，就是為了要跟遭受迫害而被迫分別了兩個多月的妻兒見面。我十萬火急從臺灣趕到舊金山，這一次的見面真是令人百感交集，也可說是感慨萬千，我囑咐他們在人生的逆境中要愈挫愈勇、愈挫愈奮，我們要在不同的境遇裡、不同的道路上共同奮發圖強迎向未來。年底，我們一家雖然因為臺灣政壇改朝換代而支離破碎，遭遇到很大的災難，但是在人生的逆境中，我仍然用一句話來期勉家人，那也是在我辦公室一幅自勉的座右銘，取自毛澤東在一九六三年所寫的一首詞〈滿江紅和郭沫若同志〉：

多少事，從來急；天地轉，光陰迫。

一萬年太久，只爭朝夕。

　　我期勉他們，努力充實每一天，「只爭朝夕」，做好每一天的工作，才會有未來的期望。我們務必以「臥薪嚐膽」的決心，十年以後重返故鄉再建家園。

　　這個耶誕節過得淒涼，但也非常有意義。當時兒子在唸軍校，妻子則被迫單獨流亡舊金山暫駐腳於舍弟何景雲家，分別兩個月後的重逢，我們一家三人在美國西岸計畫了一週旅遊，到大峽谷、洛杉磯，一路上遊覽山水，家人緊密的結合在一起，這是我們過的第一個流浪的耶誕節。回想過去，夫妻分別忙碌於事業而無緣團聚，這次意外的闔家團圓，反而覺得別具意義。

「長流計劃」

　　香港《新聞天地》雜誌自一九四五年於重慶創辦，經五十六年歲月，在二〇〇〇年十月號最後一期，以創辦人卜少夫先生在香港律敦治醫院坐在輪椅上高舉右手、面色凝重的彩色玉照為封面，右標題「揮揮手祝福我的朋友」。此為卜少夫先生面對千萬讀者的最後遺照。（按：卜少夫於二〇〇〇年十一月四日病逝於香港）

　　翻開《新聞天地》雜誌十月號（第2442期）第一頁，作者：卜少夫，篇名〈告別讀者，我自橫刀向天笑〉，首段：

　　「當我決定公開『長流計劃』時，我即有譚嗣同、譚瀏陽當年的絕命詩中的這一句慷慨情緒。但『長流計劃』由於好友們的勸告，我也認為時不適宜，可留待將來寫回憶錄時再為發表。」同期第七十五頁香港前文匯報總編輯金堯如先生（美國洛杉磯特稿）其中提到：「我讀到新聞天地二〇〇〇年九月號結語：同期（指十月號）亦將公開揭露十年前，我（卜少夫）與何景賢博士二人共同從事促進中國和平統一運動之《長流計劃》全部經過。十年前往事忽又如在眼前。」

　　卜少夫六弟卜幼夫主辦的《展望》雜誌，於二〇〇一年元月號第四十八頁中提到：

　　「卜少夫追思會於二〇〇〇年十二月二十二日在臺北佛光山道場舉行，海內外人士五百人與會。國民黨前中央黨部祕書長馬樹禮先生於追悼會中曾透露卜少夫先生於臺北宏恩醫院臨終前兩個多月於馬樹禮探病時，曾囑咐馬老把『長流計劃』的影本帶去，因為他準備出版最後一期告別『新聞天地』讀者時，公開『長流計劃』。由於兩岸好友的勸告，『長流計劃』未能公開發表。」

如今，卜老過世已十年五個月，而在以上諸位前輩如金堯如先生、馬樹禮先生亦已前後辭世，他們一再提及的「長流計劃」未能付諸出版，達成卜老遺願，加以卜老生前一再慷慨陳詞「不容青史盡成灰」，提到與我二人所共同從事的「長流計劃」，至此，我於情於理都有義務與責任將之公開說明。

此計畫在十年前確實是時地不宜，未便公開。遂言：

「『長流計畫』由卜少夫與何景賢自一九九○年九月份於港臺兩地計劃，十月起正式進行，迄今已過二十三年，兩岸知交千呼萬喚，而我是唯一在世參與人，卻也不能以『沈默是金』為藉口，而徒負卜老與我三十五載忘年交之義膽託付矣！」

新聞界教父卜少夫先生

卜少夫先生（一九○九年六月二十一日至二○○○年十一月四日），江蘇人，一九三七年畢業於日本明治大學新聞科，一生從事新聞工作，曾在我先岳父朱虛白先生任職中央日報總編輯（重慶／一九四四年）時出任採訪主任，後調升中央日報南京分社任總編輯。

一九四五年於重慶聯合李荊蓀、丁中江、陸鏗、樂恕人等十一人創辦《新聞天地》雜誌，至二○○○年長達五十六載，為華人雜誌史之最。卜少夫曾代表香港地區華僑當選國府立法委員三年，在港臺兩地有「新聞教父」之稱，屬「亦狂亦俠亦溫文」新聞翹楚，是先岳父朱虛白公的摯友兼愛將。

▲2000年9月，縱橫兩岸三地新聞界大老卜少夫（「新聞天地」雜誌創辦人）逝世前與何景賢夫婦最後一次合影於臺北市宏恩醫院。

　　卜老長我二十五歲，我與卜老於一九七六年四月相交於香港。當時我因受國府之託，出任「中華綜藝團」團長，率國府菁英演藝人員，含國樂、舞蹈、國術、雜耍、說唱、魔術等一行七十五人，以「慶祝美國兩百週年國慶、宣揚中華文化及慰問海外廣大僑胞」為標杆，先至東南亞地區做半年巡迴演出，首站即為香港，在「利舞臺」演出一個月，由於節目精彩而場場爆滿。卜老當時以「新聞天地」社長身份，以其特有魅力主動邀我及團員代表等每日拜訪香港不同新聞媒體，如南華早報（英文）、香港時報、星島日報、星島晚報、萬人日報及電視、廣播等媒體等，不斷接受訪問。另拜會工商學術領導如蘇浙公會徐季良、工商名人尹書田等僑領。

　　在卜老影響下，香港各大新聞媒體多以頭版頭條「中華綜藝團譽滿全球，來港表演備受歡迎」、「中華綜藝團風靡香港」、「我國中華綜合藝術團利舞臺盛大演出，下週啟程作環球表演」報導之。

　　在香港演出一個月期間，卜老每日散場前必到「利舞臺」接我到香港各消夜場所會晤熱心僑胞及愛國影星等，增加演出效果與口碑，讓「中華綜合藝術團」成為香港一九七六年四、五月份最受注目的藝術活動。卜老與我友誼自此根深奠定，默契極佳，促成我們三十五載悠深友誼。特別是我於一九七六年底，達成經國先生賦予我「中華綜藝團巡迴全球演出完全任務」後，少夫先生幾乎每月來臺新聞考察。

　　只要我人在臺灣，他從不缺席，只要卜老有所要求，我亦無一不全力以赴，卜老與我之間「亦師亦友」的情誼，逐漸加溫至一九八四年我與朱婉清女士婚宴，少夫先生以女方主婚人身份立於主婚人蔣彥士總統府祕書長旁，共同主持切蛋糕儀式，同時卜老當眾公開遞給我一個紅包，上書「景賢吾弟、婉清世姪女結婚大喜。少夫誌賀。」出席來賓無不莞爾。

長流計畫緣起

　　以上交待卜老與我相知相交的經過，而「長流計劃」則在卜老與我自一九七六至九○年交往長達十五年，對彼此工作均有深層認識後所訂定。

　　我欣賞卜老義膽忠肝，對國事憂患深為用心，特別是香港面臨「九七」回歸，港人紛紛移民，民心動搖不定，卜老擬在其人生餘暉前能在港為華人做些最後努力，或不負此生願望。而卜老更瞭解我的國際教育事業四十年來影響所及深入世界各政、商、學術、媒體、藝術、宗教、科技界，孕育無數出類拔萃人才，更包含出任長達四十年臺灣重量級人文社會科學《思與言》雜誌發行人所累積的人脈，所謂「學界代代才人出，菁英盡在『思與言』」，以及擁有兩岸豐厚的智慧財產，旋於一九八九年春在香港介紹香港文匯報總編輯金堯如先生[註1]與我會面。

　　八月返抵臺北後，卜老即來臺灣邀我促膝長談。他談道，香港「九七回歸」指日可數，目前港臺人心惶惶，中國的「一國兩制」是以香港模式做給臺灣的示範，港臺應聯手和平呼籲，要求大陸重視港臺華人共有的民主意識，以期在五十年後，能建立起真正的「民主共和國」，達成孫中山先生推翻帝制、建立共和的真正遺願。

　　我們經數日的模擬討論後，終於透過二人不同管道，共同拜會了臺灣前副總統謝東閔、司法院長林洋港、行政院長郝柏村、總統府祕書長蔣彥士、總統府資政馬樹禮、前三軍大學校長聯勤總司令蔣緯國、前立法院長梁肅戎、總統府資政李煥，表達了：

　　一、卜少夫與何景賢為港臺民間唯一代表；二、只代表港臺兩地民間向兩岸有關領導人傳遞民間心聲意願，不代表任何官方見解；三、何景賢負責「長流計劃」，卜何二人港臺、大陸出差交通及膳宿一切費用，不接受任何官方補貼；四、不向任何新聞媒體傳述「長流計劃」任何內容，包括《新聞天地》雜誌；五、「長流計劃」為兩岸呼籲和平合作先聲，一旦兩岸官方接軌，「長流計劃」即自行結束。

註1、金堯如先生曾於一九四七年初在臺北和平中學擔任國文教師，其另一身份為中共地下黨員，負責籌建「中共臺灣工作委員會」，任常務委員兼宣傳部長。詳見《新聞天地》2442期第七十五頁。

「長流計畫」之旅

我與卜少夫自一九九〇年十月於香港出發，開始「長流計劃」之旅。首先在上海會晤了汪道涵先生、上海市書記兼上海市長朱鎔基先生和上海副市長黃菊先生。在上海停留二日後即赴北京，住宿於北京大飯店旁新建的「貴賓樓」（由霍英東副主席投資興建）會晤中共政治局常委喬石先生及國安部部長賈春旺先生。所有會談內容陸方均全程錄音，而我方則由卜少夫先生以新聞人敏銳觀察力做了詳實紀錄。返回港臺後，分別再拜會相關人士做詳實報告，因我心中坦蕩，不做任何筆記，由卜老負責即可。

返臺後第二個月，國府首先在臺宣佈「財團法人海峽交流基金會」於一九九〇年十一月二十一日成立，由中信集團董事長辜振甫先生出任海基會董事長，名律師陳長文先生出任海基會副董事長兼祕書長，以民間代表身份與大陸展開誠意會談。不久，大陸亦即宣布成立「海協會」，由汪道涵先生出任會長，唐樹備先生為常務副會長，並且佈局於新加坡舉行「辜汪會談」。我與卜老亦慶幸能功德圓滿做好舖陳之路而得順利功成身退。

未料一九九一年一月起，中共對臺工作小組副召集人吳學謙（時任國務院副總理兼外交部長）邀我於中南海會晤，並推薦國務院臺辦主任王兆國先生與我見面，而王兆國先生又介紹我認識當時的國臺辦副主任陳雲林先生，我們三人在後來的十年內交流頻繁。而政協常務副主席葉選平先生亦先後多次介紹關心兩岸領導人士與我陸續會談。更有甚者，國家主席楊尚昆先生於同年七月三十日邀我於北戴河單獨長談二小時四十分鐘，這讓我對中共國家領導人以孫中山「建國方略」、「建國大綱」為建國藍本，楊主席個人信心與決心有新一層的認識。

一九九九年七月，臺灣中央廣播電臺董事長朱婉清受邀赴滬出席國際廣播節會議，並赴北京會晤國家廣電局局長。抵京當日，我們夫婦一下機即被外交部長錢其琛隨員接赴中南海與錢部長會晤，國臺辦陳雲林主任做陪，談話在友善愉快中結束，返臺當時已為夜晚九時，朱董事長立即趨車直駛連副總統公館向連先生彙報會談內容與經過。回想連戰先生於二〇〇〇年臺灣總

統大選後，邀我在副總統辦公室一席長談，期我能適當地向對岸轉達善意，我當然未負其苦衷並完成任務。而某日在某一場合，時已出任海協會會長的陳雲林先生曾詢問我：「連先生對徐立德的信任度如何？」我答曰：「百分之一百。」我相信，這便是日後「長流計劃」交棒的開始。

（左圖）1990年10月，何景賢與卜少夫執行「長流計畫」時合影於上海市。（右圖）何院長與摯友卜少夫合影。

1990年10月，何院長執行「長流計畫」首訪上海汪道涵大老，溝通愉快，水到渠成。

（上圖）2000年1月5日，何院長六十六歲華誕，國民黨民進黨領導人代表吳伯雄（右一）、張俊宏（左一）到場祝賀。

1990年，何院長與總統府秘書長蔣彥士討論「長流計畫」。

「長流計畫」外一章

二〇一〇年某日，我在北京偶遇一國務院臺辦高幹，他說連戰「破冰之旅」抵港當日在機場貴賓室中，只有連戰及夫人二人坐在沙發椅上，無人寒暄，為打破尷尬與沈寂，該高幹很自然的趨前向連先生伉儷談話，問道：「你們最近有沒有與何景賢先生與朱婉清女士會面呢？」連先生伉儷欣然地回道：「很久沒見面了！他們好嗎？現在在美國還是在中國？」他們之間的話匣子就此輕易地打開了。

這位高幹的弦外之音是——難道這是你們「長流計劃」外一章嗎？

榮譽董事長謝求公仙逝

二〇〇一年，發生了一件非常不幸的事情，TLI榮譽董事長謝東閔先生，在四月八日仙逝於臺北，享年九十五歲。

今年新年過後，我的兒子回到軍校繼續軍事教育，妻子也開始在美國進入兩個階段學習，一是學習電腦與商業管理，另外重新學開車，準備開始在美國的獨立生活，我也回到臺北的學校繼續拓展工作，我們一家三口又分別走向自己的道路。自從家庭發生變故後，學校的事業也因之受到了挫折，所幸全校師生緊密的跟我團結在一起，努力奮發，終將傷害影響降至最低。

然而，四月八日這一天，我收到了一個非常不幸的消息，那就是TLI榮譽董事長謝東閔先生逝世了。

我們為他送行，把骨灰送回到彰化二水家鄉，完成人生大事。在他的喪禮中，新任的總統陳水扁、副總統呂秀蓮、國民黨的李登輝、連戰，還有臺

灣的朝野領袖代表都到達靈堂致哀，為前副總統謝東閔先生、我們的榮譽董事長，辦了一場光榮的後事。

六月，我再度應邀訪問廣州中山大學和暨南大學，受到兩位校長和教授代表們的熱情歡迎，也參與他們的座談和餐宴。

同時香港地區也有一場追悼謝東閔先生的活動。由於他在抗戰期間曾因廣州被日軍佔領失陷，帶著家小轉到香港從事新聞工作六年之久，在當地有很多門生故舊。這一場香港追思會，我跟他的公子謝孟雄監委專程趕赴到場，我妻婉清也特偕子再生自美來港悼念，共有六百餘人參加。我負責上臺報告謝東閔先生的生平，特別提及他家中餐廳內掛有一幅譚延闓先生所書「傳家有道惟存厚，處世無奇但率真」，顯示謝先生淳厚率真、淡泊名利的處世之道。同時，他的公子也在臺上答謝所有到場來賓，為謝東閔先生過去對香港的貢獻，在場港方各界代表人士皆哀默敬禱。

▲何院長於香港追思會上報告謝東閔副總統生平。

▼1972年6月6日，TLI名譽董事長謝求公榮膺臺灣省主席新職，當日下午返彰化二水祭祖，與哲嗣謝孟雄校長(TLI董事)及何景賢所長（左一）合影。

德不孤 必有鄰

這一年六月，德國美因茲大學（Mainz University）中國語言文化系系主任兼世界德語區漢語教學協會會長柯彼德博士（Dr. Peter Kupfer）陪同該

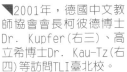

校中文校教授高立希博士（Dr. Ulrich Kautz）， 應臺灣教育部邀請來臺參
訪。但他們下飛機後，並未依照教育部行程安排，堅持要求先到中華語文研
習所拜訪我，陪同人員只好帶著他們到來，並且接受TLI頒贈榮譽獎狀。在他
們拿到榮譽獎狀後，感性的說了許多讚美和感謝的話，對TLI在全世界主攻中
國市場方方面面的政、商、學界影響力，與高級菁英漢語文教學的貢獻，當
著教育部滿臉窘態的陪同官員面前，毫不客氣也毫不避諱表達了敬佩之意。

2001年，德國中文教師協會會長柯彼德博士Dr. Kupfer(右三)、高立希博士Dr. Kau-Tz(右四)等訪問TLI臺北校。

　　教育部在政壇改朝換代後，故意冷落TLI，但「德不孤、必有鄰」，這股
從外國來的暖流主動到了TLI，讓所有同仁感覺興奮與安慰，也等於給新政府
一記當頭棒喝。雖然他們始終把TLI對外漢教的貢獻排除在外，從不為外籍訪
問學者做任何參觀TLI的安排，但外賓經常是下了飛機便主動要求到中華語文
研習所參訪交流，甚至放棄到訪其他單位的安排直奔TLI，這是陳水扁在朝時
司空見慣之事。

　　這一年六月到十一月，美國空軍官校再度遴派優秀學員二十多人到TLI
學習中文。同時法國留尼望島華裔子弟也在今年暑期遴選了十五位學員到臺
北中華語文研習所接受八週中文研習課程。西班牙辦事處外交官二十餘人因
為工作需要，特別申請到TLI參加暑期中文急訓，結訓以後，他們將分別派往
北京、上海、臺灣和香港的大使館或總領館任職。另外「黑龍江省社會科學
院」和「中華語文研習所」也為聯合興辦的外語預科學校一事，在今年九月
二日於哈爾濱香格里拉大飯店簽訂合作意向書，我專程為這件事偕同香港的

文教界人士到達黑龍江省哈爾濱市訪問該市社科院，黑龍江省委書記和省長都出席簽證儀式。九月六日，北京語言大學楊慶華校長、教務長施光亨一起到北京二十一世紀飯店探望我，雙方歷時六年合作的《兩岸現代漢語常用詞典》終能完成最後校稿，準備付梓。為此，我們做了一次關鍵性的討論。

　　這一年，美國哈佛大學和夏威夷大學自九月份秋季始，分別開設閩南語課程，特別向臺北中華語文研習所要求同意他們使用TLI出版的閩南語教材，以達到招生教學的目標。兩校共同採用TLI主編的臺語實驗課程，我也樂見其成簽訂了合約。

要怎麼收穫 先怎麼栽

　　二○○一年十二月九日開始，臺北市政府擴大舉行「臺北市民終身教育博覽會」，當時的市長是馬英九先生，他曾在TLI學習閩南語若干年，也是TLI校友，因此，TLI當然義無反顧全體動員支持。為了「臺北市終身教育博覽會」，TLI老師及外國學生全體出動，共有六十位外籍學生代表，是整個博覽會中最受矚目的展示攤位，馬市長來到我們的展位前流覽並停留了很長的時間和學生代表談話。市長說，我以中華語文研習所校友身份歡迎你們，歡迎常到臺北市政府多多交流賜教。在這次活動中，TLI吸引眾多人潮，駐足圍觀者有上千人，也為TLI英語教學打開新的市場規模和知名度。

　　回想我和家人在去年底耶誕節於美國相互期許要愈挫愈奮、愈戰愈勇，回到臺北這一年來，看得出來不斷努力耕耘收穫還是不少。應驗了胡適先生「要怎麼收穫先怎麼栽」的名言。

▲TLI校友馬英九先生的臺語課。

▲朱婉清於聯歡晚會中介紹TLI校友馬英九。

加州「中山文化學院」復校

二〇〇二年，由於TLI不斷受到美國各界及華僑社團的要求，希望能加強和提升對外漢語教育和中美文化藝術交流活動。

因此，從二〇〇二年開始，我們把一九七九年在美國舊金山成立的「中山文化學院」（Chungshan Institute），於加州首府沙加緬度（Sacramento）重新註冊，正式更名為「加州中山綜合研究院」（Chungshan Institute of International Studies），期以嶄新的面貌重現於太平洋西岸，持續加強促進國際文化融合和中美雙方學生教師交流。

這一年，我們在美國分別做了幾項重要工作。第一是中山文化學院更名；第二是把TLI明道漢語學院，由原來聖荷西市校址遷移到矽谷的聖塔克拉拉市，提供矽谷外籍人士學習中文的環境，這是我們鋪陳的另外一個行動。

三月一日，臺北的東森電臺「各領風騷」節目專訪本人，以兩小時時間錄影，週末連續兩晚分別以六十分鐘全時播出，訪問的重點在TLI創校四十六年的歷史和創辦人心路歷程，我談到了很多外籍人士研習中文的趣事，增添節目精彩度。也特別舉證TLI在過去十二年來舉辦「國際友人中華民俗才藝大賽」的緣由與影響，強調：「學習華語是手段，瞭解中華文化才是目標」。

三月十八日，本人也由北京語言大學前校長楊慶華教授陪同，偕同內人一起拜訪天津國際文化進修學院，並頒贈加州中山綜合研究院訪問學者予證書。

同時，我和接掌中山綜合研究院的朱婉清院長，再度被TLI愛荷華州的姐妹校布威斯達大學校長Dr. Fred Moore邀請於五月十四至十六日到該校訪問，我們欣然前往愛荷華州的暴風城市（Storm Lake City），校長特別把該州參議員從華府邀請過來做陪，還有副校長、各學院院長、教務長及學生顧問室主任等，和我們進行兩天的會議，研討如何加強布威斯達大學和臺灣的

關係，同時能夠在中國大陸招收到更多學生，這也是今年規劃的重要任務之
一。

▌2002年12月，何院長伉儷訪問美國姐妹校
布威斯達大學（BVU），校長Dr. Moore（右
一）頒「榮譽狀」予何院長、何夫人（右二、
三），愛荷華州參議員（左一）鼓掌致賀。

▲（左圖）2002年，TLI何院長伉儷應美國姐妹校布威斯達大學（BVU）校長
Dr. Fred Moore夫婦邀請，於5月14日至16日訪問位於愛荷華州史托雷克市該
校，受到校長伉儷誠摯熱烈的歡迎。（右圖）BVU一百週年校慶，何院長與Dr.
Kieth Bresco校長合影。

TLI紐約校成立

二〇〇二年五月十七日，TLI成立紐約分校，並且正式舉行慶祝酒會。

這個分校成立以後，將為美國東岸產經企業界人士提供專業的中文教育
訓練機構。同時為配合紐約校的成立，我們在十六、十七日，分別在紐約接
受中國廣播網和大紐約華僑電臺訪問，並出席十八日在紐約舉辦的「中文教
學研討會」，為紐約地區中文教學注入一股新的力量。

比較特殊的是，除了當地的紐約大學、哥倫比亞大學，還有聖約翰大學
中文教師參加，美國西點軍校也派遣兩位華文老師代表來出席討論會。

這是二〇〇二年的華文教學海外重要焦點。

在紐約校TLI主任陳自達主持下，我做了三小時主題演講與研討。在中午慶功宴時，巧遇來自臺灣的國民黨副主席林豐正與林澄枝，他鄉遇故知，別是一番滋味。

▼2002年5月，何院長（左二）開辦TLI紐約分校舉辦了一場研討會。

TLI天津校成立

是年八月十七日，TLI在天津校舉辦成立酒會，並於九月一日正式開學授課。天津校的成立，令很多日本學生和其他外籍企業界人士歡喜不已，我們還自費購置校舍做為教學場地。

二〇〇二年也是暨南大學建校九十五週年，本人偕同朱婉清總裁應暨南大學校長邀請出席該校慶祝大會，並在會上頒贈TLI紀念獎牌予劉校長。當日，我在暨南大學遇到很多同行同業老朋友，還有曾應我的邀請到臺灣出席「兩岸漢語語彙文字學術研討會」的代表們，如暨南大學黎運漢教授和中山大學的耿教授等，都在暨南大學校慶會場相見歡。

▼2002年11月，廣州暨南大學劉校長（左）於九十五週年校慶接受TLI紀念獎牌。

《兩岸現代漢語常用詞典》大陸版面世

▎《兩岸現代漢語常用詞典》
簡體字版終於在2003年9月於
北京正式發表，全國媒體均深
表關注。

　　二〇〇三年一月九日，TLI美國「中山綜合研究院」和「中國國際技術智力合作公司」，在北京簽訂了合作協定書，雙方為達成雙贏目標，同意在中國境內展開多元全面性的合作關係，由中智公司董事長陳偉力和本人聯合簽訂協定書。這是繼中智公司在上海與TLI合作成立三個分校後再次結盟，展現雙方對中國市場前景的信心。

　　三月一日這一天，為方便臺灣內湖科學園區和外國商圈中的中外人士學習中英日語，TLI和Oxford奧斯福爾文教機構簽訂結盟協議書，同時在內湖地區開設TLI專科教室。

　　二〇〇三年，「TLI實用漢語韓文版教材」正式推出，深受韓國各界人士歡迎。韓國駐臺代表，還有他們在國內的傳教士，也特別組團到TLI考察，感謝TLI提供教材予他們使用。

　　這一年九月一日，《兩岸現代漢語常用詞典》簡體字版正式在北京出版問世。當天，中央電視臺的全國聯播節目中提到由臺北「中華語文研習所」和「北京語言大學」共同合作的《兩岸現代漢語常用詞典》首度在北京出版，同時我們也收到全世界各地來電關心致賀，並且探詢海外銷售地點和購置方法。

　　這本詞典耗時八年，動員兩岸及海內外漢語界專家學者與菁英二百餘人，由本人獨立捐資完成，此一創世鉅著終於面世，令我甚感欣慰。

　　九月一八日，美國「加州中山綜合研究院」首度聯合「舊金山亞洲藝術博物館」成功主辦「舊金山市二〇〇三年國際音樂節」，這場藝術盛宴吸引數百位當地外籍人士和藝文界朋友前往觀賞，是為舊金山的外籍人士主流觀眾所舉辦的活動，效果可以說是非常好，盛況一時。

　　十月十一日，TLI天津校成立一週年，TLI和中智公司合作的天津校搬遷新址，特別舉行慶祝酒會，當日天津市下起滂沱大雨，四面淹水，街道成河。但卻在天時地利均困頓情況下，與會的中外來賓接近三百人，非常熱鬧，證明TLI「人和」條件穩固，來賓一一致詞祝賀，令人感動。

　　十月十四日，北京語言大學校務發展委員會王璐江主任，在北語逸夫樓集賢廳邀請本人商討北京語言大學和中華語文研習所未來的出版合作，及臺灣版詞典發行計畫，雙方對兩校合作前景均寄以深厚期許。

　　非常欣慰地，TLI一九九三年的校友，日本學生長安豐先生，今年當選日本民主黨國會議員，他來信感謝學校過去給予他的許多幫助，讓他在政壇上發展順利，中文運用自如，使他在工作上得到不少方便。

　　TLI的傑出校友紀思道和伍潔芳夫婦撰著的《東方驚雷》暢銷書於今年問世，此書收錄對亞洲各國的廣泛觀察，深受國際新聞媒體關注和重視，他也向學校報佳音和交換資訊，我們誠心地恭賀他們事業順利，再創新猷。

▼TLI傑出校友紀思道與伍潔芳（右一、二），再度以《東方驚雷》暢銷書受國際媒體關注與重視。

　　十月十三日，TLI東城校舉行開幕酒會，TLI不僅在北京燕莎和共青團合作成立「燕莎校」，也在東城史家胡同成立「東城分校」。開幕酒會上美駐華使館、中智公司、共青團、國臺辦及各外商公司代表三百人到會致賀，盛況非凡。十月二十八日，本人再度接受大陸中央電視臺——國際電視臺專訪，節目播出後引起海內外觀眾正面迴響，包括美加親友與歐洲僑選立委陳沛泉等老同學，沒想到北京中央電視臺的傳播影響力如此無遠弗屆，其穿透力較之美國有線電視新聞網（CNN）絕不遜色。

TLI蘇州、深圳漢語中心成立

　　二〇〇四年，TLI分別在蘇州和深圳成立分校。十月份，在客居二地外籍人士的引頸期盼下，終於開學。

　　一月三十日，臺北實踐大學正式和TLI簽署推廣合作協定書，提供一般社會青年外語學習、語言能力測驗的管道。我們提出了實際又具彈性與時效的計畫，幫助實踐大學教育推廣中心，以社會成人與失學青年為對象，讓他們學習外語運用能力以提升就業機會。我身兼實踐大學董事，又是TLI創辦人，能夠促使二校互惠，並開放機會予普羅大眾，特感欣慰。

　　五月二十二日，「舊金山市立圖書館」和TLI「中山綜合研究院」共同主辦京劇專題講座，由朱婉清總裁主持，因為她曾任臺灣師範大學戲劇概論教授，對戲劇深有研究，尤其針對外籍人士介紹中國京劇種種，包括服飾、唱腔等非常內行。

　　這場京劇專題講座和示範表演效果良好，也提供觀眾現場京劇化妝示範

並以英語講解和教習，也把臉譜做了清楚介紹。現場觀眾在Q&A問答中反應熱烈。這場活動從下午二點到五點半，整整進行三個半小時。活動結束後，報章雜誌對觀眾反應報導也非常正面，主辦雙方皆對這次合作甚為滿意，並對未來推廣國際文化交流深層發展更具信心。

在京劇講座及示範表演後，我又回到北京接待六月十六日美國中文教師訪華研習團一行十六人，他們來自美北、美南、美西、美東各地，由前北京大學教授潘兆明教授擔任領隊，把這個具全美代表性的中文教師團學員帶到大陸訪問。他們一共訪問四個學校，有北京大學、北京語言大學、北京師範大學和中華語文研習所。在TLI進行逾兩個多小時教材、教學法和課程釐訂等方面具針對性的雙向交流與討論，是一場非常成功而豐收的教學訪問。

七月四日，TLI接受日本委託舉辦第十五屆TECC考試，此為專門為日本工商企業界人士所舉辦的漢語水平測試，這次報名人數是一百七十三人，非常踴躍。來自臺灣高雄、臺中、臺北地區的日本學生集合到臺北TLI校本部參加考試，成效不錯。七月九日，TLI顧問之一，閩南語研究學者陳癸淼教授[註1]和夫人盧淑美教授合編的《臺灣閩南語文指引》新書發表會，就在TLI羅斯福校舉行。當然因為他是政治人物，在臺灣各黨派的代表、立法院、監察院許多委員與大學教授到場人數不少，一個從政人士對學術還肯深入研究，非常值得鼓勵。陳癸淼先生與我同年，並且於一九五八至六〇年同時接受預備軍官憲兵第七期訓練及服役，有深厚友誼，他確實是一位正人君子。

八月五日，法國巴黎大學語言學博士文惠萍教授，和法國另一位院士聯合編譯的「TLI實用漢語教材法文版」完成，特別到臺灣來訪TLI。同時，我們也邀請師生，特別是法國學生，舉行一場法文版教材說明會，雙方針對這份新譯教材做了相當充分的溝通，也解答在場師生的疑問，並提出教學法建議。這本書後來在法國中文市場上佔有重要席地。

八月六日，TLI資深老師陳自達到北京訪問，她過去是我們士林校的負責

註1、陳癸淼曾任國民黨台中市黨部主委、國民黨臺灣省黨部委員、新黨主席。

人，後來赴美留學深造，並在美東參加紐約分校教學工作，TLI特別邀請她到北京為燕莎校、東城校、天津校的老師們進行師資高級班教學法培訓。三校老師對TLI教學的新理念和方法皆深表讚許，希望融入教學實驗後，分別提出具體心得報告，再讓兩岸TLI同仁分享新經驗與教學法。

九月二十六日，TLI「中山綜合研究院」再度與舊金山市政府第二次合作，在知名的Herbest大劇院和世界級四重奏Kronos Quartet合作演出京劇《楊門女將》，特別邀請兩岸具代表性專業人士在舞臺上呈現了一場的精彩演出，當地許多主流人士持兩百美金左右的昂貴入場票進場。這次的演出在半年前便已滿座，來賓超過千人，佳評如潮。事實上，TLI乃是義務回應舊金山市政府的活動，得到舊金山市政府特別信函獎勵，我們也覺得非常欣慰而與有榮焉。

九月三十日，TLI為外籍傳教士修訂的中文拼音版的宗教教材，有宗教協談、宗教會話、福音詞彙等版本都已完成。

十月一日，TLI蘇州校開幕，我偕同朱婉清總裁出席開幕酒會，這所學校為蘇州和昆山地區的許多外籍人士創造語言學習的平臺，非常受歡迎。TLI深圳分校同樣受到矚目，十五日的開幕酒會，我們特別請TLI外籍校友來主持。

十月二十八日，我偕同朱總裁在北京出席中國對外漢語教學與網路教育整合研討會，包括北京、天津各地來的漢語教學專家，如北京大學前校長楊慶華、社科院李行健教授都應邀出席，我們投入整日時間進行討論，終取得多項合作共識。

十一月二日，TLI美國姐妹校布威斯達大學校長Dr. Moore校長和副校長Dr. Johnson女士第一次訪問北京。我安排他們到TLI北京漢語中心參訪，受到全校師生熱烈歡迎，接著又到萬里長城、故宮、天安門參觀，他們每到一個景點都大聲的喊著Amazing、Amazing，對於中國文化感到振奮與驚奇，畢竟中國是一個擁有五千年歷史、文化悠久的國家，任何事物在西方人眼中都感到新奇感動和驚喜，為這兩位來自美國偏遠地區小城大學校長與副校長帶來一次文化震撼。

　　十一月十六日，廣州暨南大學黎運漢資深教授代表暨南大學華文學院專程訪問中華語文研習所，兩校就促進雙方利益，合作辦學意識，進行多項溝通意見，希望通過兩校的合作，增強華僑返國研習中華語言文化的向心力，同時對於國際人士融入南中國政商界更是一大福音。彼此不但得到不少共識，也順利簽訂合作協定書。

▼2005年暨南大學賈益民副校長（前左二）、黎運漢教授（前右一）歡迎何院長伉儷蒞校。（後排左起：林軍、班弨、曾文明、曾毅平、張國林先生）

兩岸大專院校——中華文化研習營

　　二〇〇五年一月二十四日，由我和內人朱婉清聯合籌資捐獻組成的「中華語文教育基金會」，接受大陸海協會委託，為增進兩岸高校師生文化互動交流，開拓臺灣高校學生更寬廣的國際視野、更深度的人文關懷為宗旨，承辦中華文化研習營活動。

　　這個活動的對象是臺灣高校生，活動內容有兩大項目，一是以北京-東北為主的「北國風光」中華文化研習營；另一個是以上海-杭州為主的「江南春

曉」中華文化研習營。

　　這兩個研習營，共吸引臺灣實踐大學、世新大學、銘傳大學、臺灣大學、師範大學、東海大學等四百多位學生，在二○○五年一月二十四日到二月一日，與北京「中華文化學院」（原社會主義大學）、黑龍江大學、哈爾濱師範大學、上海同濟大學等大陸重點高校聯合進行為期九天的活動。

　　營隊在二十四日起分別抵達上海和北京。

　　在上海、杭州的團隊中，研習內容包括參觀同濟大學、復旦大學、國家重點實驗室、上海城市規劃展示館、上海博物館、孫中山故居、上海老城鄉、浦東新區、寶山鋼鐵廠，遊覽乘船於黃浦江、中國第一水鄉周莊、金貿大廈登高眺遠，同時還有浦東濱江大道、杭州靈隱寺和西湖，接著到上海書院購書與南京路步行。

　　北京、哈爾濱研習營則分別訪問黑龍江大學、哈爾濱師範大學，研習活動的專業課程講座包括太極導引、滑雪訓練，文化參訪活動有故宮、頤和園、天安門、阿城金上金歷史博物館、冰雕和雪雕、東北虎林園、具有歐州風味的中央大街和參加塞北的民族音樂會等等。

　　這兩個研習營經過九天觀摩參訪研習之後，四百多位臺灣大學生都感動得熱淚盈眶，咸認臺灣和大陸原是一家人。

▼TLI接受大陸海協會委託承辦中華文化研習營，俾以增進兩岸高校師生文化互動交流。

大陸是根，臺灣四百年來的文化發展歷程，百分之九十是由中國文化孕育出來的，臺灣人的宗族、姓氏、節慶、語言、文字、宗教、生活習慣大多傳承於中華母文化而來。雖然曾經被日本及荷蘭等異族統治七、八十年之久，但是臺灣人民一般仍自信以中國人為榮，這份體悟，是這一次活動中最成功、也最震撼的成果。

「華人紀事」專訪

四月十八日，北京電視臺「華人紀事」節目專訪何景賢博士。

節目暢談TLI創校五十年來對外漢教傳播五大洲的貢獻，並且答詢TLI獨創——由語言到文化各類別、級別的教材及教學法，師資培訓及課程釐訂等方法、途徑和理念。

四月十八日的錄影，從五月份開始就向國內外播送，歐洲、美國和日本各地區都可以看到這個節目，收看的朋友們紛紛打電話來祝賀。這樣的訪問能夠凝聚華人的向心力及對中國文化的認識，是一件好事。（圖見本書第九頁）

四月二十六日，我和中山綜合研究院朱院長再度應廣州暨南大學邀請，四度參訪暨南大學，受到副校長賈益民教授、華文學院院長班昭及黎運漢教授的熱烈歡迎，經過半日工作會議，取得兩校進一步合作共識。

五月份，TLI東京校遷至擴大營業的新校址，新校舍位於重要企業和人文薈萃的地方，且就位於地鐵站出口處，俾以提供學生更優良便利的學習環境。TLI東京校不僅交通方便，學習環境也非常優雅。

臺灣高校青年中華文化研習營

七月十三日，「中華語文教育基金會」再度接受海協會委託，承辦暑假臺灣高校青年中華文化研習營，這次有一百五十五名學生專赴北京內蒙古等地交流參訪。

本年度TLI兩次接受海協會之託，安排臺灣高校青年共五百七十人到大陸

進行文化尋根交流參訪，增加海峽兩岸青年學子共識，促進中華文化交流，是一件非常有意義的事。

回想起一九九六年與臺灣青年救國團蔣經國主任合辦「海外青年返國研習團」，曾讓數萬華僑子弟返國尋根、研習中文至今不輟一事，只覺得「生也有涯，事在人為」凡走過必留痕跡，不負一生也。

中國中央共青團訪臺北TLI

十月十二日，中央共青團所屬北京國際青年研修學院，由新任董事長鄧亞軍領隊，副院長、教師代表一行四人到臺灣TLI訪問一個禮拜，出席臺北TLI歡迎酒會，參觀教學設施及教材出版過程後，由臺北TLI重要幹部陪同他們到花蓮太魯閣、臺中日月潭等地，同時也參訪幾所大學，不但讓他們了解臺灣合作單位的情況，也對本地增進更多認識，從而瞭解主客觀優勢，對未來合作有所幫助。

鄧董事長一行訪臺時，正逢臺灣全島中央民意代表選舉，我陪同他們到國民黨中央黨部訪問林澄枝與關中兩位副主席，晚宴由關副主席主持接待四位大陸貴賓及TLI五位主管，邀請多位政學界重量級人士做陪，席間對臺灣民主選舉交換意見熱烈，是一次另類的「國共論壇」。

兩岸漢語教學的緊密合作

十一月四日，本人受邀出席首屆「海峽兩岸現代漢語問題研討會」，主辦單位是天津南開大學和中國社科院。

我在研討會中提出論文，南開大學侯校長特別約我在他的辦公室深談一個多小時，對南開大學人文、教育及學風有比較深度的認識。與會者還有大師級藝術家范曾等人，可見得他們做了相當好的策畫。南開大學深以他們曾經出了兩位傑出校友——周恩來總理和溫家寶總理為榮，我們也沐浴在他們濃郁誨人不倦的學術氣氛當中。

南開大學的確是中國學術重鎮。

　　十一月九日，TLI和臺灣開南大學建立學術合作及策略聯盟，兩校在當天完成簽約儀式，設立TLI-KNU語言中心共同推動對外漢語教學。同一天，北京對外經貿大學與TLI共同簽訂合作意向書，聯合主辦二〇〇六年「海外青年來華研習團」，由TLI中山綜合研究院朱院長負責簽約，選送美國華裔青年於暑假到北京「對外經貿大學」研習中國語文和文化，為期六週，從二〇〇六年開始。

　　十一月十八日，TLI和「大連民族大學」國際文化交流學院結盟，簽訂合作意向書，共同成立「TLI大連漢語中心」，為東北地區廣大的外籍人士提供優質的對外漢教學習環境和平臺。TLI特別選派北京燕莎校兩位資深教師肖靜與周喆老師接任大連分校主任，並由民族學院提供師資人選，接受二位主任的TLI教學法與教材使用培訓，於十二月一日正式開學。

　　十一月二十五日，在上海外國語大學王德春教授安排下，TLI和上海外國語大學「國際文化交流學院」許寶妹院長共同簽訂交流合作意向書，兩校針對教師培訓、商務漢語培訓、教材出版等事宜達成共識。雙方同意會後再經由二校教研單位制訂具體計畫，並付諸實施。

　　同時，本人應「中國修辭學會」會長王德春教授邀請出席二十五週年年慶，由於我自一九九三年起曾受聘為修辭學會顧問，所以他特別希望我在主席臺上能代表海外語言學界向大家致詞，我欣然應允。

　　在開幕致詞時，我特別勉勵全體會員努力比較中外文化的異同，做深耕學習，為修辭學會再創新猷，我為此舉出諸多實例，也給予他們鼓勵，並對於中國修辭學會發展方向和未來趨勢做了一番介紹，期勉全體會員在極負國際名望的王會長領導下，百尺竿頭、更進一步，預祝「中國修辭學會」為提高下一代中國人民語文品質的應用與理論方面做出貢獻。

　　十一月三十日下午三時，本人和TLI中山綜合研究院朱院長同時受到上海「復旦大學」邀請，赴該校演講，我的講題是〈對外漢教的魅力〉，朱院長演題是〈東西文化的差異性和包容性〉。

　　演講後，我們與該校中文系所教授和博碩士研究生四、五十人同時舉行

座談和研討。經過兩個小時的熱烈討論,包含許多外籍研究生提出的問題與交流意見,與會人士咸認這是一次寶貴的中西文教實踐交流經驗,大家也取得相當的共識與滿足,迴響良深。

卷十、
2006 ~ 2014年

　　二〇〇六年十月十日，歷時十年嚴謹編纂製作，華
教界引頸期盼的《兩岸現代漢語常用詞典》臺灣版，終於
問世。

　　二〇〇八年四月一日，「TLI漢網學院」正式成立，
這是一個遠距、真人即時、中文現場線上教學中心。學生
可以透過網路報名、繳費、選課，自主學習。TLI遠距課
程推出後，遠自歐洲瑞士、英國及美國、日本，參與研習
的學生絡繹不絕。我們分別在北京校、天津校，以及臺
北、臺中及高雄校遴選並培訓網路教學老師。

　　二〇一一年「TLI大學」成立，並於十一月二十至
二十一日兩天，盛大舉行成立大會暨全臺幹部會議。

TLI-Live China線上 / 多倫多分校成立

二○○六年二月份，TLI接受日本三菱公司邀請，在北京為三菱公司三百多位學員設立中文線上教學系統，名為「漢網教學中心」（TLI－Live China）。

「漢網教學中心」正式成立以後，推出了線上遠距教學，開放對日本各界人士教授中文，廣受日本上班族學員喜愛。他們可以在晚上七點，即北京時間六點鐘（日本與中國時差一小時）上線上課，一直上到十一點鐘。這些學員在隔天早上六、七點就要起床趕去上班，可見得相當勤學，日本民族的學習精神確實讓我們佩服，這也是兩岸中國人都應借鑒學習的地方。

▲2006年2月，TLI接受日本三菱公司委託，在北京為該公司三百多位學員設立中文線上教學中心「TLI－Live China」。

二月一日，TLI新編寫的《新實用漢語》英文版正式出版；五月一日《新實用漢語》日文版問世，在兩岸各分校的外籍學生咸表興奮。

加拿大多倫多分校

六月十三日，經美東地區校友多年來的要求，且多方籌備後，加拿大「TLI多倫多分校」終於成立，由TLI校友加拿大籍Ms. Carla Kearns主持，建立起加拿大及美東地區外籍人士學習漢語的管道與平臺。

本校的教學對象以成人為主，教職員中西合璧，各擅所長。校長Ms. Kearns曾是一位備受學生喜愛的臺中美國學校英文老師，也是TLI臺中分校學生，更是一位經驗豐富的成功廣告企劃工作者，秉於廣告人對於「中國風，

漢語熱」這一風潮的敏銳觀察，於是想把自己學習華語和對中國文化的經驗，拿出來與當地人廣為分享，學生的反應都是正面而肯定的。

　　六月二十六日，TLI和臺灣「中美文經協會」聯合主辦「中華語文杯」外籍人士演講比賽，參賽人士非常踴躍。本屆參賽者不限國籍、性別，由各單位自行推薦選手參加初賽，初賽入圍者於六月十六日參加決賽。比賽共有十七位參賽者進入決賽，來自不同國家，學習中文時間長短也不一樣，每位學生均有不同程度的困難和挑戰，所有指導老師一致肯定參賽同學在中文學習的努力和熱誠。這個活動吸引很多外籍人士、外國駐臺工商和官方機構代表參與，大家都給予相當好的評價。

　　這樣的比賽，不但給予外國朋友實際使用中文、磨練華語的機會，對國際文化交流也深具意義。

TLI五十週年校慶
暨《兩岸現代漢語常用詞典》臺灣版面世

　　十月一日，《兩岸現代漢語常用詞典》臺灣版問世，這是二〇〇六年全新版本，較之二〇〇三年北京語言大學出版的簡體字版多了七百餘頁，臺灣版有二千二百多頁。

　　臺灣版比簡體版晚三年推出，其間美國國務院提出二千多個補充詞條，經TLI編輯部篩選後，大多數均被後採用。因此，「美國在臺協會外交學院」也特別為這本詞典寫了英文推薦序，對這本書的出版非常讚揚。

　　這一年欣逢TLI建校五十週年校慶，我們分別在十月二十一日的北京

二十一世紀飯店與二十八日在臺北同時舉行校慶五十週年慶祝酒會，也出版紀念冊《TLI五十史話》，載錄了自一九五六年至二〇〇六年校史，圖文並茂。為此盛會，校友紛紛來函致賀，其中包含享譽盛名的約翰霍普金斯大學校長威廉布拉地博士夫婦，他們兩位都是TLI的校友。另外，位於北京的美國各大學中文研習中心負責人唐占晞教授，及其它各地區校友，包括得到普立茲新聞獎的紀思道夫婦，還有日本國會議員等都梢來賀函。

　　出席臺北酒會的中外來賓包括考試院前院長許水德，各國駐華代表、商務團體負責人、大學校長、媒體負責人等約有五百多人，盛況熱烈。在臺北的校慶酒會中，TLI正式發表《兩岸現代漢語常用詞典》新書問世，美國在臺協會華語學校麥恆毅校長為本辭典寫序言，同時登臺做見證，強調這本詞典的重要性。

▼《兩岸現代漢語常用詞典》初版。

▼新版《兩岸現代漢語常用詞典》。

▲由TLI創辦人何景賢院長發起獨家出資並主持編寫之《兩岸現代漢語常用詞典》，歷經十餘年編纂，終於在2006年10月1日正式發表，美國在臺協會外交學院麥恆毅校長蒞臨致詞。

　　在北京舉辦的五十週年校慶這一天，前來致賀並留下來參加晚宴的貴賓包括前海協會常務副會長唐樹備先生、北京市教委會交流處宋麗君處長、北京語言大學崔希亮校長、清華大學美國校際中文研習中心主任唐占晞教授、共青團代表北京國際青年研修大學董事長陳松先生、房恩校長、美國大使館

及各國駐華外交人員、駐華通訊社及商務代表等，共約三百人左右。

　　這本書收錄的內容是兩岸現代漢語，因此，非「現代漢語」或常用辭彙就沒有放進去。本書問世後，對美國國務院外交學院幫助很大，因為他們過去查資料時需要使用幾十本涵蓋兩岸的詞典，為了查一個詞，大家忙得暈頭轉向。現在經過兩岸專家六年的研討，審慎規劃整理出堪為「規範」的詞典，除此之外，這本詞典也可以作為學習中國社會、經濟、文化種種問題的標竿資料。因此，在慶祝酒會中，美國國務院代表特別強調本詞典的特色和貢獻。其它發言致賀人士尚有前駐南非大使陸以正、監察委員謝孟雄及外國駐華代表、校友代表等，在酒會中陸續穿梭的中外知名人士絡繹不絕，是一場令人難忘的盛會。

　　十一月三十日，牛津大學出版社全球代表Mr. Marshall和亞洲區代表Mr. Riely親自領軍，偕同在臺北總代理敦煌書局主管連袂拜訪TLI，對TLI教材做深度探討和趨勢的研究，同時也特別針對《兩岸現代漢語常用詞典》海外市場行銷擬定策略，雙方都覺得獲益良多。

◤2006年10月21日，TLI在北京歡度五十週年校慶，中外貴賓雲集，何院長伉儷親臨會場與大家同樂。

▲2005年，美國霍普金斯大學校長Dr. Brody伉儷（右一、二）與何院長伉儷合影於北京老舍茶館。（校長與夫人同為TLI校友）

舊金山無線臺專訪 / 廣州校成立

二○○七年一月四日，舊金山KTSF無線臺要求專訪本人，希望我向北美廣大觀眾介紹《兩岸現代漢語常用詞典》編纂的緣起和特色及未來發展趨勢。

這是一個現場訪問節目，要即時回答觀眾Call in提問。當晚十一點鐘，我在現場接受了四十分鐘訪問，主播事先把詞典做了相當的研究，所以她提出的問題皆能針對主題。以現場觀眾踴躍提問的情況看來，節目相當受到歡迎。（圖見本書第十頁）

後來，這個節目兩個月內五次在KTSF無線臺應觀眾要求重新播放。在現場問答時間當中，我被詢問最多的問題是：這一本詞典該如何訂購？當時我請他們自行上網查詢訂購資訊，因為我們把《兩岸現代漢語常用詞典》的版權和銷售都交給了臺北中華語文出版社。

沒想到，我當晚回到舊金山家裡，半夜一、兩點時電話響個不停。原來是當晚電視臺公佈了這個電話號碼，所以不停地有觀眾來電詢問購買方式？我實在被追殺得相當疲倦，所以只得在第二天拜託電臺，今後接到詢問來電請一律轉到舊金山中山綜合研究院，或把我們的網址告訴觀眾，以解答他們的問題。

這一次訪問讓我瞭解到，北美地區廣大的華僑子弟家長，均非常關心子弟研習中文的情況，但可以使用的工具書實在非常缺乏，因為碰到兩岸中文漢字繁簡體的使用不同，拼音的差異問題，他們也倍感困惑、無所適從，所以當我在KTSF電視臺節目訪問中介紹了《兩岸現代漢語常用詞典》後，為他們的疑惑提供了解答，讓大量的美洲華僑家長對孩子的關懷和關注能夠找到指導方向和方法。

一月八日，我回到臺北，便有紐西蘭、澳大利亞以及非洲地區三十七名海外僑校代表及老師蒞臨訪問臺北TLI，進行一整天漢語教學研習課程和

研討會。我與學校幾位負責教務和教研的老師共同參與，跟他們座談討論。這是我們相當重視的教學交流平臺，三十三名與會者都是紐澳非地區的重要學校校長或代表，將對當地華僑子弟研習中文有良性的反響。關於教材、教學法，還有未來課程擬定等，我們不僅充份向他們仔細說明、分析，對編纂教材、考試與評估、學生中文等級測定均加以解說，並贈送了相關教材與資料，讓他們得以「滿載而歸」，賓主盡歡。

一月十二日，內人在舊金山為我辦生日晚宴。

TLI四十年前的一位老同事趙智超博士，現在已是芝加哥大學的榮譽教授，特地來到舊金山灣區參加我的生日晚宴；於此同時，舊金山一位藏傳佛教黑派一代宗師林雲大師也同日慶賀他的生日。

四十多年前，一九六○年代，林雲大師曾有七年時間在TLI臺北教學，後來因為我有機會與香港中文大學合作成立分校，香港中文大學語言中心需要老師，於是我選送了一批老師前往，林雲老師也是當中的一位。他到香港中文大學教書兩年後，我又推薦他到舊金山州立大學、天主教舊金山大學和TLI分校「中山文化學院」任教。

而今林雲先生已是藏傳佛教黑派大師，他在加州創建了雲林禪寺，地點在柏克萊一個山丘上。林雲的生日和我相差一天，可是舉行生日宴的時間都選在同一日，他也邀請了趙智超博士參加他的生日餐會。就因為這個時間衝突，他才發現，原來我人也在舊金山，而且正在過生日，於是他馬上打電話向我道賀，並說一定要來看我。我實不敢當，也知道他患有嚴重的糖尿病，且已經以輪椅代步，從柏克萊山上舟車勞頓到我這邊來，對他而言實在太不方便，他還大我兩歲呢！此事於禮不合。這時，我想到自己從來沒有去過雲林禪寺，久仰寶剎，況且畢竟我們有一、二十年不見，於是我承諾擇日偕同內人一前往拜會。在我堅持下，他只有表示歡迎。

一月十三日下午，我們出發去柏克萊雲林禪寺拜會林雲。

我和內人一到，秘書便先出面致歉意，因為他非常重視這次的會面，所以前一晚幾乎通宵沒睡，要寫一副對聯親贈給我，這副對聯用了一夜的時間

想詞語，剛才小寐一會兒，會面稍遲五分鐘。三點鐘，雙方終於歡欣相會，林雲拿出一幅用朱砂寫在紅紙的對聯：上聯「喜有昔賢行德義」，下聯「不隨時事作方圓」。

　　林雲想出這兩句話來形容他對我這一生所作所為的看法，以及跟我共事交往對我的認識。他認為我行事風格注重道德義氣，不像那些商旅政客們四處討好，是一個有原則的人。

　　另外，他在上聯右下角注解一段文字：

　　丙戌十一月廿三、西元二○○七年一月十一日中華語文學院院長何景賢博士偕夫人朱婉清女史造訪美加州柏克萊山莊雲林禪寺，雲石於三十六年前在臺北語文學院時，多承何院長指導、照顧、提攜，並推薦到香港中文大學執教，感恩不盡，雲石銘記於心，今雲石落魄江湖，辱承故友不棄光臨一敍，恍如隔世，謹以古籀篆筆法朱書甲骨，並呈此聯贊其為人處世之原則也。

2007年1月12日，何院長與林雲大師攝於加州柏克萊雲林禪寺。

　　他從三十六年前在我的學校工作開始，六、七年之後，被我選送香港中文大學任教，之後再轉往美國舊金山州立大學，對於我的過去一路提攜非常感謝。今有機會在雲林禪寺和我會面，簡直恍如隔世，兩人相見甚歡，聊起幾十年來滄海人生不同際遇及時事變化，對於因緣造化也諸多感慨。我們的會面是既開心又值得慶賀的一件事。

　　兩年後，我突然從電視上得知他逝世惡耗，頓感人生無常。

　　二○○七年的會晤竟成生離死別。內人親證，聽到我們暢談往日情懷，

無限感慨，豈料這一聚首已成絕響。

二月二十四日，我自臺北再訪北京，因為美國中山綜合研究院一批對於研究中國文化藝術有興趣的學生，同時也訪問北京。中山綜合研究院朱院長在北京什剎海選了一間民宅，特別舉辦兩岸京劇清唱文化活動，參加的外賓包括幾個國家大使館的參事，耶魯大學教授及中國詩人藝術家等，和一些外籍學生，共同在這裡一邊享受美味的北京小吃，一邊欣賞名角表演京劇，還有名家即時書法介紹，度過非常愉快又有意義的一天。

二月二十七日，我偕內人轉赴上海，接受上海外國語大學國際文化交流學院院長徐寶妹和研究生院博導資深教授王德春的連袂接待，雙方洽談兩校師資交流及合作提高師資水準種種細節，結果相當成功。

四月十五日，TLI廣州分校正式揭牌，TLI朱總裁自美飛廣州親自主持。廣州分校設在美國總領事館旁邊，也是威士汀大酒店旁，地點方便。前面是一個很大的廣場，由廣州車站走五分鐘就可以到達，位置非常理想。廣州分校揭牌儀式後，外籍人士很是支持，尤以日本學生特別多，各大商社在地負責人及重要幹部都來捧場，美國總領事也到場祝賀。

這是TLI四月中旬一件盛事，TLI終於在中國南方重鎮奠基，完成許久以來的心願。

九月二十二日，舊金山中山綜合研究院在舊金山市立圖書館演講廳，舉行了一場精彩的京劇文武場雙語發表會和示範教學，吸引當地主流人士和華僑及京劇界愛好者約一百五十人出席。

朱院長主持活動共三個多小時，所有觀眾盡興滿足對京劇的立體認識，當地報紙、電臺、電視臺也都做了訪問。當日觀眾有人遠從西雅圖、洛衫磯及奧瑞崗等地趕來，對TLI推出的中華文化活動均給予讚揚和鼓勵，希望未來能夠在洛衫磯多多舉辦類似活動。

十二月一日，TLI教材部開始在兩岸十四所華語學校正式推出TLI系列教材展示，新教材包括《新實用漢語》英文版、日文版、韓文版、法文版、西班牙文版。還有《商務漢語會話》，含銀行和證券投資系列的相關教材。

　　二○○七這一年，大陸十所分校的負責人分別在北京、天津、蘇州、上海、廣州和東北大連舉行教學研討會，凝聚所有TLI漢教老師和學生研習漢語的向心力，對於提升TLI教學品質助益甚大。

▼2007年，中山綜合研究院朱婉清院長於美國舊金山市立圖書館演講廳，舉行精彩的中國京劇雙語示範教學與現場演出。

▲（左圖）2007年8月25日，何創辦人（左二）伉儷與李慶平夫婦在太湖大學堂與南懷瑾大師（右三）合影。（右圖）2007年冬，中共黨國大老陳雲夫人（右二）邀宴女公子陳偉力（左二）好友朱婉清總裁（左一）及夫婿何院長於宅邸陳雲銅像前致贈「陳雲紀念冊」，以祝賀陳朱二人多次合作順利。

TLI漢網學院成立

二〇〇八年，TLI漢學網學院正式成立，讓學習華語能夠不受地域場所限制，令全世界學子趨之若鶩。

三月三十一日，TLI的高級教材《漢語文言文選讀》出版，受到北京美國大使館漢語指導官員及學員的歡迎。因為這時TLI來了許多高級學員，他們都有相當高的漢語水準，正愁沒有適當的高級教材可以使用，所幸這部教材適時出版。《漢語文言文選讀》收編了十六篇具代表性的文章，從宋詞、唐詩到現代文，此古今文選經典內容編輯成繁體版、簡體版，同時有白話文釋意，也將文章的作者和出版背景做一介紹，相當受到老師與學生的歡迎。

四月一日，TLI漢網學院成立，這是網路遠距教學中心，教學方式為一對一真人即時中文線上教學。遠距課程推出後，遠自歐洲瑞士、英國及日本的學生非常踴躍，從美西到美東也一直有學生參加研習。我們分別在北京、天津校和臺北、臺中及高雄校遴選老師作培訓。學生可以透過網路自動報名、繳費、選課、選老師，自主學習。這一天，我偕同內人一起考察天津校區，瞭解當地漢網授課情況。

四月九日，我們加入了西安和延安參訪團。行程結束後特地前訪西安法門寺，由監院西堂智超法師代表住持學城大和尚竭誠接待，並致贈舍利子金牌，祝福中華語文研習所永世昌旺。

2008年4月，TLI何院長伉儷參訪西安法門寺，住持贈送紀念品以示歡迎。

聯合國國際語言年研討會

四月十一日，聯合國在二〇〇八國際語言年舉辦了一場研討會，TLI漢網學院特派專人到北京出席，把學校教材、教學法和漢網學院的教學技術做了現場演示，並與各國出席代表熱烈討論中文在國際經濟市場的影響力與重要性，TLI開誠佈公，願意開啟大門與各國代表誠意合作。

日本漢教同步數位化

四月三十日，TLI東京校更新合作方向，取代過去已有十五年歷史的日本托福學院，由「數位好萊塢大學」（Digital Hollywood University）正式到臺北和TLI簽約，我們合作的學校由東京延伸到大阪，兩個地區都交給「數位好萊塢大學」負責。

東京代表與TLI簽約時，我也邀請臺灣原駐日代表許水德先生與會觀禮。他是留日的，曾經在高雄擔任教育局長、高雄市長、臺北市長、內政部長，而且做過國民黨的中央委員會秘書長、駐日本代表，後來又擔任考試院長，是我四十年老友；另外還有一位駐日科學代表留日菁英博士。會上有這兩位先生做陪，當晚用流利日文做交流，同時對日臺目前面臨的問題坦誠討論，大家高談闊論，非常開心。日本方面對臺灣政治學者通曉臺日困境，以及提出解決看法，至感欽佩。

開南大學華語文中心

五月二十二日，臺灣位於桃園的開南大學高校長率團到TLI臺北總校訪問，學校一級主管也陪同接待參與座談，共同討論未來合作的方向和具體內容。開南大學華語文中心剛經教育部核准成立，百廢待興，TLI義不容辭給予大力支持。

五月三十日，TLI臺北總校舉行「古韻新揚、古典詩詞的音韻美學」活動，具體展現將語文學習帶進到高層次領域，中文課程提升活動化的成果，受到外籍學生熱烈迴響和歡迎。舉辦時，得到輔仁大學中文系全力支持，雙

方都感到收穫甚多。我們在現場還吸收了兩位輔仁大學高材生接受師資培訓，參與學校未來的教學活動。其中一位後來並安排到韓國大學深造與授課，從此改變她的人生規畫目標，豐富了她無限的視野與未來。

香港孔子學院

六月十五日，本人應香港理工大學之邀前往參觀訪問，他們學校也成立了大陸漢辦的孔子學院。

遺憾的是，孔子學院在香港徒有虛名，內容不夠充實，圖書設備均付闕如，孔子學院主持人還是有極大可以努力的空間。我在當場做了相當的建議：需在人才及軟體方面下功夫。

當時香港中聯辦臺灣事務部部長邢魁山發現我抵達香港，旋即誠懇地帶著臺灣事務部重要幹部為我舉行接風晚宴，相談甚歡。邢魁山先生出身教育界，曾在社科院擔任教授，後轉任臺辦高層領導，與北京的聯繫非常頻繁，是一位冷靜而具親和力的領導人物，對兩岸人事物均有深度研究。邢部長在香港主持中聯辦臺灣事務已經三、四年，對香港事務非常熟悉，此次老友重聚、相談甚歡。

◣2008年，TLI何院長伉儷參訪港澳高等教育設施，受到中共駐港臺灣事務部邢魁山部長伉儷（左一、右一）親切接待與歡迎。

促進中國現代化基金會

六月十八日，我銜命代表臺灣已成立十五、六年的「中國現代化基金會」會晤陳雲林先生。

　　由於我長期擔任基金會創會董事及中國事務部主任委員，七月七日在臺北舉行研討會，我理當義不容辭。

　　這一場研討的夥伴是海協會新任會長陳雲林先生，過去在國臺辦時，我們曾經透過王兆國先生安排會面，並且在二十年來一直保有深度交誼、往來頻繁，現在他從國臺辦主任退休，接任更重要的職位——海協會會長。現代化基金會全體董事都期盼這一場由海協會和「中國現代化基金會」合辦的研討會能夠開花結果、順利成功，更由於陳雲林會長的新任，本會受到特別的重視。

　　六月十八日，我先到北京海協會拜會陳雲林會長，致贈他TLI新出版的《兩岸現代漢語常用詞典》。在我們會面前一天，有七位副會長一致提出建議，因他剛剛接掌會長，不宜冒然立即跟臺北「促進中國現代化基金會」合辦會議，應該轉請其它單位接手，並且也獲得他拍板同意。於是我當場跟他懇談溝通，表示海基會和海協會因為李登輝的兩國論，已停止來往久矣，經我努力說服汪道涵會長，終於同意「海協會」唯一對臺的窗口單位就是「促進中國現代化基金會」。

　　兩會十幾年來，每年夏天分別動員兩岸一流學者專家，在全方位領域下提出對兩岸共存共榮的具體建議，業已成為兩岸和平基石。我又說，經過這麼十幾年的合作，現在我們的老朋友突然做了會長，怎可不來參加活動呢？而且，我方已拍版邀請「海基會」江丙坤董事長親自出席，陸方至少要有一位副會長等級的人物，不能像過去，僅指派一個副秘書長出席。

　　當時，這些話也是當著前任王副秘書長面說的。陳雲林會長聽聞此話，一時面色凝重，不知該如何答覆我。因為七位副會長都建議他不要參加這次活動，「海協會這次不派代表」——這是領導層的原則和默契，現在碰到我提出這樣的建議，他肯定需要時間重新思考。

　　事隔兩天，他就指定王副會長在希先生前往參加。王在希是一位將軍，代表海協會於七月七日準時出席。之後一個多禮拜的參訪活動，王副會長也全程參加。我感覺陳雲林會長的確有作為。他在國臺辦主任退休後，立即銜

接國師級汪道涵會長海協會重任，確為不二人選。而他也能念及二十年老友的舊情，給足面子與裡子，令我非常感動。當然，臺北海基會方面，我也親自偕同梅可望理事長拜會邀請江丙坤董事長以貴賓身分出席研討會。

出席十三屆中國現代化學術研討會

七月七日，王在希代表海協會如期率團到臺北出席「第十三屆促進中國現代化學術研討會」，王副會長的入境與出境，我都親赴機場接送，他也全程坐在我的座車上。由於他將軍的身份，我們也為他的安全做了相當的措施。研討會與會學者共有七十多位，論文四十二篇，為大會激盪出熱烈的火花，高潮一直出現，接下來也有很多在臺的貴賓參與我們精心安排的歡迎晚會和海協會答謝晚宴。

李登輝在臺灣主政以後，從來沒有對七七抗日紀念做過任何表示，這次我們特別選在二〇〇八年七月七日舉行此兩岸學術研討會，別具紀念抗戰七十一週年發人深省的意義。

▼出席第十三屆中國現代化學術研討會全體貴賓合影。

九月一日，「TLI漢語網院線上教材」全套編寫完成，這份教材是特別針對日本學生遠距教學，且多半是商人企業界人士之用，這套教材的編纂將TLI網路教學帶入一個新的里程碑。當然培訓教師如何使用這套教材，教學順利

接軌，是我們緊接的要務。

　　十月二十六日，在士林有一個「國際文化節」，TLI臺北及士林兩校都有很多外籍學生參與文化節詩詞吟唱比賽。報名學生十位，最後得獎者有六名，大家都興高采烈。雖是臺北地區的一項國際文化交流活動，兩校師生通力合作，終獲得榮耀，在場中外嘉賓熱烈迴響，努力付出的參賽者都拿到獎牌和獎金，確實是值得慶賀的一天。

　　十二月初，日本三菱集團人力事務部部長Noriko Hamazaki到訪臺北TLI。這位部長權力很大，全世界三菱分公司的重要領導然和技術人才，都由她的部門指揮、派遣。這次她特別到臺灣來拜會幾個華語教學熱門學校，到達TLI後，我們也仔細的做了簡報和討論，接著，她還到臺灣其它國立大學，如臺大、師大、政大參觀日本學生上課情形。這次來訪，也促成了我日後到日本三菱總公司回訪的誘因。

　　二〇〇八年十二月二十九日，TLI臺北總校舉行掌中戲示範講解和偶戲的發展演變史研討會，在TLI學習中文的外籍學生，能夠透過這個活動認識臺灣本土文化，大家均感到非常新奇，反應激動熱烈。這是年終的活動，尤其是研習文化課程和臺語的學生，都表現出高度的關心和熱情。對此我非常在意，尤其這是我正好缺席的TLI公開場合，如果師生的表現比我在場時更亮眼精彩，那才是我最值得自豪與安慰的報酬。

▲（左圖）2008年6月，何院長伉儷於北京「海峽兩岸交流協會」拜訪陳雲林會長，並致贈《兩岸現代漢語常用詞典》慶賀陳會長榮任新職。（右圖）2009年8月20日，北京語言大學、中華語文研習所首屆漢語教師培訓班合影。

TLI——中國HSK授權臺灣唯一考點

二〇〇九年一月十九日，本人偕同中山文化學院朱院長受邀訪問北京語言大學崔希亮校長，與北語高層幹部討論「TLI」與「北京語言大學」的進一步合作。

▼北語崔希亮校長與TLI何景賢董事長代表兩校簽署學術合作協議。

自一九九三年兩校簽訂「聯誼簡訊」後，十六年來全方位合作，共多達二十多個項目。這一次會面，彼此就合作內容做了回顧與深度討論，大家對兩校未來的發展與合作達成了相當共識，期許以三個月時間，雙方精研後再度提出新的合作方案。畢竟北語與TLI為兩岸漢語教學龍頭學校，其合作價值不容小覷。特別在兩校合作編輯的《兩岸現代漢語常用詞典》成功出版後，已在世界學術界留下千秋美名。

二月十一日，美國國務院外交學院中文學校麥恆毅校長，偕同教務主任黃崇仁、前美國外交官楊康寧先生到TLI訪問，我們派出六、七十位老師與之座談，共同針對教材、辭典、教學方向進行交流。由於麥校長的教務主任黃崇仁老師早期曾在TLI任教七、八年之久，所以很愉悅地回娘家，討論中也有相當精彩的結論。

三月二十二日，中山綜合研究院在舊金山灣區又舉行一次「梅派神韻與技巧講習會」。

梅派也就是中國京劇宗師梅蘭芳一派，為推動中華文化帶來了豐碩的收穫。在舊金山研究京劇的單位非常多，包括「梅蘭芳研究會」等各類組織，由於朱院長和梅蘭芳的哲嗣梅葆玖先生有長久交誼，因此許多梅派教師和梅葆玖的學生均多次在朱院長於美國、北京、天津主辦的活動中演出。這次的研討會成果非常豐碩，報章雜誌及電臺採訪不絕，再次引發舊金山灣區這些熱衷京劇、愛好中國文化的學者、票友一片熱烈迴響。

四月一日，《兩岸現代漢語常用詞典》在臺灣一版二刷，銷路熱絡，很多外籍人士和華僑子弟及「漢語師資培訓班」的學員把第一版全部買光，於是第二刷很快再版。

四月十二日，為幫助在臺研習漢語的外籍學生能夠順利通過「HSK大陸漢語水平考試」，TLI舉行了一次免費模擬考。我們在應考資訊中限額三十名，但報考人數卻超過一百多人，經過篩選，只有四十名參加會考。這項考試可以作為學生未來參加HSK考試投石問路之用。

因為教育部不允許HSK考試入臺，所以過去在臺灣的外籍學生要參加HSK考試就必需要跑到香港或大陸，無法在臺灣當地測驗，我們實驗模擬會考是為加強外籍學生的信心，只要在臺灣努力學習漢語，一樣可以通過大陸HSK考試，不必為了參加這個考試特別舟車勞頓跑到大陸去，時間和金錢均所費不貲。這個做法，贏得許多外籍學生正面迴響。

四月二十日，北京語言大學書記，即校務委員會主任委員王璐江主席，特別在北京宴請我們夫婦，同時也請該校教研處陳曦處長、港澳臺辦田育枝主任代表，在北語討論合作備忘錄，作為下次簽約的依據。

四月二十五日，廣州校舉行慶祝二週年喬遷茶會。各界及外企工商團體、政商界、新聞界代表百餘人均出席，我因事忙只送去賀電並沒有參加，但我知道茶會辦得非常成功，甚感欣慰。

四月二十六日，TLI中山綜合研究院在北京長安大戲院舉辦「中美京劇國際聯歡會」，共有上千位外籍人士、北京各界精英領袖參與，TLI動員北京、天津兩校師生協助，是一個非常成功的國際文化交流活動，也成為北京各外

交社團長久以來津津樂道的話題。

　　四月二十八日，「北京語言大學」和「TLI中華語文研習所」延續一月十九日會議，雙方在北京語言大學正式簽訂學術合作十項協議，使得對外漢教進入一個新紀元。兩校就未來三年學術交流及合作進行原則性的規範，儀式由北京語言大學崔希亮校長和中華語文研習所創辦人何景賢，分別代表兩校簽署，且兩校一級主管共同見證此歷史時刻。

　　合作協定內容主要包括：兩校對外漢教資訊交流、教師進修培訓交流、聯合舉辦師資培訓課程，還有「HSK漢語水平考試」及合作研究等等。TLI成為中國HSK對外漢辦指定考試海外的第七十四個考點，也就是臺灣考試唯一的據點，具有劃時代的意義。TLI正式邀請北京語言大學漢語水平測試中心張旺熹主任、邢洪彬副主任、港澳臺辦田育枝主任到臺灣參訪TLI，同時對臺灣漢語教學的認識給予介紹，這是當天的合作協定書和備忘錄的重要記錄。

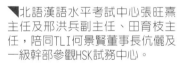
北語漢語水平考試中心張旺熹主任及邢洪兵副主任、田育枝主任，陪同TLI何景賢董事長伉儷及一級幹部參觀HSK試務中心。

　　五月六日，北京語言大學考試中心正式公告：TLI中華語文研習所為全球第七十四個考點，也是臺灣唯一的考點，並在北語網站上同步宣佈。

　　五月二十二日，美國駐武漢總領事白小琳女士到臺北TLI總校訪問，與上百位教師同仁以交誼茶會方式暢談，互動熱烈。

　　白小琳總領事在一九七〇至七二年是TLI漢語教師，我因她資質聰慧，且於一九六六至六九我在淡江大學開設的英語語言學班上的優秀學生，便將她吸收到中華語文研習所任教。兩年之後，正好美國威斯康辛大學提供了一

個助教獎學金，由我選派出兩位同仁去接受培訓，獎學金可以免費讀到碩士學位，於是白小琳去了。之後，她在美國拿到學位，正好美國之音招考對大陸廣播的中文老師，她立刻參加甄選，沒想到，主考官也是TLI校友John Thomson，曾先後做過臺北及北京美國新聞處處長，於是她也順利進入VOA「美國之音」，陸續做了幾年對中國英語廣播的教師工作，又正式被美國新聞總署派到中國大陸幾個地區擔任文化官員。後來美國國務卿萊斯發現她頗具外交天份，於是先將她派到廣州總領館，後再升任駐武漢總領事，是當時美國派駐在中國的六位總領事之一，也是唯一的華裔美籍外交官。

這次她訪問臺灣，特別指定要回到TLI和教職師生做一次交流聚會，當然這是指三十七年前的同事。雖然她發現很多過去的同事都已經退休了，有些失望，但仍熱情的和大家分享她如何從一位華語老師變身成為美國正式外交官，而且派駐中國武漢轄管四個省份的種種經歷。這是一個輕鬆豐碩的午後座談，對於TLI能夠從一位臺籍中文教師培養出這麼一位出色的美國外交官，挑起負責中美外交及人民友誼的重任，我實感榮幸。

▆美國駐中國武漢創會總領事白小琳女士(Wendy P. Lyle)曾於1970年在TLI任教一年，並由TLI選派赴美國威斯康辛大學任中文助教。2009年5月22日蒞校參訪，並以身為華裔子女，榮耀分享在美奮鬥發展過程及中文教學經驗。

晚上，我請幾位臺灣婦女領袖和外交界人士做陪，為她接風洗塵，也和TLI一級主管一起晚餐。當晚的貴賓有前國民黨副主席、文化建設委員會主委林澄枝女士，還有考試院院長關中夫人張慧君女士，她曾擔任中學老師，後來在企業界擔任董事長，是一位婦女企業領袖，另外還邀請臺灣前立法委員、外交部長、駐英代表簡又新博士以及焦仁和博士，他曾擔任海基會副董事長兼秘書長及僑務委員長，有這四位重量級人物做陪，意欲幫助這位離臺

近三十年的TLI人認識今天的臺灣與兩岸關係。這一天晚上，可說是遊子返家享受溫情，以及交換中美臺種種互動關係情報，令人驚艷，賓主盡歡。

從七月八日至九月二十三日，由臺北故宮博物院主辦、TLI中華語文教育基金會協辦的「故宮新韻戲曲表演和教育推廣」活動正式展開，本活動展達六個星期之久，每週三下午在故宮文匯堂推出傳統戲曲融合故宮文物系列表演，讓千萬遊客深入領略傳統中華思想文化的多元美感。活動推出以後，各方反應熱烈，TLI能夠參與協辦此工作，深感快慰。

我們對推動中華文化與國際交流向來全力以赴不遺餘力，這也是TLI建校的基本原則。

兩岸長沙經貿論壇

二〇〇九年七月十二日，馬英九先生委派我出席「兩岸長沙經貿論壇」，希望我能夠在會議中推動未來兩岸合作出版《中華大辭典》。

我當時帶了六本TLI出版的《兩岸現代漢語常用詞典》（每本二〇九三頁、二點二公斤重鉅冊）到湖南長沙會場，一本贈送給主持會議的大陸政協主席賈慶林，另一本送給國臺辦主任王毅，深獲他們的喜愛。

2009年，國臺辦王毅主任（左）與TLI何景賢院長合影。

　　另外，海協會常務副會長鄭立中、海協會的張銘清和新聞總署田丹副署長等紛紛前來向我取得詞典，一時洛陽紙貴，只好對向隅者開出支票，返臺後補寄。同時我也和他們教育部的幾位代表、司長見面，提到過去主持並親自參與編輯的《兩岸現代漢語常用詞典》經驗，並促請他們為《中華大辭典》的編纂工作推薦名單，希望可以提早達成馬英九先生的理想。為此，我在大會中亦正式提案，幸獲大會通過，總算沒有浪費這兩天時間出席會議，同時也為此兩岸新貢獻感到非常高興。兩天會議中，最令我感辛苦的部份是必須接受一波波媒體採訪，而最讓人驚異的是，新華社中英文一篇篇發稿，對我的發言與建議竟然報導得如此詳實精準，絕無誇大虛浮之詞，大陸媒體的敬業及務實守法精神，實在值得臺灣媒體人士多加借鏡。

　　其實在馬英九先生邀請我出席時，我因時間太忙已予推辭，後來榮譽主席吳伯雄及國民黨文傳會主委及國民黨智庫負責人蔡政文等都來遊說，我只好在忙碌的行程中勉予同意抽出兩天時間跑一趟長沙。這次會議共有四百多位與會人士，他們大多認同我的看法與建議，同時也藉此認識了更多朋友，瞭解更多兩岸文化經濟合作應該加強的地方，和過去他們碰到的瓶頸與問題。見證了這個會議以後，我深感漢語教學和兩岸文化合作尚有許多發展空間，以及值得付出努力的部份，所以對於馬英九先生執意要求我出席這次會議，還是心存感謝。

兩岸漢語教師認證培訓課程啟動

　　七月二十二日開始，「TLI」和「北京語言大學」合作辦理的漢語教師認證培訓課程，正式在臺北和北京兩地啟動。

　　從七月二十二日至八月三十一日，每週一、三、五晚上，每次有三個小時的時間，開展網路培訓課程。同時在八月三十日至九月四日這個禮拜，召集在臺灣培訓的學員到北京語言大學參加面授教學和研討。TLI組編了一支北京語言大學教師訪問團，主辦單位是TLI的中華語文教育基金會，參與學員共有三十四位，教學成果良好，大家都覺得有繼續舉行的必要。

　　這批在北京進階培訓的教師，來自TLI臺北、臺中、士林三個學校，回來後也自動成立一個「北京語言大學校友會」，由歐陽心如教師榮膺第一屆校友會會長，大家均對於兩岸合作，TLI和北京語言大學姐妹校的關係昇華到另一個層次反應良好。我全力推動「TLI」與「北京語言大學」的教學合作，目的是讓全球外籍學生了解大陸的「普通話」與臺灣的「國語」沒有兩國之分，而詞彙的小差異也在融合當中，雙方在教材和教學法的磋商，更有益二校教師素質的提升。

　　十一月一日，TLI士林校喬遷到一個更方便、地理位置更理想的新校址。學校前面有一個綠意盎然古樹林立的中型公園，面目一新，廣受師生歡迎。

　　十一月二十三、二十四日，TLI中山綜合研究院在北京梅蘭芳大戲院，再次舉行「兩岸同唱一臺戲」京劇表演節目，把兩岸京劇名家邀集在一起，也邀請北京市長、臺北市副市長出席，臺灣傳統文化戲劇協會會長、國光劇團團長共三十多位票友到北京參加協力演出，成果特別好，受到兩岸及臺商熱烈歡迎。

　　TLI問世五十多年來，以華語教學為前導，文化交流與促進世界和平為終極目標，這也是我一生堅定不移的信仰。

北京TLI歡慶母校五十五週年回顧展

　　二〇一〇年，適逢TLI建校五十五週年慶，特別的是，我們舉辦了學校歷年教材展覽，豐碩廣袤的教件內容，受到中外各界與會政商人士及新聞界的注目。

　　二○一○年一月，我收到了TLI老同事陳立瑩老師來信。這時，我們已經有二十多年不見了。

　　從一九九○到一九九五年，陳立瑩老師在汶萊Brunei首府擔任華文老師，Brunei華文中學共有三所，最大一所就座落在Brunei的首府斯里加灣，她在那裡教了五年書，學生約一千五百多人。在汶萊五年的教學時光，讓她感覺到興奮與自豪。她給我的信中提到：「很多老師都以教華語為苦，我則以為他們補習為樂，從不言倦。我常在中文教學當中讓學生知道每一個字、每句話皆各有淵源和意義，讓他們在學習中文時，不但可以學好華語，更能夠瞭解中華文化的精華，這是我在汶萊生活中最有價值的地方。」她也特別提到在TLI的教學經驗，給予她非常豐富的歷練，讓她對華語教學充滿信心。

　　接到這封信，讓我非常高興，於是在二○一○年年初，我決定將這封信原文刊登在學校校刊《新語訊》，讓全世界十八所分校的老師和學生，都可以分享到她的經驗。我特別欣賞陳立瑩老師說的「很多老師都以教華語為苦，我則以為他們補習為樂，從不言倦」實不愧為TLI老師的典範。

「汶萊地區華校教育訪問團」一行三十人參訪「中華語文研習所」，何院長頒發榮譽狀紀念。

　　今年三月九日，臺北由六十個企業的負責人聯合組成的「七心餐會」，舉行了一個大型餐會，重要主題是慶祝辛亥革命一百週年，以及如何讓工商文教界發揮力量。由於副總統蕭萬長先生是慶祝辛亥百年紀念籌備會主任委員，也是我四十多年老友，這次活動希望能凝聚臺灣工商、文化教育界代表性的專家一起給他做些建言，所以我力邀好友——實踐大學董事長謝孟雄、夫人國民黨副主席林澄枝女士一起參加，各界代表紛紛提出建言，讓蕭萬長覺得這一次的餐會極富意義，對「辛亥百週年紀念」的內容做了相當貢獻。

　　三月二十二日，臺北教育大學華語中心主任及教務負責人一起來拜訪中華語文研習所，兩校簽署教學合作協定。

北京校歡慶TLI五十五週年

　　同時，TLI建校五十五週年慶祝活動由北京燕莎校負責，在朱總裁帶領下，新年一開始就舉辦TLI回顧展覽，來自北京燕莎和王府井校的教職員及百餘名留華學生、外交使館代表、各界工商企業人士共襄盛舉。

　　這次回顧展中，展出了TLI建校五十五週年編輯的各系列教材，其中包括適合初學者使用的實用漢語類教材，適合中級水準學習的中級漢語類教材，還有適合商務人士使用的商務漢語教材，如《商務會話及銀行用語》這一類特殊教材，同時也有專為外籍兒童所設計的教材，還有TLI現行使用的各類HSK考試教材，口語經濟、新聞等專業領域的教材，同時在美、日、臺、歐與各地大量報導TLI文化活動的報章雜誌及電視臺介紹的影像記錄，也一併推出，使得這一次的展覽，讓參與的師生更瞭解TLI五十五年來成長壯大的過程及輝煌的教學成果。

　　當天同時舉行新年筆繪活動，這個活動即為中國傳統習俗，在新年時節，大家用毛筆字寫出對聯或者是新年的希望。這是一次融合民俗和傳統文化的新年筆繪活動，活動當中穿插了猜燈謎、書法講座和表演，另外也有茶藝展示，活動內容豐富多采。猜燈謎活動當中，參與學生在老師的幫助下，不但感受到猜謎的樂趣，還得到了一份小禮物，也學習到不少中文知識和中國文化。而後每位學生現場用毛筆書寫新年的願望，令他們興奮不已。

　　學校還邀請著名的書法家李淳伯教授現場指導，並向學生解釋書法知識，聽完這個介紹以後，大家都感到受益匪淺。李淳伯教授還應現場學生要求，贈予每位學生一幅當場揮

毫的墨寶，現場氣氛非常熱烈。書法活動在高潮中結束了，而茶藝展示也接著徐徐開始，伴隨輕幽的中國傳統音樂，兩位茶藝老師開始向學生們演示茶藝，無聲的動作和適時的講解，讓觀看的師生們完全融入了這個動靜和諧的絕美意境中。表演過後，老師和學生們都可品嘗一杯清香的茗茶。在墨香和茶香當中，這個活動也落下大幕，學生和老師們頻呼過癮，希望這樣的活動能夠多多舉辦。

十大傑出青年

　　由臺灣國際青商會主辦的「十大傑出青年」選拔，至二〇一〇年已四十三屆。

　　二〇一〇年的四月二十四日，十大傑出青年聯誼會組成了一個百人代表團，應臺灣宜蘭縣長林聰賢之邀訪問宜蘭縣。早上八點在臺北火車站集合，開始一天的行程。團員們早上先參觀宜蘭的風景名勝和傳統文化，中午時分，縣長在當地安排了豐盛午宴款待，下午再參觀縣政府及當地幾所學校。

　　這次出席代表包括歷屆當選的傑出青年，第五屆當選人是我本人，應該算是比較資深的一員（與我同一屆的當選人還有前司法院長林洋港、前交通部長張建邦）以及第十四屆ACER集團創辦人施振榮、第十五屆監察委員趙榮耀、第十六屆前駐英代表及外交部長簡又新、第四十屆金管會副主任李紀珠等人。

　　從第一屆到第四十三屆，年齡相距在四十歲左右，雖然如此，大家聚集一堂還是非常興奮，好像年輕人一樣，對很多事物都感到好奇，對宜蘭的人

文與景物也有另一次的體驗和認識，這是一次成功的「知性之旅」。

六月十日端午節，TLI高雄校龍舟隊依然如往年參加當地的比賽，臺北TLI也舉辦應景的吃粽子活動，介紹民間的習俗。

◣1998年，「國際青商會」第五屆十大傑出青年當選人林洋港（左二／時任司法院長）與何院長（右一）兩對伉儷合影於當選三十年後。

廣州第六屆兩岸經貿論壇

二〇一〇年七月十日，本人再次接受國民黨邀請出席在廣州舉行的「第六屆兩岸經貿論壇」。

這一屆論壇中，兩岸教育部官員特別針對馬英九先生建議兩岸合作編纂《中華大辭典》一案發表意見，我也在會議當中提出過去編審出版《兩岸現代漢語常用詞典》的經驗，並對新詞典編輯提供了大陸和臺灣兩方面專家學者的建議名單。接著轉交大陸教育部和臺灣資策會的建議給文化總會，終於組成對口的團隊，這也是這一次廣州之行的意外建樹。

我在公餘也順便視察TLI廣州分校，廣州校的學生來自各國駐廣州領事館人員及外商企業機構，對於學習廣州話和普通話非常踴躍。

七月十七日，TLI臺北校和故宮博物院有一場合作——昆曲表演，到場觀

賞的多是外籍朋友，由靜態的故宮文物到動態而多彩多姿的昆曲情節，讓外籍人士大歎中國文化之美，沈浸在這一場文化饗宴之中。演出時的英日文翻譯工作，也都是TLI負責。

八月十日，臺灣行政院資訊組高天立處長及其同仁訪問TLI，表示經過研商後，《中華大辭典》的建議編審名單算是通過了，同時提出要求，希望以TLI出版的《兩岸現代漢語常用詞典》作為重要的參考工具書之一，我們也欣然同意了。因為該團隊計畫這一次同時要出版一本雲端辭典，將辭典內容電子化，也預祝他們順利編輯成功。由「文化總會」為對口，負責兩岸合作的《中華大辭典》編輯組向TLI採購了數十本《兩岸現代漢語常用詞典》，加上我推薦的編輯人員，相信將可縮短他們大量的工程時效。

Newsweek封面人物

二〇一〇年的九月份期刊，美國影響力最大的雜誌，也是銷量訂閱人數最多的Newsweek，遴選我為封面人物。據知他們本來有六個候選單位，最後還是決定以中華語文研習所創辦人為九月份的封面人物（圖見本書第十頁）。

個人感覺到非常榮幸。

TLI國際產學集團

九月四日，TLI全球機構改組，成立「TLI國際產學集團」，由本人擔任主席，附屬的單位共有二十三個之多。TLI產學集團包含有幾個事業群：國際教育事業群、文化藝術事業群以及產業科技事業群，分佈在世界各大洲。

TLI全球機構改組工作將近用了半年的時間進行規劃與籌備，於本年九月四日正式對外宣佈。

九月十一日，臺灣東森電視臺再度訪問我，請我談一談國際漢語教學的現狀與前景，同時也討論孔子學院和臺灣書院的相關問題。

九月十六至十九日這三天，學校參加了兩岸圖書交易會，地點在臺北

市世貿三館。第一天非常熱鬧，兩岸各界人士都來光臨，可惜第二、三天因為颱風的關係人數減少很多。但是兩岸圖書交易會是一個平臺，每年由大陸和臺灣輪流舉辦展示，隨著IT產業的發達，一日千里，紙本書的維持確屬不易，希望這個圖書出版能夠藉由這個平臺繼續繁榮下去。

九月二十二日中秋節，臺北故宮博物館舉行京劇表演，TLI外籍學生熱烈捧場，踴躍前往參加。大家都度過了一個愉快的中秋。

客座CEO學堂

十一月六日，本人受邀到臺灣發展研究院由梅可望博士所組織CEO學堂演講。這個學堂大約有四十幾位企業界總經理或重要領導幹部參加，邀請學術、政治、財經、文化、科技等不同領域的代表性專家學者講課，我這次的講題是「危機與轉機」，一共三個小時的演講，提出相當多個人經歷與見證與他們共勉，因講題內容擴及國際政治外交及高層領導對談交鋒，具衝擊性應變智慧，如何化危機為轉機，學員們非常感興趣。

問答時，學員非常踴躍，所以演講時間拉得相當長，不過我覺得最受歡迎的部分還是「私人檔案」，露七分，引人遐想即可。有夢最美，不是嗎？三個半小時還欲罷不能，讓我這場演講耽誤到下一節課的進行了。大家互動熱烈，他們還希望在課後能和我多做經驗交流，當然我也是欣然同意，但留了一個尾巴：「看緣份吧！」

十一月十八日，TLI的姐妹校——美國布威斯達大學副校長Dr. Steven和教授Ms. Ludy到臺灣訪問，我們除了帶他們參觀臺灣TLI臺北、士林、臺中、高雄的四所學校之外，也從北到南讓他們參觀各大文物古蹟名勝，盡興而返。

十二月三日，臺北校舉行教學研討會。教學研討會的不定期舉行乃是因為時代的進步，無論分科教材內容、教學法及學習法、教學的理念與實踐，甚至於我們已達到的網路教學領域，各個方面都需要有充分的溝通，讓參與教務的同仁和特別遴選的網路教師都能夠有新的認知。所以，這一天的研討

會由我本人親自主持，四校的菁英也全數參與討論。

十二月十三日，福建省莆田市教育學會一行十三人，包其中括許多學校校長，由大陸教育局長率領訪問TLI。因為臺灣全省的「媽祖廟」宗主媽祖的故鄉即是福建莆田，此地與臺灣民眾的淵源不可謂不深。每年在媽祖誕辰前後，臺灣到莆田進香的信徒達百萬人以上，蔚為奇觀。

我們對這個難得的訪問團以高規格禮遇做了半天的簡報，由本人並親自陪同安排參觀臺北多所學校，含大學一所、中學一所，以滿足他們對了解臺北教育現況的知性需求，他們在臺北僅留一天即趕往中南部行程。

日本警官研習營

十二月十三日，東京校的合作單位Digital Hollywood University負責人千葉先生、竹內先生和莊加梓經理一起訪問臺北中華語文研習所，除精心策劃一天的「TLI新展望」簡報，另外再做教學的深入引導與會談，晚上也安排前臺灣考試院長許水德和一位行政院科技顧問留日博士一起座談。

這一場座談會讓東京分校的日籍負責人了解TLI對外漢教的新境界，我也期望他們在充份瞭解後能夠以嶄新面貌重新出發。兩位博士貴賓因曾長期駐日服務，對中日臺三方面關係了解甚深，無論在學術教育、文化藝術及工商科技方面，均給予清晰分析與建設性建議，與座主客均獲益不淺，賓主盡歡。

緊接著是十二月十七日，「日本警官研習營」三十位學員到臺北TLI來接受一個月華語及文化課程培訓，我也安排了許多文化課程，讓他們增進對臺灣社會風俗習慣的瞭解，同時對臺陸兩邊的社會問題做專項介紹，也針對中日臺三地政情為他們做了對比分析。這一個月的漢語密集訓練，由於事前的細密設計，準備題材與內容豐富，對他們漢語水準提升幫助非常大。這也是日本員警當局每年陸續調派不同行政區的警員，到臺灣TLI來學習漢語與中華文化的重要原因。

天津TLI五十五週年校慶 / 日本三一一大地震

二〇一一年一月二十五日，「美國在臺協會中文學校－美國國務院外交學院」（AIT－Chinese Language School）柯瑞校長，偕同教務主任黃崇仁先生到臺北TLI總校拜訪。這位新任校長基於禮貌來TLI訪問，並且謙稱來此學習。

美國在臺協會中文學校－美國國務院外交學院與TLI於同一年創立，在美國具有高度的知名度，凡是美國外交官派到世界近二百個國家的駐外大使館重要職員，都要經過外交學院的培訓，而外交學院唯一的華語學校設在臺北陽明山區。為了這位新任校長與黃崇仁教務主任的拜訪，我們準備了詳細簡報，同時也跟他們進行了一場具體建設性的討論會。

自從TLI在一九六〇年與美國國務院簽訂合約，五十多年來TLI針對美國國務院駐臺外交官員設計特殊漢語文化課程、制訂專用教材培訓官員華語能力，不遺餘力。由於他們特殊的身份與職務，有的人是政治組，有的人是經濟組，也有武官處、領事組、農業組的官員，針對他們不同的需求，我們特別設計並編寫不同的課程和教材，幾乎是量身定做。當柯校長發現我們正在重新編寫《三分鐘中文即席演講》而且即將付梓印時，感覺到非常興奮，希望這部教材出版後，可以提供他們學員做學習參考。

AIT中文學校和我們所有的教務同仁代表、教研組、網路學院、師資培訓負責人等，經過兩個半小時詳盡的意見交流，並實地參觀課室教學全程實況後，獲得了許多具體共識。

兩校五十年來合作無間，TLI校友顧百里曾擔任AIT中文校長達三年，而該校數位教務主任均出身TLI，其間也有十數位TLI老師曾轉任AIT校教師，兩校互動頻繁，關係良好。

一月三十一日，臺灣中天電視臺「天生贏家」節目特別到TLI專訪本人，

我除了接受訪問外，也同時跟AIT中文學校師生代表對話，並拍攝部份學生上課情況，及展示TLI教材。這項訪問在二月二十七日於臺灣全島及美國中天電視臺播出，電視影響力畢竟不同，播出效果很好，深獲好評。

三月四日，加拿大駐華辦事處語言官一行三人到校來訪，主要目的是為瞭解現有加拿大外交官在TLI學習的情況，同時表示他們即將派出新的外交官，並針對新官所要學習的內容與提升中文水準方法與我們進行溝通。由於這些外交官都必須通過加拿大外交部的漢語水準考試，所以特別跟我們提出加拿大外交官希望在TLI學習漢語的方向和趨勢，希望學校能夠盡量幫助這些外交官達成培訓目標。

日本三一一大地震

三月十一日，日本發生慘烈震災，由於在臺灣TLI學習的日本學生非常多，大家都震驚不已，不知何去何從。臺灣TLI四個學校——臺北、士林、臺中、高雄師生自動發揮人溺己溺的精神，聯合發起捐款賑災運動。活動一共進行兩個星期，最後將教師及同仁捐贈所得由學校再捐贈一倍，派學校代表於三月三十日送到臺北的「外交人員訓練講習所」，請他們代表TLI接受賑災捐款。再轉捐款贈送到日本有關單位，算是盡TLI人道主義一番心意。

同時在三月二十四日，臺灣TLI四個學校的董事長、所長、校務長等一級幹部，在本人領銜之下進行業務發展的彙報，地點在喜來登飯店。會議中，達成了諸多共識，完成本年度臺灣四所學校單位主管五十項工作目標和任務的規劃，並分別責成十七位主管，循序漸進地於一年內，逐步將這五十項目標達成。我們特別在校外召開慎重而嚴謹的會議，目的在鼓勵踴躍提供改革意見，並從中選出務實負責幹部。

我的結論是「聽其言、觀其行、幹實事、負責任」，才是TLI今日之星。

兩岸第十屆河洛學術研討會

四月十五日，「兩岸第十屆河洛學術研討會」在臺北市圓山大飯店舉

行，由TLI校友會榮譽董事簡漢生博士主持。

他原在TLI學習臺語，跟馬英九先生同班，在我們這裡陸續學了六、七年之久，雖然每個星期只有二個小時學習課時，但他的閩南語說得非常流利。特別是簡先生過去留學過葡萄牙，因此，英語、葡萄牙語、西班牙語和普通話、臺語可說都是非常精通。簡漢生現任臺灣「僑聯總會」理事長，曾任國民黨文傳會主委及中國廣播公司董事長。

大陸方面由中國人民政治協商會議、全國委員會、港澳臺僑務委員會林樹森先生擔任團長，出席大會的兩岸產官學專家學者共兩百多人。TLI也派代表參加，為本校榮譽董事簡漢生先生捧場。

這個會議相當有意義，每年在大陸和臺灣不同城市輪流舉行。TLI有董事代表及閩南語教師四、五人參加，對兩岸河洛語言及文化交流極力支援。

四月二十五日，「臺灣師範大學華語研究所」林麗寬教授率領師生訪問團共九人到校訪問，因為他們的教學趨向理論派，在應用語言學和教學實務上希望能吸取TLI的經驗，參觀後舉行研討座談會，雙方在對外漢教的新作法和新方向均取得一些新共識。

四月二十七日，「南京大學霍普金斯研究中心」的教授Dr. Liz Muller來訪。三十年前，「南京大學霍普金斯研究中心」由美國「約翰霍普金斯大學」在南京大學投資設立，兩單位共同聯合成立一個「中國研究中心」。剛成立時，因缺少學生，該中心美國負責人史百道教授（Dr. Speidel）專誠來臺北TLI求援，我乃慨然說服了二十名將赴大陸的外籍學生到南京大學支持他們。

三十年後，因中國各大學中文研習中心愈來愈多，他們覺得「南京大學霍普金斯研究中心」有慢慢被邊緣化的感覺，於是再度來找我，希望獲得TLI支持。我曾經在會議中建議他們，必須把教學特色及理念表現出來，一定要跟別的大學有所不同，才會具有競爭力，並且吸引學生。因為得知他們在南京大學流失學生的切身經歷，因此，我在會議中便以TLI大連分校如何在困境中脫穎而出的實例一一鋪陳，其中領導人的犧牲奉獻，身教領導才是關鍵，

用這些經驗與方法和他們分享。

臺灣發展研究院CEO講座

四月三十日，我再度受邀參加了「臺灣發展研究院CEO講座」，這是臺灣的企業主管總裁講習班，由在臺歷任政學界極負名望的國民黨大老梅可望博士創辦的「臺灣發展研究院」主持。

這次仍然為他們做了三個小時的講座，雖然是一個新的學員班，我的題目也與時俱進的改為：「中美臺三角關係習題」，分別就中國與美國的社會、教育、外交、經濟、政治、軍事方面的現狀，還有臺灣夾在當中扮演了什麼樣的角色，為他們做一些分析和探討。

由於個人在過去五十年，因工作經驗經常身處三方面關鍵人物角力折衝中，以實例驗證其間複雜因果關係，獲得共鳴。講習進行得非常順利，討論也非常熱烈。我最後用「態度決定高度」做結語，取得曲終人散賓主盡歡的圓滿結果。

六月十七日，北京語言大學研究生院張華院長及港澳臺辦田育枝主任再度到臺灣TLI來參訪。當然，雙方針對兩校的共同利益和未來新的合作方向，做了認真的回顧與研討。

天津TLI五十五週年校慶

六月十八日，天津漢語中心舉辦TLI五十五週年校慶，特別挑選中國天津市做為慶典的舉辦地點，主因是天津校的外籍學生快速增加，同時基於天津是中國京劇與說唱藝術的聖殿，我們多次活動都在北京舉辦，這次改在天津舉辦，受到天津國際和民間各社團的支持和重視。

晚上的節目單上詳細列有TLI產學集團令人驕傲的歷史，還有居於全球漢語教學界龍頭的實例，做為海峽兩岸第一所民辦的漢語教學機構，TLI在五十五年以來已經培育全球三十萬名洋桃洋李外籍學生，也培養無數五百強、一千大的國際企業中國通人才。

在這一天的慶典活動中，邀請TLI旗下舊金山中山綜合研究院的藝術顧問徐渝蘭女士主演，搭配來自臺灣的傑出票友，於天津市中華劇院、天津青年京劇團合作演出《鬧龍宮》、《空城計》及《穆桂英掛帥》這三齣大戲。

這次演出，天津校武靖霞主任動員天津校教職員師生同仁做好事前、事後的服務組織工作。除TLI全體在校洋學伝之外，陸續還拜訪天津國際外交學校和外籍人士居住的社區，分送入場券，邀請居住在天津的外國朋友前來欣賞中國古老京劇藝術，並且由北京TLI校專車前往載送支持燕莎校、王府井校的主管及部分教師代表們，來到天津擔任後臺服務分發節目單、拍照錄影及前臺接待等活動工作。

特別的是，我們開放後臺給外籍人士參觀，讓他們親見演員化妝、著裝的過程，並通過TLI老師的外語講解，學生們及外籍觀眾藉由這次機會，滿足了極大的好奇心，紛紛陳述這是他們生平第一次接觸這神秘而炫爛的中國京劇文化，沒有不興奮雀躍的。

演出到晚上十一點結束，我們把北京前來支持的工作同仁從天津送回北京，每一位都把他們平安的送到家裡，那時已是半夜三點鐘。這是一次非常成功的演出，我們還在活動後製作光碟，分贈給外籍朋友。

七月十四日，北京TLI「中國漢網學院」代表到臺灣進行為期四天的網路教學會議和講座，與臺灣TLI二、三十位網路教師交流新的教學技巧和討論教材修訂方向，整個節目的進行，我都親自陪同，同事們因我這花甲老翁全力以赴的精神感召，從無懈怠。

這也就是我所創造的「TLI文化－忠誠勤敏、與時俱進」不斷傳承的實例之一。

▼天津TLI五十五週年校慶，TLI創辦人起立向觀眾致意。

TLI-IUP兩岸對外漢教心得論壇發表會

天津大戲落幕之後，緊接著在二〇一一年八月十一日，由中華語文研習所和清華大學IUP中文中心共同舉辦「兩岸對外漢教心得論壇發表會」，地點就在北京清華大學。TLI的代表有王府井校、燕莎校、漢網學院部份老師，本人及中山綜合研究院朱院長均出席。

▼2011年，TLI與北京清華大學IUP聯合舉辦兩岸對外漢教心得論壇。

兩校一共有八十三篇論文發表，包括TLI六十三篇，清華IUP中心二十篇，兩校合作起始因二〇一〇年中華語文研習所建校五十五週年慶紀念，也是清華IUP中文中心（Inter-University Program for Chinese Language Study at Tsinghua University）成立四十七週年紀念。

「IUP語文中心」在臺灣設立三十年之後，遷到北京清華大學。這個機構由美國二十個一流大學代表組成董事會，一九六三年在臺北成立。當時，TLI為支持IUP在臺成立，特別派出五位TLI老師前去擔任教務主任及語言培訓輔導師，這五位「先烈」就成了IUP能在臺灣順利成立，並成長三十年的先鋒。

IUP成立之初，美國史丹福大學一位歷史系劉教授來臺灣，找到TLI董事會，希望能與TLI合作，協助由史丹福大學為代表的美國八所大學聯合組織「美國大學聯合研習中文中心」，但TLI董事會當時均為基督教傳教士，較為保守而未通過該案，最後由臺灣教育部國際文教處協助，在臺大校園裡擇一

座教學大樓而成立。「IUP」跟教育部簽約,教育部每年以一塊錢美金租金讓他們使用該校舍長達三十年,其實就是等於義務捐助。

當時他們只有八個大學的代表,現在已發展成二十個大學。

IUP以前在臺灣的名稱是「史丹福中心」,所謂「史丹福中心」是指董事會由史丹福大學代表負責,遷到北京的清華大學以後,過去的十七年來都由加州柏克萊大學擔任董事會負責人,可謂培養美國和國際漢學專家的搖籃。

近年來,IUP希望秉持中文的教學傳統,廣納經濟、金融、法律國際關係的菁英學生,在對外漢語教學領域上佔據著非常獨特的地位。他們的學生主要都是學術型,希望將來能成為專家學者。IUP現已建校四十八年,而TLI是五十五年,在IUP建校時曾經得到TLI教學上的全力支持,所以這次合辦「兩岸對外漢教心得論壇」,兩校董事會都非常支持,師生們也熱情地參與這項活動。

發表會在八月十一日於北京清華大學舉行,出席的代表人物有清華大學副校長、中國教育部語用司張世平司長、語信司王鐵昆司長、曾任國家語改會主任與教育部原副部長柳斌,還有中國語文報刊協會會長王澄、李行健教授,李教授也是《兩岸現代漢語常用詞典》總編輯之一,前中國社科院出版社社長。TLI在北京、天津的負責人及部份老師代表、漢網學院的院長也都熱情與會。還有清華和TLI的學生代表,共五、六十人齊聚一堂,大家紛紛對八十三篇論文熱烈發表心得報告及感言。

論壇中發表的論文都是從業者專業的教學心得彙報,提供兩岸外籍人士、語文學習者及從事對外漢教工作執行者與資深老師不同的觀察和視角,進而認識兩岸對外漢教差異與優勢。內容體裁豐富,分設初級、中級和高級教學心得的論述,以TLI累積五十五年對學生量身編制的四百多冊對外漢教教材,培訓遍及全球無數對外漢教師資、外籍學生,融合紮實與時俱進的教育理論和應用基礎,結合IUP半個世紀及美國各大學績優英才的學習成果,希望能結合兩校資源提供關心全球對外漢教發展人士做參考。

出席的新聞單位包括新華社及環球日報等多家媒體,事後都一一報導。

尤其新華網報導多篇，對這次活動能見度極具影響。

這項活動被中美漢學界視為二〇一一年度盛事。

八月十一日，北京清華大學現場發佈會以後，緊接著九月十六日於臺北再舉行一次「兩岸對外漢教心得論壇」，九月二十二日在臺中校舉行發佈會，九月二十六日在高雄校舉行發佈會，幾乎動員了所有校內外對外漢教教師與工作者參加，引起廣泛重視。

論壇論文集共印刷一千本，將近有四百頁的大著，自從新華網中英文版發佈以後各地名校紛紛來信要求獲得一本，所謂「洛陽紙貴」，一千本《兩岸對外漢教心得論壇論文集》已索贈一空。

美國TLI大學成立

二〇一一年十一月二十至二十一日兩天，TLI舉行「美國TLI大學」成立大會暨全臺幹部會議。

所謂的「TLI大學」就像國際上所有的名牌產業集團，例如IBM有「IBM大學」、McDonalds有「麥當勞大學」，TLI也不例外。

幹部會議成員四十人來自全省四個分校，一共進行兩天時間，地點就選在臺北市近郊北投春天飯店，所有參與人員都能享受北投泡溫泉優良品質，同時晚上也有美食及卡拉OK，讓大家在公務之餘到戶外散散心。在優美的環境中進行報告研討會，同時也利用這兩天時間進行北投文化參訪，例如北投文物博物館等天然溫泉名勝。

「TLI大學幹部會議」由甫自美國返臺的何再生執行長策劃執行，講習會

分四組進行，於取得二〇一二年TLI共同衝擊目標與評鑒方法共識後，感性曲終散會，各組均獲得豐碩成果。

　　這十二月二日，「國際青年研修大學」（IYU）由北京青年研修大學董事長鄧亞軍率領重要幹部等三十二人訪問臺北TLI總校，並聽取簡報，加強IYU對臺灣合作校TLI旗艦校魅力全球的認識，晚上TLI在圓山大飯店宴請接風，席開四桌，同時也安排了輕鬆的晚會節目。

　　我們和國際青年研修大學，也就是共青團組織的學校合作已有十六年。這一次他們來TLI參加座談、接待茶會和歡迎晚宴，賓主都有愉快的夜晚。他們的領導人過去曾二次訪問過臺灣TLI四校，但其他同仁卻是第一次到臺灣來。這一次來臺一探盧山，還可增加兩校各方面的共識，對以後的交流合作更有幫助。我們在圓山飯店的歡迎晚宴上邀請總統府資政林澄枝、前國防部長孫震、名作家耿榮水等作陪。兩岸戲劇歌曲節目輪番上陣，互留深刻追憶。

　　十二月二日，澳大利亞駐臺辦事處的代表Mr. Kevin Magee偕夫人到TLI訪問，Kevin Magee是TLI二十幾年前老校友，他的夫人陳玉光也是TLI的老師，有七、八年的資歷，同時也擔任過臺中分校校務長，是一位秀外慧中，學經歷俱佳的好老師。

▲2011年12月2日，北京國際青年研修大學董事長鄧亞軍（前右四）率三十二人代表團抵臺訪問TLI與何景賢創辦人（前右三）合影。

　　二十年前Kevin Magee派任到澳大利亞駐北京大使館擔任政治組官員時，和我常有聚會，後來他被政府派到新加坡做大使，再被派為駐臺代表，履新後首次回到TLI母校拜會，大家都非常高興。看到他們現在有兩個非常可愛的孩子，事業有成、家庭美滿，學校有很多同事都為他們感到高興，並給予祝福。他們聽說TLI的校友會活動非常頻繁，文化活動延伸至兩岸，Kevin更是非常興奮，報名參加校友會擔任董事。

　　這是TLI在二○一一歲末時的高潮。

TLI文化講壇

　　二○一二年TLI文化講壇邀請陳履安先生做一場專題演講，講題為「心安」，令學員與教師皆受益良深。

　　一月十六日，與TLI有三十三年情誼的美國姐妹校布威斯達大學副校長Dr. Evans到臺北TLI進行為期一週的訪問。這一次來臺的時間很長，除正式銜命訪問TLI外，同時也負責布威斯達大學學術交流、教務和海外業務推動工作，主要是研究增加和TLI的合作專案。

　　過去三十三年來，TLI提供該校學生獎學金赴臺學習中文，已超過五十個名額，他們也接受TLI每年送一位老師到校從事對外漢教教學，並可在該校研究所修習學分。副校長這次前來，一方面是為訪視交換學生在臺北TLI的學習和生活情況，同時也想研究新的合作項目，還希望增加兩校的交換教師和學生名額，我們沒有讓他失望，副校長帶著豐碩的成果回去。

　　一月三十一日中國臺商總會副會長兼陝西省西安市臺商會會長孫芳山，

偕同臺灣陝西同鄉會的會長臺中市議員李中先生一起到臺北TLI訪問,也正式提出希望TLI能夠在陝西西安成立分校的要求,不只教外國人中文,也希望能夠幫助他們發展當地青年的外語學習,雙方達到相當多的合作交流共識,我答應在兩個月內一定會安排本校代表會組團到西安實地考察,並研討合作的項目和可能性。我們在承諾的期限內,派選張郁文董事長及何再生執行長前往西安進行一週完整詳實的視察,並為合作的條件與契機做出深入的考慮。

二月十日,TLI和北京的國際青年研修大學合約到期,重新簽訂。他們希望這一次的合約能夠延長為五年(從二○一二到二○一七年),本人在北京與國際青年研修大學董事長鄧亞軍共同擔仁見證人,由TLI朱總裁和國際青年研修大學校長房恩代表簽字,觀禮者也都是兩校的負責代表。

三月六日,實踐大學華語中心籌備處五位教授到TLI參訪,實踐大學規劃成立華語中心,希望教育部在明年可以核准。他們未雨綢繆先到TLI羅斯福校參觀,聽取我們的建議,如何進行教學、如何培訓老師、如何準備教材。當然,我身為實踐大學的董事,對這個華語中心的成立自然責無旁貸,何況我在對外漢教被公認為老前輩,所以循循善誘、言無不盡,對他們做了多項有效開辦建議,也答應給予全方位的後盾,包括教師精嚴培訓。

TLI在一九七五年時期的董事陳履安先生[註1],於今年三月二十四日訪北京,並希望能夠到TLI北京校。當天他不但參觀了燕莎校校舍與美國及加拿大外交官學生暢敘,中午邀請校友唐占晞先生[註2]陪同午敘。因為陳履安先生篤信佛教,於是大家在北京吃了一頓素宴。隔天,我與內人偕同陳履安先生長公子宇廷及媳婦央金暢遊北京。此時春暖花開,遊人興致盎然。時中國國務院港澳辦主任王光亞大使聽說陳履安先生人在北京,於是透過其內兄陳昊蘇,也就是前中共十大元帥陳毅的長公子邀請餐敘。陳昊蘇先生和我自一九九○

註1、陳履安先生為蔣介石時代副總統陳誠先生公子,歷任中華民國國科會主委、經濟部長、國防部長、監察院長。

註2、唐占晞先生為美國首任北京新聞處處長,也擔任過IPU中文中心主任及芝加哥市長在上海總代表。

年相識於北京，後應他之邀，我們一家三人曾訪問其家鄉四川樂至縣。

三月二十八日於北京人民大會堂舉行了一場晚宴。席間有陳昊蘇先生和王光亞夫婦，我和內人陪同陳履安夫婦，共同享受了一頓非常感性的聚會，當中也有很多「一笑泯恩仇」的故事。在國共內戰中，陳履安先父陳誠是國民黨國防部長，而陳毅是當時共軍非常出色勇猛的大將，兩軍曾經在今晚二位陳先生尊翁激烈的存亡決戰中，影響了中國的命運，現在兩方長公子在我與內人的安排下初次見面，可說是「化干戈為玉帛」了。這是一個包容互諒的愉快夜晚。

陳履安於訪問北京一個星期之後回到臺北，四月二十五日接受TLI邀請到羅斯福校做專題演講，題目「心安」。「心安」的意思是要大家對生命不要存在疑問，不疑就不會自找麻煩，生命中不快樂的因素，都要透過智慧來消除。他說道：

以我個人來說無處不是家，習慣告訴我們，人需要有固定的處所，每天在狹小的地方運作，如果有一天生活中的慣性改變，麻煩就來了。這些困擾的來源就是我們沒有開發本能，感受到的都是表像上的情緒起伏。如果別人激怒我，我想要控制脾氣，要直觀直覺，為什麼別人講話我要起情緒呢？因為，氣血從頭上冒，一氣來了壓不住，我看見了情緒，遇到這種情形要怎麼辦？要把焦點放在你當下正在做的事情上，假如你正在吃飯，慢慢喝兩口湯氣就下來了。西方人講人的情緒，有正面有負面。但，情緒就是情緒。人是情感的動物，見聞覺知都是有的，生活中時常會有一些讓你不舒服的情況，時常看自己的情緒，你可以把自己的情緒用自己覺知的方法看著它。禪，是生活中點點滴滴的變化。

他這場平和的一小時講演，全校有七十多位師生參加，大家聽完後均深受感動。有彼此不和的老師，在聽完演講之後互相向曾經敵視的同事道歉，相互諒解和好，可見得這一場演講對TLI確實有很大的幫助與影響。

接著，臺灣僑務委員會任副委員長偕同僑教處長及加拿大僑校校長參訪

團一行三十二人，於六月二十日下午到TLI訪問。我因人在國外，特別安排學校各級主管列席做簡報及教材展示、教學參觀，並就TLI與僑校未來研習中文新趨勢與方向取得熱烈交流分享。

▲加拿大僑校訪問團合影。

▼2012年4月25日，陳履安先生（左）以現代禪「心安」為主題，應TLI基金會邀請至「TLI文化講壇」演講。

廈門兩岸高校交流

　　二〇一二年八月二十三日，我在北京突然接到中國教育部高校畢業生就業協會的秘書長李強先生的電話，希望我能夠幫忙促成「廈門－兩岸高校交流會」。

　　李強先生的上司——副理事長王璐江女士，原來是北京語言大學的前書記，也是校務委員會的主任委員，與我是舊交，彼此相當熟識。經由王璐江副理事長的介紹，來電與我商談，希望我能夠協助他計畫在二〇一二年十一月十五日於廈門舉行的「大學生就業洽談會暨兩岸高校交流活動」，由我在臺灣組成一個約十五至二十人的大學校長代表團與會，大陸方面除了有學生

團體，尚有全國二百多所大學校長出席，以期藉此建立兩岸高校交流的平臺。

聽聞此想法後，我說道：現在已是八月二十三日，我三十日才回到臺灣，只有九月、十月兩個月的籌備時間，而且現在正好是臺灣各大學的暑假，要找到學校校長很不容易，因為他們多半出國開會或者是休假去了。而臺灣各大學的開學日期是九月中旬，開學後再來進行邀請工作，在最多只有兩個月期間內，還要經過臺灣教育部批准，這是一件極高難度的事情。

不過我見他態度懇切，強調過去這項會議只開過一次，且當時只有國內的高校領導，希望這一次會議有機會邀請臺灣學校大學校長代表參加，促成兩岸高校的合作。合作的構想有：大陸高校與臺灣高校學生交換留學，兩邊教授教學交流，或者有學科、科系互通的可能性。希望這一場交流會不但有兩岸學校參與，還有國際學校，請我無論如何試著促成。我說，這是個理想，但現在已近八月底，很多大學都在休假，而且西方人做事都是一年以上的計畫，不可能現在說說就能成局。他的表情顯出萬分的失望，我也不忍心澆熄他的熱情，在道德勸說「做好一件事，必須做好充份的『豫』，正所謂『豫則立』」後，於是我承諾回臺灣儘量試試看吧！

三十日回到臺北以後，我還是立即以中華語文教育基金會的名義廣發武林帖。由於我深知公立高校成行的機會微乎極微，因他們多有「公務員心態」，多一事不如少一事，而且一切要等臺灣教育部的批准，沒有三個月以上的時間籌備是不可能的。所以我向私立大學八十個院校發出邀請函，看他們是不是有興趣，有興趣者就到臺北來參加我們的說明會。透過我個人的老面子，終於說服十五位一流的私立大學主管出席說明會，前後在TLI臺北總校開過二次會，全心竭力奮戰下，TLI終於組團成功。

二十所高校校長及各單位領導共三十人組團參加，特別邀請實踐大學陳振貴校長擔任團長，中華語文教育基金會張郁文董事為副團長，在兩個月內把團組成，同時也通知美國跟我們具三十年交情的姐妹校布威斯達大學，他們雖然沒有辦法一下子做出決定，也一時派不出人來，於是委託美國中山綜

合研究院朱婉清院長擔任布威斯達大學代表，如此，這個平臺便不但有兩岸代表，還有國際代表的參與。

我們一行三十人在十一月十四日上午臺灣桃園機場集合往廈門出發，隔日上午八點半，廈門市人大主任、華僑大學校長、廈門大學代表及我共同主持開幕式。全國高校校長共有二百多人，與臺灣及國際代表一起參加了「兩岸大學生就業洽談會暨高校生交流活動」。

整個活動進行順利，兩岸參加座談的大學校長都對彼此的合作表示高度期望，希望未來的高校畢業生，將有機會在兩岸找到一條開花結果的大道和目標，會議結果算是挺豐碩的。在十一月十五日這一天，臺灣二十所大學及美國BVU推出「二十加一」學校簡介攤位及整天會議，大家都覺得這是一次深具意義的兩岸高校會議。

中午歡迎宴上，正好趕上中共十八大會議結束，產生七位領導人中央政治局常委。我們坐在第一排餐桌上，目不轉睛的看著電視，看到習近平、李克強、王歧山等七位政治局常委被選出來，其中習近平總書記說話穩重而有力，深感他是一位有革新使命感，能夠把中國帶到富強康莊大道的新領袖。

出廈門任務前一天的十一月十三日，臺北外交部外交學院特別邀請TLI主管，由我本人帶領和學院院長、副院長、教務主任等餐敘，餐敘當中瞭解到各國駐臺外交代表、眷屬計畫研習中文。外交學院的主要任務是培養臺灣的外交官到國外赴任；而現在有了另外一個任務，就是外國駐臺外交官及眷屬能經由臺灣外交學院的贊助順利研習中文，希望TLI給予支持與配合。

◥2012年，TLI組團參與在廈門舉辦的大學生就業洽談會暨兩岸高校交流活動。

他們特別提出TLI是由美國在臺協會中文校長推薦的，而且他們也對TLI非常慕名和瞭解，所以雙方很快地便談到了許多未來合作的技術性問題。

十一月十八日，中華語文研習所和實踐大學合辦的日文檢定考試，有八十多名考生在TLI臺北羅斯福校舉行考試，他們分別是來自社會大學和各大專院校的師生。這場考試TLI所獲心得就是：一直以來，TLI從未缺席對外華文檢定考試，除了公立學校，大多數的外國學生都會到TLI來報名參加。現在更辦理日文檢定考試，並於兩校各設考場，未來將更進一步合作日文教學，這對雙方而言都是金水相生互惠的事。

廈門會議結束之後，緊接著十一月十九日，中國教育部高校畢業生就業協會李強秘書長帶領大陸十八所高校的二十六位代表到達臺灣，我們選派臺灣張郁文董事長和高雄校的鐘菊茹校務長陪同參觀位於南部的義守大學和樹德科技大學。廈門參加洽談會後，幫助他們對臺灣高校有更多的瞭解，相信對促進兩岸高校畢業生未來的合作，不再只是坐而談，還能夠起而行。實地來臺參觀後，發現了更多合作的空間，又是一次豐碩的收穫。

十一月三十日，大陸「教育部高校畢業生就業協會」理事王熾昌、王璐江及李強秘書長在北京市蘇浙匯和我們聚會，答謝TLI協助他們完成這次任務，開設了嶄新的交流平臺，大家都對未來寄予希望，預備於下年度再開辦類似的高校畢業生就業洽談會，希望能增加美國及歐洲大學與會，為此，現在就要開始準備，以便未雨綢繆。十一月的廈門會議因為只有二個月籌備期，在人仰馬翻情況下，居然還是做成了，也算是一個奇蹟，本來在暑假期間找任何學校的領導都是不易的，最終這樣一個「不可能任務」能夠達成，也讓兩岸很多高校領導都「跌破眼鏡」，我們也不虛此行。

返臺後，我於檢討會中再次鼓勵TLI全體幹部：「TLI幹部必須有『犧牲奉獻，捨我其誰』的氣魄方能成事。」

十二月五日，TLI校友總會進行改選，產生了七位代表，天主教負有盛名的耕莘文教院院長，原來是三十多年前在高雄校學臺語的校友，如今被選為TLI校友總會會長，副會長是歐僑商會總經理，秘書長由基督教會人士當選，

同時也有美僑商會前主席、「華僑總會」負責人出任榮譽董事，還有ICRT英文廣播電臺翻譯及主播，是出身英國牛津大學的研究生梅慈恩，另一位是前任副會長日文教師片山愛。他們的當選，令我非常歡喜，使得TLI產生一股浴火重生的新力量。這次校友會在臺北喜來登飯店聚餐。

十二月十二日，從早上九點到下午五點半有一場別開生面的家族企業年度論壇，發起人是巴黎銀行常務董事Allen Tsai博士，出席的工商企業界老闆父子兩代及學者專家共有兩百多人，副總統吳敦義也到場致詞表示關切。

這一場別開生面的年度論壇，主要討論的是家族企業接班的問題，事實上是為解決企業接班人兩代代溝問題。一天的討論會中，先由第一代老人家說話，第二代恭聽；到了下午，老人家不在了，第二代的意見就非常的多，討論非常熱烈而真實，並且舉出很多活生生的例子，這實在是一個重要的課題。現代化的家族企業尤盛，兩岸企業家多半把事業留給自己的後代，而忽略讓第一代實際操作的老幹部與第二代接班人順利磨合、融洽經營的部份，因此產生很多異見。這一場家族企業論壇引起臺灣社會廣泛重視，在我回到美國與家人共度聖誕之前能與會，覺得很有意義，也值得思考。

十二月十四日，TLI在臺北和士林分別舉辦聖誕晚會，師生校友及來賓出席熱烈，兩邊都有非常精彩的節目，很多都是攜家帶眷一起來參加，會場來了許多不同國籍的小朋友，非常可愛。外國學生用中文歌唱和致詞，說了很多祝福的話，看到一個個外國學生在語言學習上有這樣優異的表現，我這個創辦人也感到非常欣慰。新當選的校友會會長耕莘文教院杜神父，用國、臺語在現場致詞，大家都非常感動。參加完這樣一個溫馨的晚會後，我在十二月十九日便離開臺灣到美國和家人團聚，共度異鄉的耶誕節。

十二月二十六日，這一天，是我七十八歲生日宴。很多朋友知道我一年才來美國一次，都踴躍出席給我祝福，共切生日蛋糕，也為我唱生日祝福歌。親友從世界不同城市趕來，生日宴地點在舊金山「香滿樓餐廳」，這一場小型的歡聚會，客人約有五十人左右，與會者都是精挑細選的親友，為我帶來幸福滿足的一天。

　　十二月二十一日晚，我到達舊金山兩天後，臺灣的僑務委員張文睿先生也在香滿樓餐廳舉行三民主義大同盟餐會，以歡迎臺北來的海基會高孔廉副董事長伉儷與公子。高孔廉是一位學者也是我的老友，這一次有機會和他一起在美國聚餐，非常難得，我們在臺灣反而很少見面，沒想到在舊金山，兩人竟同一時、同一天，搭同一班飛機到達，但是我們在飛機上沒見著面，居然在第三人的歡迎餐宴上碰面了，令我們又驚又喜。與會代表們都對海基會最近的人事異動有所交流，同時也探尋海協會是否將有人事異動，據高孔廉先生的看法，在習近平總書記接事後，應該在明年的三月以後會兼任國家主席，尤其在李克強擔任總理以後，海協會的董事長應該會有些變動，兩岸將又是一番新格局新氣象。

　　這一年，二○一二年算是平順的過去。送走龍年，緊接著就要迎接蛇年了，祝福國家國運昌隆，希望兩岸老百姓都豐衣足食，國泰民安。我這明年將屆八十高齡的老翁，期待能在有生之年見到兩岸的和平統一。

TLI國際校友會董事會成立

　　二○一三年一月五日，TLI國際校友會董事會在臺北市喜來登飯店正式組成，會長為法籍杜樂仁博士，另四位董事成員由英、日、美、法四位傑出校友擔任。

　　是年，「年代新聞」電視公司於二月五日現場專訪TLI師資班受訓學員，節目播出後受到觀眾熱烈迴響。

　　二月七日，陸委會林祖嘉副委員長暨嚴重光處長連袂拜訪TLI，何院長親切接待，並轉達大陸臺商對陸委會政策期許。

　　二月十二日，TLI老校友、CNN名記者齊邁可三度返校上課，何院長與朱婉清總裁設宴歡迎，美聯社及紐約時報等多人及美國大使翻譯官均與宴作陪。

　　二月十六日，朱總裁會晤中國舊金山領事館教育參贊徐永吉，洽商美中文化交流合作事宜。

　　二月十九日，TLI校友、SMBCNIKKO公司董事長岸原豐明董事長，在設於上海環球金融中心的公司內接待何景賢院長、朱婉清總裁、何再生執行長，TLI-CIIC上海校許芹主任及譚妮主任陪同。

　　二月二十二日，何院長、朱總裁訪問上海合作單位——中智公司石磊總經理及夏海蓉總經理，商談TLI上海三分校未來發展方向並達成共識。

　　中國教育部高校畢業生就業協會負責人王璐江、王熾昌、趙亮宏、李強等，於二月二十六日宴請何院長及TLI總裁朱婉清，洽談中美大學生教育交流合作專案。

　　二月二十七日，印度臺北協會副代表一行來訪，TLI張郁文董事長、董毓璋校務長接待。

　　三月三日，TLI臺北總部全體師生歡聚一堂，舉行一年一度的春酒酒會，實踐大學董事長謝孟雄偕夫人林澄枝女士、「僑聯總會」簡漢生會長、恕德學園董事長鈕庭莊等蒞臨。

　　四月十三日，何院長偕夫人朱婉清歡宴世界銀行、歐盟、法國大使館、美國大使館等單位駐北京代表。

　　四月十五日，臺灣師範大學華教研究所新任所長曾金金教授，率該校華語文教學系所教學觀摩參訪團一行三十人訪TLI。

　　四月十六日，何院長偕夫人朱婉清訪問北京語言大學，與該校李宇明書記及相關負責人會談，就TLI與北京語言大學二〇一四年度合作計畫進行討論，並達成七項共識。

　　日本佐藤集團與TLI合作，正式接管「TLI日本中國語中心」，於五月十日簽約，立即生效。新校址設於東京帝國大廈，另在大阪成立分校。

　　六月十二日，何院長偕夫人朱婉清總裁巡視TLI大連校，與該校主任王微及全體老師舉行教學研討會，並與校友餐敘，同時拜訪合作老夥伴——大連民族學院。

　　八月二十二日，何院長偕TLI全校師生代表三十人，於臺北校總部大門前主持中元普渡儀式，外籍學生均對親身體驗中華傳統文化印象深刻。

▼2013年2月12日，TLI老校友CNN名記者齊邁可（前左二）三度返校上課，何主席與朱總裁設筵歡迎，美聯社及紐約時報等多位校友作陪。

▲TLI國際校友會董事會在臺北市喜來登飯店正式成立，法籍杜樂仁博士榮任本屆會長。

◢2013年4月16日，北京語言大學書記李宇明博士偕一級主管七人與TLI主席景賢博士暨朱婉清總裁攝於會場。

TLI校友會暨傑出校友頒獎餐會

　　二〇一三年八月三十日晚上七時，「TLI校友會暨傑出校友頒獎餐會」在臺北市陸軍聯誼廳隆重舉行，出席校友及佳賓共一百一十位，由執行長何再生（Jason Ho）擔任司儀。

會中除報告校務現狀及未來發展願景，更表揚九位傑出校友：Jacques Duraud、Katayama Ai、Marine CHANTEBOUT、Kathleen Mackay、Don Shapiro、Dr. Han-Sun Chien、Kevin Magee、Okada Mitsuhiro、Michael Colle，恭賀他們在漢語學習及事業領域上的成就。

晚上七時，校友們陸續蒞臨會場參加盛會，大會由TLI創辦人何景賢院長Dr. Marvin Ho主持。何院長向校友們致詞勉勵，除感謝大家的支持並因應校友之期許與要求，藉由臺北校友會的成功經驗，擴大辦理國際性聯誼組織，以便整合全球校友力量，為校友及其事業單位做更大的回饋。

TLI在八月三十日晚上以「有朋自遠方來，不亦樂乎」的心情舉辦校友歡聚晚宴，大會高潮莫過於頒發TLI全球至高榮譽「傑出校友獎」及TLI合唱團首次公開演出，全場充滿歡樂的笑聲及動聽的樂章，將來自不同國家及地區的校友緊密聯繫在一起，與會佳賓共同享受了一個溫馨又感人的饗宴。

TLI自一九五六年創校至今六十年，在世界各地已成立十八個分校及網絡學校。六十年來，TLI歷經了不同的階段，培育出數以十萬計的「TLI校友」，活躍在各行業中，其中包括各國駐兩岸大使、世界五百大企業精英及著名大學校長等，為推廣華語文教學、培訓漢語專業人才做出卓越貢獻，贏得各界的肯定。值此歡慶時刻，TLI校友會更期待大家一起分享這份榮耀。

創辦人Dr. Marvin Ho致詞稿：我有一個夢

〈我有一個夢〉——Dr. Marvin Ho

一九五六年，五十八年前的九月，TLI以基督教語文學院（Missionary Language Institute）的名義在美國新澤西州（New Jersy）立案，在臺北成

立第一所為外國人華語教學的語言學校。

學校的創辦人就是我的老師Rev. Egbert Andrews和我——Marvin Ho。當時的學生全部都是基督教傳教士，他們是為呼應蔣介石承諾的「五年反攻大陸」後，至中國為基督教傳福音而學習中文。

建校兩年後，由於學校教學成績良好，為廣納多元外國的學生，學校董事會接受我的建議，將「基督教與文學院」更名為「臺北語文學院」（Taipei Language Institute，TLI），全面對外開放。後又於一九七五年更名為「中華語文研習所」，視界愈加寬闊。

五十八年來，我們標榜「以學生為中心」的教學信念，嚴格與科學化的教學方法，培養出來的一流教師，在世界各地植下良好的聲望，外籍學生一波波湧入，包括世界五百大企業、外交官、各大媒體人，甚至是政治領袖以及原本就存在的傳教士、各國代表，均來到TLI研習中文，讓TLI成為閃亮的名牌。

今日，TLI在世界上一共擁有十八所分校，其中有九所在中國大陸，有四所在臺灣，一所在美國，另外又成立了TLI網絡學校，以滿足無法到中國來學習中文的外籍人士。我們目前在世界上已有三十萬校友，二萬多名教師，這是TLI甚感驕傲的一部分。我們更驕傲的是——許許多多代表各行業，在國際間無論文化、政治企業交流表現極為出色的校友，包括今天在座的各位，這是今晚舉辦「TLI Alumni Dinner」的主要原因，你們是TLI的縮影。

現在，將TLI校友董事會各位代表向各位介紹如下：

Mr. Jacques Duraud S.J. Tien Educational Center，Director；
Taipei Ricci Institute，President
會長杜樂仁院長，耕莘文教院
Mr. Freddie Hoeglund，Chief Executive Officer（CEO）of European Chamber of Commerce Taipei
副會長何飛逸執行長，臺北市歐洲商務協會
Mr. DonShapiro，
The American Chamber of Commerce in Taipei，Senior Director
榮譽董事沙蕩資深總監，臺北市美國商會

Dr. Han- Sun Chien，
President，Federation of Overseas Chinese Associations
榮譽董事簡漢生博士，中華僑聯總會理事長
Mr. KevinMagee- Representative，Australian Office
榮譽董事馬克文代表，澳大利亞商工辦事處
Mr. HossamAwad
Columbia Sportswear Company，Country Director
董事賀森總經理，美商哥倫比雅公司
Mr. PeterKurz，
Citigroup Global Markets Taiwan，Managing Director
董事谷月涵董事總經理，花旗環球證券
Ms. Katayama Ai董事片山愛老師，TLI日文教師
Mr. Jansen David董事葉大衛，內地會傳教士

　　由於「TLI校友會」的組成，未來將會提供更多的服務。TLI可以保證，當你們到達中國六大城市：大連、北京、天津、上海、廣州、深圳時，只要向TLI分校報到，都會得到他們最好的服務。

　　TLI還將藉著今天這個晚會的機會頒發「TLI Outstanding Alumni Award」給獲獎而能出席的代表們，以表揚各位在專業領域的服務與貢獻。這項年度活動我們將持續在世界TLI各分校舉辦，歡迎在場的各位校友適時在當地報名參加。我在此代表TLI全體董事、教師與學生們熱誠的歡迎你們，並感謝你們的參與，希望今天晚上大家都有回家的感覺。

　　過去你們在TLI學習的時候以TLI為榮，今天是TLI以你們為榮！

　　五十年前（一九六三年八月二十八日），美國人權領袖Dr. Martin Luther King曾說過一句名言：「我有一個夢！」二〇〇八年，美國歐巴馬總統也說「我有一個夢！」今天，TLI的創辦人Marvin Ho也要在這個溫馨快樂的場合說：

　　我也有一個夢，我的夢就是TLI的每一位校友都是促進世界和平繁榮的天使！

二〇一三年於瀋陽歡祝校慶

二〇一三年九月十九日中秋節，TLI五十八週年校慶於瀋陽師範大學舉辦「兩岸一家親月圓人更圓」京劇展演大會，何院長與瀋陽師範大學校長聯合主持，出席嘉賓有七百人，盛況空前。

由本校舊金山中山綜合研究院藝術顧問，也是來自舊金山灣區的梅派名宗徐渝蘭女士領銜主演梅派經典名劇《鳳還巢》，搭配了瀋陽京劇院所有頭牌名角，並由TLI朱婉清總裁（曾任淡江大學戲劇概論教授）製作，梅派正宗李玉芙老師指導，風靡全瀋陽京劇界，瀋陽師大更是全校轟動，所有學院學校領導到齊捧場，堪稱二〇一三年兩岸文化交流在瀋陽一大盛事。

十月二十日，臺北校區舉行「教師節」文化活動——「新竹南園一日遊」，老師們在秋高氣爽風和日麗下享受了難忘假期。

十月二十四日，中國河洛研究會訪問團一行十七人，由盧昌華團長率領參訪TLI總部，何院長偕各主管及學生代表熱烈歡迎。團員包括政協及文化部領導，陳雲林先生以榮譽團長身份親電接待單位簡漢生妥予照料。研究會中，TLI就河洛文化對臺灣的影響與變化做了深度研究與探討，主客盡歡、咸表滿意。

十一月十七日，「年代電視臺」再度採訪TLI，製作專題報導。

十一月十九日，TLI總裁朱婉清率臺北代表團四人訪問北京語言大學，並與北語各單位領導等六人就慶祝「姊妹校」建立二十週年，就二〇一四年聯合推出論文集及在職進修學位案達成協議。

十一月二十至二十一日，吳怡芬副所長與何再生執行長代表TLI應邀出席兩岸在北京聯合舉辦的「中國國際遠端教育大會」，並提出建議報告。

師大華語教學系所參訪TLI

　　臺灣師範大學曾金金教授率該校華語文教學系所教學觀摩參訪團一行二十七人，於二○一四年五月五日來校訪問。

　　師範大學華語文教學系所與TLI兩校數十年來交流頻繁關係密切，情誼深厚。這一天，外賓抵校後，先於本所四樓會議室參加簡報及座談，本校幹部陪同交流接待，會中就兩校之華語文授課內容及教材師資進行多方面及深入的討論，該校並特別感謝這些年來兩校建立之交流與友誼，希望日後更加強兩校之實質交流。

　　座談會後由TLI一級幹部陪同外賓參觀本所三、四樓教室，外賓盛讚本所五十年來對華語文的教學貢獻，並對當日的隆重接待留下深刻印象。此次兩校之交流，可謂賓主盡歡。

▼臺灣師範大學曾金金教授（前左三）率該校華語文教學系所教學觀摩參訪團一行二十七人，於2014年5月5日訪問TLI。

卷十一、

忘年之交——四海之内皆兄弟

　　朋友在我的生命中佔據了非常重要的位置，但我的「交友」從不是有意而為之也從來不去想什麼「君子交而後擇，小人擇而後交」。朋友往往都是「無心插柳柳成蔭」的。老師、學生，同學、同事、上級、下級，比我年長許多的，比我年輕許多的，都可能成為莫逆之交。

　　我一生不管遇到什麼困難，都會有朋友出來相助。當然更有一些朋友，在我的生命中扮演了重要角色，不可不擇其要者而記之。

謝孟雄

　　謝孟雄，臺灣省彰化縣人，一九三四年十月出生於廣州，一九四六年隨父親回到臺灣。

　　回臺後，先後就學於臺北建國中學、高雄醫學院，於美國賓夕法尼大學醫學研究院畢業後回臺北從醫，歷任臺北醫學院院長、國立護專婦幼中心婦產科主任醫師。同時接掌臺灣私立實踐大學校長、營養學會理事長、社區發展協會理事長、中華家政學會理事長，以及擔任促進中國現代化學術研究基金會成員。一九八一年至一九九三年任「考選部」公務人員高等考試典試委員，一九九三年二月一日任「監察院」第二屆監察委員。

　　謝孟雄十三歲便愛上攝影藝術，成為臺灣知名的攝影家。雖是業餘愛好，但成就斐然，有評論稱之為「藝術細胞比政治細胞還要豐富的謝孟雄」，曾多次舉辦攝影藝術個展。

　　他的父親是曾任中華民國第六任「副總統」謝東閔先生。

▲攝影大師謝孟雄為老友何景賢於新疆天山所拍攝的馬上英姿。

　　謝東閔，原名謝求生，於一九二八年九月報考中山大學時，在校園裡同我的父親何健民相識，從此成為莫逆之交。兩個人同在一個系所讀書，同啃一塊麵包，同喝一碗白開水充饑。畢業後又一同留在中山大學教書，直到兩個人都結婚了，還住在同一所房子裡。

　　謝孟雄比我大二個月，同在廣州誕生。

　　在我兩歲時，父親受命去北大教書，謝孟雄的父親也離開廣州去福建、

香港等地從事新聞工作，兩家遂分開。我十二歲時，兩家又在臺北相聚。

我與謝孟雄雖然不在同校讀書，但兩個家庭的交往十分親密。在十九歲時，我曾身陷白色恐怖囹圄三十七天，正是謝孟雄的父親謝東閔先生在蔣經國面前親自做保，才獲救出獄。後來我創立「臺北語文學院」，從事對外漢語教育，謝孟雄做了臺北醫學院院長、國立護專婦幼中心婦產科醫師，不管各自在什麼地方，不管社會地位有多少變化，我們倆始終是最親密的朋友。

我的兒子何再生由謝孟雄親自接生，在何再生成長的過程中，孟雄兄更成了何家的最高醫療顧問。

謝孟雄接過謝東閔創辦的實踐大學出任校長後，我也應邀出任該校董事，幫忙參與董事會決策，任何一個議題、任何一個議案，我都會慎重地配合謝孟雄把關，促使校務順利發展。

謝孟雄一直是TLI的董事，TLI發展的重要關頭，謝孟雄都會給予支援，學校的一些重要活動，諸如「國際友人中華民俗才藝大賽」、「國際友誼日水上活動大賽」、師生節慶聚餐、學術討論會及校友晚會等，他一定到場。

謝孟雄夫婦的四個女兒，都是我看著長大的；我的兒子何再生，謝孟雄夫婦也十分疼愛。過年過節，兩家常在一起吃飯。平時，不管是誰到誰家，有時候熱一熱剩飯剩菜，照常是一次快樂的聚餐。

二○○五年，七十歲的我，腿上長了一個像鴕鳥蛋大的肉瘤，原來是前段時間我摔了一跤，因不當推拿引發腫瘤。腫瘤壓迫到神經，腿部疼痛以致於難以行走，必須進行手術。婉清特別從芝加哥請了一位骨科名醫朋友來做主刀。手術之後，那位朋友回了美國，可刀口一直不能癒合，並且發炎、流血，打了很長一段時間的抗生素，仍不見效。臺北的醫生說，必須把整個腿鋸掉，並且給家屬發出了病危通知書。走投無路之際，朱婉清打電話給謝孟雄。謝孟雄聽說大吃一驚，急言：「你為什麼不早告訴我！」立刻趕到醫院，同主治大夫商量。

主治大夫直言沒有好辦法，謝孟雄無奈之下，自創了以毒攻毒的方子——為我施打黃黴素，讓肌肉腐爛，再把皮膚貼上去，打鋼釘、打嗎啡。主

治大夫不敢使用的方法，謝孟雄一力承擔，竟然讓我絕處逢生，治好了病，也保住了腿。

後來，我到北京辦學，孟雄兄若去北京，也會到我北京的家中看望。如今兩個人已年屆八十，走在北京的大街上，像少年夥伴一樣手牽著手，見者無不感動。正如孟雄兄說的：「我們真是血濃於水的兄弟之情啊！」

卜少夫

卜少夫（一九〇九年六月二十一日至二〇〇〇年十一月四日），江蘇省江都縣人。祖籍山東滕州，為臺灣著名作家「無名氏」卜乃夫先生二哥。原名寶源，筆名邵芙、龐舞陽等。被譽為國民黨報界元老，曾代表香港地區華僑當選中華民國政府立法委員。在港臺有「報界奇人」、「新聞教父」之稱。

他在一九二九年入上海中國公學學習，一學期後轉入上海中央藝術大學。一九三〇年就讀於日本明治大學新聞科，一九三七年畢業回國。曾任南京《扶輪日報》和《新京日報》採訪主任，香港《立報》編輯，重慶《中央日報》副總編輯，南京《中央日報》總編輯。

一九四九年到香港，任新聞天地雜誌社社長、旅行雜誌社社長。我與卜少夫就是相識在香港。

一九七六年，我受命出任「中華綜合藝術團」領隊，率國樂、舞蹈、國術、雜耍、說唱、魔術等一行七十五位國府頂尖藝術家，以「慶祝美國兩百週年國慶、宣揚中華文化及慰問海外廣大僑胞」為標杆，在世界各地作巡迴演出。四月，首站抵香港，在「利舞臺」演出一個月，由於節目精彩，場場

爆滿。卜少夫先生出於對中華文化之感情與責任，以《新聞天地》社長的身份及其個人魅力，主動介紹我與團員代表，每日拜訪香港不同的新聞媒體，如南華早報（英文）、香港時報、星島日報、星島晚報、萬人日報及電視、廣播等，並不斷接受訪問。另由卜少夫引見，拜會工商學術界僑領，如蘇浙公會徐季良、工商名人尹書田等。

在卜少夫先生影響下，香港各大新聞媒體多以頭版頭條刊載綜藝團的消息。如：《中華綜藝團譽滿全球，來港表演備受歡迎》、《中華綜藝團風靡香港》、《中華綜藝團「利舞臺」盛大演出，下週啟程做環球表演》等等。

在香港演出一個月期間，卜少夫先生每日散場前抵達「利舞臺」，接我到香港各宵夜場所，會晤熱心的中華藝術的僑胞及愛國影星等，增強演出效果，讓「中華綜藝團」在一九七六年四至五月的演出，整月人潮洶湧，盛況連綿不息。

我與卜少夫先生也從此結成莫逆。

1989年農曆11月29日為何院長五十四歲華誕，眾老友設宴祝賀。（左起卜少夫先生、何院長、謝孟雄校長、歐陽醇先生、劉紹唐社長）

卜少夫長我二十五歲，是地地道道的忘年之交。先生幾乎每個月都要到臺灣進行新聞考察，自我們相識後，他每次赴臺所召集聚會，我只要人在臺灣，從不缺席。每每當卜先生需要會見臺灣政界領導，或文化、工商界名流，我亦無不設法引見，並全程陪同。一向不願與外界接觸的張學良夫婦，就是在我的引薦下會見了卜少夫先生。

卜少夫是朱婉清的父親朱虛白先生的摯友兼愛將，小朱虛白八歲。

一九四四年，朱虛白在重慶任中央日報總編輯時，卜少夫便是其手下的採訪主任。從那開始很長一段時間，兩個人一直在一起工作，結下了很深的感情。朱虛白到臺灣，卜少夫去香港之後，因經常到臺灣，依然是朱家常客。朱婉清可以說是他看著長大的，視之為至親侄女，經常笑著對婉清說：「我可要替你爸爸教導你呀！」所以當他得知朱婉清與我結為伉儷，喜不自禁，送紅包的時候才寫下了讓來賓無不莞爾的贈詞：「景賢吾弟、婉清世侄女結婚大喜。少夫祝賀。」

在臺灣，人們多稱卜少夫為「卜少老」。

卜少老才氣橫溢，風流倜儻，且天性幽默，語出驚人，有他在的地方，常常笑聲不斷。我與婉清成婚後，他來臺灣的次數更多了。不僅成了何家常客，他的一幫朋友也會輪流設宴相請。

卜少老嗜酒如命，酒量亦驚人。卜少老喜歌、能詩、善舞，和朋友每聚必飲，每飲必醉，每醉必歌必吟必舞，通宵達旦，不知東方之既白。其豪氣才情，深受女孩子們喜愛，所到之處常有才女環繞左右，九十歲仍擁著美女翩翩起舞。卜少老常以劉伶、阮步兵自居。朋友們因他的出生地江都縣隸屬揚州，稱其為「揚州第九怪」。他自己則說：「稱我揚州第九怪，依稀彷彿，我是揚州人，寫字人稱有板橋體，但才華我不及八怪也。」卜少老雖縱情酒樂，但體力精力過人，事業上亦有過人之成就，曾代表香港地區出任兩屆臺灣立法委員。

一九四五年，重慶一家小小的燒餅油條店二樓，窄窄的半間房裡，一個刊物呱呱墜地，封面上寫著：「天地間皆是新聞，新聞中另有天地。」刊名《新聞天地》，一下子發行全國，每期十八萬多冊，舉國為之轟動，時年三十六歲的卜少夫是創刊人之一。

此後，歲月變遷，同路人皆風流雲散，唯卜少夫獨力支撐，長達五十六年又十個月，直到他去世前一個月停刊。其間無論時局如何變易，經費多麼拮据，在最困難的時候甚至賣掉他唯一的住房，從未讓刊物間斷，創下了中國雜誌銷售量最高、壽命最長的紀錄，並為這一時段的中國，留下了大量珍

貴的政治與社會史料。

他自己說：「我為《新聞天地》盡瘁一生。」評者：「《新聞天地》生我生，《新聞天地》死我死，生死一命，休戚相關，生死不渝。」

卜少夫在他八十八至九十一的三年歲月裡，日日為香港《星島日報》撰寫專欄文章，如此高齡猶筆耕不輟，僅此一端，亦堪稱絕世奇人。

卜少夫一生著作等身，主要著述有《日本軍閥專政史》、《經過陣痛》、《無名氏生死下落》、《人在江湖》、《我見我思》、《空手天涯》、《無梯樓雜筆》、《人間躑躅》、《風雨香港故人》、《有語問蒼天》、《卜少夫這個人》等。

更值得載入歷史的是，他終生熱愛祖國，情繫兩岸統一，力反臺獨。他曾說：「我有一個基本信念，為中華民族和平統一而努力，堅信中華民族一定會在一個中國的原則下，結束兩岸分離，實現和平統一，此乃我有生之年奮鬥的目標。此外，我別無我求。」

卜少老不僅立此言，而且付諸行。

上世紀九十年代初，他和我、金堯如三人順應時代要求和兩岸民意，制定和實施了推動兩岸和平統一的「長流計畫」，其直接成果是，促成連戰的「破冰之旅」，為中華民族做出了歷史性的貢獻。因當初是秘密工作，至今兩岸少有人知（※請參見卷九第三篇「長流計畫」）。

卜少夫曾在一篇文章中寫道：「讓我隨風而去，讓我靜靜、悄悄地消失吧！」

二〇〇一年十一月四日，絕世奇人卜少夫在香港實踐了徐志摩詩中說的「悄悄的我走了，正如我悄悄的來」給我和婉清留下了無盡的哀傷。我在心中一遍遍默唸著我曾寫給卜少夫的詩句：「亦詩亦友亦兄弟，亦狂亦俠亦溫文。」雖然卜少夫長了我二十五歲。

在臨行前的日子裡，卜少夫拒絕任何人的探視，我們夫婦是極少數與他「死別」前合影的知交之一，最後靜靜地離開了生活九十二年的世界。

劉紹唐

劉紹唐，原名宗向，筆名李光裕、吳中佑，生於一九二一年十月十四日，遼寧錦州人。「九一八事變」後，流亡山東、上海、南京，抗戰勝利後入西南聯大，後由北大經濟系畢業。再後參加南下工作團，在新華社、第四野戰軍政治部工作。

一九五〇年由香港來臺，先後供職於「中國出版社」和「中央黨史會」，與文史界人士多有接觸，有感於「兩岸的文士因為各受其主的關係，許多史實難免不受歪曲」的現狀，於一九六二年六月創辦了《傳記文學》雜誌，每月一冊，由前北大校長蔣夢麟題寫刊名，主要發表民國人物傳記及有關史料。

劉紹唐先生集發行人、社長、主編於一身，邀稿、審稿、校勘、考訂，從不假手他人。自撰發刊詞，稱「《傳記文學》不僅是給史家做材料，給文學開生路，也必然創了寫傳記、讀傳記、重視傳記文學的新風氣」，同時於創刊伊始以「謹願以『對歷史負責、對讀者負責』兩語而自勉」。

此後劉紹唐一直視《傳記文學》為自己「生命的一部分」，自稱該雜誌屬手作坊式、夫妻檔、自耕農、個體戶。創辦初期，篳路藍縷，實行「苦幹實幹，一部六成新的腳踏車，騎著四處奔波，拉稿、跑印刷廠。每逢出刊之日，全家總動員，幫忙封裝雜誌，然後再送郵局」。

《傳記文學》從創刊至劉紹唐先生辭世，四十年不輟，共出版四百五十三期，每期三十萬字，贏得了學界和民眾的一致喜愛與肯定，被譽為「民國史長城」。由於此刊為劉紹唐個人所辦，又被稱為「野史館」，並昵稱劉紹唐為「劉館長」。

劉紹唐先生後來又創辦「傳記文學出版社」，先後出版了「傳記文學叢書」一百零四部，「傳記文學叢刊」一百四十部，「傳記文學集刊」四部計十二輯，「民國史料叢刊」二十二種計三十八冊。

且不說《傳記文學》雜誌及傳記文學出版社之歷史意義，僅工程量之巨大，即決非常人所能為。所以，旅美史學家唐德剛曾稱劉紹唐「以一人而敵一國」，實乃確當之論。

劉紹唐與朱婉清的父親朱虛白亦相識，但真正進入朱婉清與我的朋友圈，則是由卜少夫介紹的。劉紹唐與卜少夫同屬雞，比卜年少一輪，性格上則與卜一樣的狂放不羈、好酒貪杯、恢諧睿智、妙語連珠。劉紹唐稱朱婉清為「大侄女」，對朱婉清疼愛有加。他曾當著我的面說：「婉清有才氣，又有好的文筆，又有戲曲的素養（劉紹唐也喜歡京戲），可謂蘭質蕙心，是一代奇女子，景賢能夠娶到你有福氣啊！」

朱婉清出任中央電臺董事長第一天，劉紹唐先生就到電臺對朱婉清給予鼓勵與指導。他知道中央電臺是一個有著悠久歷史的電臺。於是告訴婉清：「你應該在電臺裡面成立一個史料館，把電臺不同歷史階段的檔案，特別是同大陸『心戰』時的『喊話』、老總統的錄音等等，一一整理陳列出來，供後人瞻聽。」

此後，劉紹唐經常到電臺看望，對史料館的建設、電臺的經營，不時給予幫助。

劉紹唐先生二〇〇〇年二月十二日病逝於臺北。

一輩子瀟灑風流的他，病重後在夫人王愛生女士保護下，就和卜少夫一樣閉門謝客，不接電話。我和少夫在一次例外中，被紹唐夫人請進他的臥室，接受紹唐各贈送一份禮物及一番溫情的對話，卻未料到那竟是一場訣別。在他的葬禮上，婉清極為悲傷，我們夫婦倆不禁哽咽失聲。

范止安

范止安是我國北宋名臣范仲淹之三十世孫,一九一六年生於江蘇如皋。一九三七年就讀於上海大廈大學,同年加入國民黨。盧溝橋事變後,棄學從戎、投身抗日,一九四〇年擔任魯蘇皖邊區游擊第十縱隊司令,一九四三年前往重慶述職,同年銓敘陸軍少將。

一九四五年抗戰勝利,參與接管上海工作。一九四八年申請退除軍役閒居上海。一九五〇年夏,攜眷定居香港。

范先生初曾與人合作拍攝閩南語電影,創辦書院等,均未成功。但他「屢敗屢戰」,終於在一九六五年找準了自己的陣地,憑藉深厚的漢語功底,和一群朋友一道創建了「新亞洲出版社」。他親手編撰中小學語文及作文教材,然後一所所學校徵訂。由於他編撰的教材既有深厚的內涵,又以香港人習慣的語言表達,很受歡迎,慢慢形成了「品牌」。他編的教科書、參考教材不僅為香港大、中、小學普遍採用,而且還銷往東南亞,乃至更遠的地方。

成功後的范止安,秉承先祖「先天下之憂而憂,後天下之樂而樂」的精神,為公益事業毫不吝嗇。一九八五年成立「新亞洲文化基金會」,積極參與兩岸三地文化交流活動。一九九七年以私蓄設立「景範教育基金會」,著眼大陸的貧困地區和少數民族地區,先後在全國各地創辦景範學校、圖書館、范公苑,醫療保健及多所大學獎學金等六十餘處。同時編印出版《范仲淹研究文集》一至三卷,《範學論文集》一至四卷等,免費贈閱兩極、三洋、四海、五大洲圖書館、文史學者、范氏宗人,並在新世紀初創立「範學」學說。

「景範教育基金會」在內地少數民族和貧困地區捐資興建了五十所希望小學,並設立「中國人民大學范止安獎助學金」,捐資一百萬元,共獎勵中國人民大學二百名優秀大學生、資助一百九十名家庭經濟困難的大學生。

他還向家鄉如皋捐出一百萬元建立獎學基金，幫助成績優異的貧困學生繼續升學，九年間，已有二千餘人受惠，還幫助有困難的作者出版了不少有價值的著作。

二〇〇六年十一月十九日，范止安在香港病逝。

當年，范止安跟卜少夫關係匪淺，卜少夫在臺灣又跟劉紹唐非常要好。於是，卜少夫就把劉紹唐、范止安、我與婉清連結成一個關係緊密的朋友圈子。我們經常在一起聚餐、聊天，縱論國事，把酒高歌，度過了非常開心的一段歲月。一般情況下，到了香港就由范止安先生招待，到了臺灣就由我們夫婦做東。

回憶起那十年左右的光景，朱婉清曾黯然神傷地說：「那時候卜、唐、范等幾位先生身體都還健朗，都還很能喝酒，都還很有社會活動能力。景賢跟我兩個都是晚輩、小輩，尤其是我，總是跟在他們後面東張西望的白吃白喝。可是慢慢地我逐漸成長，逐漸也開始有了些社會關係，他們則慢慢地變老，退出了社會前沿。不知從什麼時候起，再有聚會都是我出來請客。每每想到我做晚輩、小妹妹的時候，都是他們在照顧我、栽培著我，心中便充滿無限感激。現在我常常跟景賢說，這些叔叔伯伯都不在了，都到天國去了，輪到我們兩做人家的叔叔伯伯了，人生就是這樣，有一天我們也會不在的。今天，我們要像當年他們對待我們一樣，對待年輕的朋友。」

■1999年，何院長應邀赴港參加「香港中山學會頒獎典禮」，頒發文化界「優良貢獻獎」予范止安先生（左圖右一，上圖右一）。范止安先生為何院長忘年至交。

蔣彥士

蔣彥士，浙江杭州人，生於一九一五年二月二十七日，一九三六年畢業於金陵大學農學院，一九四二年獲美國明尼蘇達大學哲學博士學位。

一九四六年回國任金陵大學教授。到臺灣後，歷任臺灣中國農村復興委員會秘書長、國家安全會議科學發展委員會副主任委員、行政院秘書長、外交部部長、總統府秘書長、教育部部長、國民黨中央委員會秘書長、總統府資政等。

一九九八年七月二日病逝於臺北。

回憶起這位長輩，婉清說：「蔣彥士老伯是我們的證婚人，也在我們的人生中扮演著非常關鍵的角色。他曾任蔣經國總統與李登輝總統任內的總統府秘書長、中國國民黨秘書長，位高權重，但他禮賢下士、平易近人，深受官場上後生晚輩的仰重，更是我和景賢敬愛的蔣伯伯。我記得很清楚，那時候我們要結婚，論世交，理應請當時任副總統的謝東閔伯伯證婚，但謝伯伯面有難色。他對我說：『景賢第一次結婚便是由我主婚，我是實踐家政專科學校的創辦人，主張修身、齊家，才能治國平天下，辦學的目的是推動家庭和睦，不贊成離婚的。他現在離婚再娶，又讓我給你們證婚，作為提倡家政的創辦人，情何以堪？對不起，我不能去，但我不反對我的家人參加你們的婚禮，為你們祝福。特別是我與景賢父親六十五年前是同學，與你尊翁朱虛白先生三十年前是省府同事，雖不能為你們證婚，卻仍是支持你們的。』謝伯伯委婉拒絕。」

但隔天就是婚期了，怎麼辦呢？我們倆又跑到蔣彥士伯伯家。對他說：「蔣伯伯，對不起，明天要請您幫我們夫妻證婚。」他笑著說：「好啊，沒問題。景賢都四十八歲了還要結婚，這是多麼美好的事。好，我去給你們證婚。」然後叫我寫一份我們倆人的簡單資料給他。第二天他如約到場證婚，對我們兩人的經歷背景倒背如流，一個字也不用看稿，而且對我們倆的為人

和婚姻做出了肯定的評價，讓我們非常感動。因為這段婚姻，當時很多人是不太理解的，婚禮上賓客如雲，又大多是我的朋友，我實在有些心慌。幸而有蔣伯伯這般身份的證婚人和這樣一段證婚詞，自然可以服眾，也讓我心中踏實了許多。那天的婚禮進行得非常順利，後來我們特地去他家向他道謝。他說：「謝我幹嘛，我應該謝謝你們讓我證婚呢！」

後來，婉清成立「國光劇團」和合併戲校也是接受了蔣伯伯的指示。他說：「婉清，現在臺灣京劇已經快要滅絕了，唯有這三個團中還有那麼幾個科班出身的演員。如果讓他們統統遣散了，就什麼都沒有了。你現在在行政院分管這個區塊，就站出來吧！因為你懂京戲，喜歡京戲，也有一顆熱愛和保護戲曲藝術的心。除了你，再沒有第二個人能夠做這件事了。第一，必須喜歡，必須瞭解京劇，才能做這個事；第二，得站在這個位子上，才能做這個事。現在你是各種條件都具備了，所以你一定要站出來。」

婉清當時有些顧慮，說：「我怎麼做呢？」

他說：「很簡單。將這三個團合併以後，放在另外一個地方。就是把錢、人都挪到另外一個部會。它們原來屬國防部，現在不允許放在國防部了，你可以把它挪到教育部。」「教育部會答應嗎？」「你去說服他們呀。」

於是，婉清便接下了這個任務，一門心思把蔣伯伯說的話給落實了。

▶1991年12月17日，何院長伉儷於自宅小宴張學良伉儷（前排左三、四），總統府蔣彥士秘書長伉儷（前排左一、二）在場見證。焦仁和秘書長（二排左三）戲稱：「此為一九三六年西安事變後神祕主角首次露相。」

　　蔣彥士伯伯不僅是我們的證婚人，而且是婉清工作上的指導者。他喜歡京戲，也很關心婉清、照顧婉清。在他擔任總統府秘書長期間，婉清在行政院擔任第六組組長，他在工作中處處給婉清以支持。

　　後來，蔣伯伯年紀大了，退休了，在家含飴弄孫，我們夫妻倆常常去看望他，陪他聊天。他是一個非常慈祥和藹的老人，我們非常敬愛他，感覺像自己的父親一樣，我每次看到他，孺慕之情便油然而生。

　　一九九八年七月，老人家在臺北仙逝，我因出訪於島外，未能前往相送，心中倍加傷感。

卷十二、

審時圖變，敢為天下先——TLI的辦學特色

「TLI即臺北語文學院，是一所民營事業團體。她的經營宗旨是向全世界有志從事學習中國漢語和瞭解中華民族的優秀文化的人們推展最有效能的語文教育，讓漢語充分發揮她的影響力，藉語文的互通而促進世界和平；為實現文化多元化之世界大同而努力。

『教華語』這門行業是以宣揚中華語言文字精髓，推展國際文化交流為基礎，終極目的在傳播中華文化，使『華語』成為國際強勢語言。這份重大的使命感吸引了我，更激勵著我，使得對外漢語教育成為我的終生事業與愛好。

華語教學是一種高品質服務性的教育文化工作，絕不是一般藉以營利補習的事業，本人與所有在本所任職的教師，都是為了理想和興趣，不計待遇，不辭辛勞為傳播及捍衛中華文化傾力以赴。對於我們的學生，不僅要求他們能正確而迅速的學會中華語文，更引導他們對中華固有文化有所認識。

我個人畢生最大心願是以教授中文為方法，弘揚文化為目的，求中華香火之薪傳，達世界大同之理想。」

——何景賢／一九八六年

TLI的辦學特色

　　中華語文研習所（TLI）自一九五六年創校，到現在已經走過了六十個風風雨雨的年頭。

　　TLI作為一個民營對外漢語教學機構，從一個只有六名國語老師，三十六名學生，為了教來臺灣的外國傳教士學漢語的小學校，發展到今天，以個人的力量，在全世界三十個國家和地區的五十多個城市設立了六十多處分校、教學點（含大學中文合作院系）。

　　向五大洲輸出TLI培訓的五萬多名優秀對外漢語教師，累計培養了三十個國家的三十多萬名學生，其中許多人成為各國政府領導要員、駐華使節、議員或學術、教育、新聞、工商、宗教界的領袖，如世界著名漢學家、美國對華政策制定重要成員費正清，美國哥倫比亞大學遠東研究所所長韋慕庭及其夫人，美國霍普金斯大學校長薄若迪，美國前駐臺「大使」安克志父子，前美國在臺協會處長丁大衛父子，曾任美國駐新加坡及大陸大使芮孝儉，原美國駐華大使洛德及駱家輝，美國駐韓國大使來天惠，曾任AIT華語學校校長及美國外交學院中文學校校長顧百里，以及一九九〇年夫妻二人同獲「普里茲國際新聞報導獎」的紀思道及伍潔芳，有線電視CNN亞洲太平洋部主任齊邁可，曾任美國駐華代辦現任華府布魯克林研究所高級研究員高立夫。

▼1970年，顧百里博士於TLI研習中文一整年，他精通國、臺語，代表TLI參加國際學生演講比賽獲得冠軍。顧博士曾先後出任美國外交學院中文學校校長、師大華研所客座教授，現任美國Smith大學教授。

除美國方面領使館人員，其它如加拿大、法國、英國、西德、紐西蘭、澳洲、日本、南非、沙烏地阿拉伯、海地、巴拉圭的使領館大使及官員，以及世界「五百強」、「一千大」企業，如美國運通公司、惠普公司、美商花旗、英特爾、IBM，英商石化，法國拉法葉公司，瑞士信貸銀行，香港匯豐銀行，日本三井、三菱、住友、伊藤忠、丸紅、豐田、本田、全日空，德國拜耳、西門子、大眾，韓國三星等公司主管幹部，都曾在TLI研習中文，而成為各國政府和工商界深具影響力的中文人才。

TLI創造了橫跨兩岸及世界五大洲漢教集團，成為世界華語教學領域的一塊黃金品牌。

一切以學生為中心

TLI早在一九六六年七月十五日，我正式接任TLI院長的就職典禮上就明確提出：「從今天起，TLI的經營理念確定為『一切以學生為中心』。TLI是對外漢語教學，我們的學生來自不同的國家和地區，使用不同的母語，大家的生活文化背景均不相同，來TLI學習的目的也不同，所以，從今天開始，TLI的教學理念是『一切以學生為中心』，即上課的時間、地點、教材、教法全部根據每一個學生的需求而定。」

每個學生都是新的

在傳統的學校裡，學習場地、教學方案、教材設定、老師分工和招收多少學生、分幾個班、錄取要求，基本上是預先設定的。因此，對他們來說，學生就是「鐵打的營盤、流水的兵」，除了姓名和面孔之外，每一屆學生沒有什麼不同。可對TLI來說，每一個學生都是新的。

招生現場是體現TLI辦學理念「一切以學生為中心」的第一步。

熱情地把前來報名的學生迎接到辦公室那一刻開始，負責招生的老師在親切而如話家常般的對話中，用心地瞭解這位學生各方面的資訊。其中最重要的有：你是哪個國家的？你的母語是什麼？你現在正做的或將來要做的工

作是什麼？你原來有沒有漢語基礎？身邊有沒有講漢語的親人或同事？學習目標是什麼？（包括近程、中程與遠程）這一次你打算拿多少時間學習？是在TLI學校上課，還是請TLI老師到你那裡上課？你希望在哪些時間裡上課？

除此之外，在同報名學員的對話過程中，還要留心他的語言和行為特點，從中瞭解其性格是外向還是內向，是陽光類型或是有些憂鬱等等，以為課程設計參考值。

在TLI上課的學生除了有任課老師外，每個學生還有一位指導教師，幫助他在TLI順利學習。如果他有什麼問題，就由這名老師負責跟所有的任課教師溝通，她會設計一個方案，讓這名同學以更好的方式在TLI學習。

目前我們分校各種形式的學生加起來有二百多個，每個學生的情況我都很熟悉。

TLI的所有分校都是這樣做的，新生走進學校的第一天，我們便開始瞭解他的各方情況，作為為他制定教學方案的基礎，根據這些資訊綜合考慮，再決定上課的時間地點，選定適合的教師、教材和教學方法。不同地方的學生有著不同的文化背景，所以也有著不同的思維和學習習慣。

我覺得TLI的老師有著一個很大的優點，就是他們能根據不同文化、不同背景的學生，迅速地掌握住他學習的進度和方法。如日本學生總是以認真和嚴謹著稱，美國學生又是非常熱情和隨意。我們的老師能在學生進入教室上第一課開始，就掌握住他的學習慣性與進程。學校必須迅速摸清一個學生的獨特之處，設計出專屬於他的教學方案，同時也結交了一位完全不同於他人的新朋友。

看著這些不同國籍、不同膚色、不同長相、不同個性的「新」學生，逐漸學會了相同的漢語言文字，熱愛中華民族文化，多少辛苦都會拋在腦後，老師們只會沉浸在成功感、幸福感、民族自豪感之中。

TLI的教學理念，不僅為我們帶來了廣闊的生源，還帶來了世界各地的朋友。在TLI所有老師的眼裡，每一個同學都是獨一無二的。

每個學生都有自己的TLI

TLI上課方式分為內課和外課，內課是在TLI學校裡上，外課則到學生所在地方上。

比如TLI初創不久，就派出老師到美國當時的駐臺使館和駐臺軍營講授漢語，從一九五九年起堅持了二十年，風雨無阻。不論對方同一期學生人數多少，只要對方指定在哪兒上，TLI的老師們就去哪兒上。當然包括在中國工作的外籍朋友的家屬或孩子，不便於到學校來上內課的學生，即便只有一個人學習，TLI照常派老師上門授課。不管冷暖寒暑，風雨無阻。

外課當然也包括一些外國企業，大多是到這些企業在大陸的廠區上課。因特定需求到對方國家去授課，也是TLI常見的業務之一。如創建於一八八四年，現屬於世界五百強之一的日本三菱重工業股份有限公司，二十年來都是邀請TLI老師到日本東京為他們授課，TLI曾自臺北派出三位優秀教師幫「三菱」五位高級主管在日本富士山舉辦「魔鬼營」，嚴格培訓學習漢語。

TLI有大、中、小各種班型供學生選擇。有別於古今中外普遍流行的大班教學，最早的基督教語文學院成立初始，共有三十六個學生，當時就開始了六人一班的上課方式。當時考慮的是外國人學漢語的困難度高，班級越小，師生之間教學互動的機會就越多。後來發現由於各個學生的學習目的、知識基礎及在TLI總學時數不同，即使六人一班也很難充分照顧好每一個學生的學習進度，因此，「一對一」就成了TLI六十年來主流的教學方式。

「一對一」是根據報名時學生提供的和老師觀察到的各種資訊，為這一個學生訂定專門的上課時間和地點，選定最適合這個學生的老師和教材，然後由這位老師單獨授課。如果學生對這個老師不滿意，就由TLI語言督導協調雙方學習法、教學法的調適與改進，如果仍然無法適應，即可以隨時進行調換，學生自選或由學校另選都可以。走進TLI在各地的分校，最常見的就是一間一間佈置得很精緻的小巧教室，一位老師和一個學生單獨上課。這樣的方式當然更便於師生之間深入的瞭解，提供最親切、最有效的互動。

TLI為了更加高效，甚至「宣導一個學生多個老師的做法，幫助學生多體

驗漢語會話的樂趣，儘早地進入真實而複雜的語言環境」。在這樣的地方，你常常會看到一個十分感人的情景——學生們儘管有的年齡已成人甚或已步入中老年，可是上課時那種親切和放鬆，完全像個天真的孩子和家長在一起牙牙學語。

一班多位教師

除了「一對一」以外，合班課一般都在六個學生以下。這是TLI最可貴的傳統，而這一個班的學生大多是學習目的、漢語程度和學習時間、教材要求基本相同的學生。

TLI所考慮的是：一個教師的精力畢竟是有限的，在有限的課時裡不可能同時照顧到每一個學生的學習狀態和進度。一班多位教師輪教，有如接力賽，每一棒都讓老師與學生感到新鮮與活力。常有每天六個小時的一個班次，上完初學的六個小時的語言練習之後，非但不累，反而更有活力。

六個學生以上的大班，大多是一個公司成批送進TLI學校的學員，或請TLI到公司為一批員工上的外課。當然，來自不同國家、不同單位的學生單獨報名時，也有專門提出上大班的情況。

魔鬼訓練營

除了內課、外課，大、中、小、一對一等各種教學模式外，在TLI的學習時間也是靈活的。分別有初級、中級到高級連讀的全日制班；二、約定幾週或幾個月完成某一種專業漢語的培訓班；三、每天上幾個小時，或每週上幾天的業餘班；四、專門為白天上班，下班後才能趕來學習的夜間班；五、還有因特殊需求與TLI臨時約定的急訓班，如一九九八年，去日本三菱公司的培訓就是在春節前夕忽然接到對方要求，因而舉辦一連十天的「魔鬼訓練營」。

這十天的魔鬼訓練營，老師二十四小時與學生日夜生活在一起，結業時，每位學生從開始一句中國話都不會，到每個人可以抽籤上臺用流利華語

介紹個人家庭或與好朋友的來往，堪稱奇蹟。三位老師放棄了同家人一起過年，去東京完成了這個幾乎「不可能的任務」，令人感佩。

課程量身定做

再如二○○○年三十位烏蘭巴托市企業、學術界人士及政府官員組成的經貿訪問團訪問臺灣，臨時提出要TLI為他們培訓漢語，TLI就派出了一個內蒙古籍老師，對他們開始了一個半月的培訓，選用TLI的一本教材《旅遊手冊》，配合錄音帶、圖片、字卡等，並專門設計了一些教具，實現了很好的教學效果。

二○○一年，西班牙十一位外交官員因為工作需要，特別申請來TLI參加暑期急訓，TLI幫助他們在二個半月的時間內完成了聽、說、讀、寫的高級中文訓練課程，結業後即去北京、上海、臺灣及香港領事館任職。

「暑期研習」班，自從一九六七年舉辦「海外華僑子弟尋根」活動以來，也成為TLI堅持不息的教學方式，每年暑假期間TLI各分校都會迎接來自不同國家的漢語培訓團。二○○一年暑假，僅TLI羅斯福中心就迎來了「美國空軍官校急訓班」、「法國留尼望島中文研習團」、「西班牙辦事處中文魔鬼訓練營」、「扶輪社高級中文進修班」、「日商三菱商事暑期研修班」、「東京三菱銀行中文急訓營」、「日商YKK臺灣分部中文研習班」、「長榮海運越南研修班」等，一團又一團的研習營從世界各地飛抵臺北。

針對每一個學生的學習目的、學習時間、學習地點、漢語基礎等不同要求，TLI為他們量身訂製學習方案。有些學生要提高口語能力，就為他選擇側重口語的教材，再通過課堂的充分練習，迅速使學生達到口頭交流的目的；有些學生要提高閱讀水準，就為他設計一系列的閱讀教程，從基礎漢字，到簡單有趣的故事，直到能看報紙新聞、小說雜誌；有些學生以HSK漢語水平考試為目標，就設計特別的課程，幫助他得到理想的成績。

針對商務人士，TLI能提供商務課程；針對法律界人士，TLI有法律漢語課；針對外交官，TLI也能提供他們所需的實務課程。不論學生來自何方，有

何種語言需求，在TLI永遠能找到適合自己的獨特的課程。在TLI，幾乎找不到兩個相同的教學方案和教學方法。因此，所有的TLI校友共同的感覺就是：「每個學生都有自己的TLI。」或者說，由於TLI一切以學生為主軸，因此每一個學生在TLI的生活都是個性化、與眾不同的。

天下TLI是一家

TLI的學生來自世界各地，大部分是在職或待職人員。比如在日本東京分校學習的學生，很可能讀完一個階段之後就被派到中國工作；在北京分校學習的學生，很可能公司臨時有事，要他到廣州出差。如何才能讓學生不因為所在地點的變動而影響學習進度。TLI本著「一切以學生為中心」的辦學理念，創建了TLI連鎖性教學機構。

TLI在中國的臺灣、上海、天津、北京、深圳、大連、蘇州，以及東京、紐約、洛杉機、舊金山等地都設有分校，你只要在任一個分校註冊學籍，不管讀到什麼階段，都可以到任一分校接續就讀。甚至某個學生到外地出差、旅遊，只要當地有TLI分校，就可以去上課。各個分校教材、教學方法、教學理念都是統一的，只是不同的分校會在統一的教材中適當吸收一些當地的文化元素，對這些從另一個分校來的學生而言，很快就能適應。

在TLI，每個學生都是最重要的人，每位教師齊心一致，在各個方面協力以提升學生的語言能力，學生在這裡可以感受到每一分鐘都被充分利用起來，每一節課都能得到收穫，每一位老師都注視著自己，為自己的進步欣喜，為自己的問題費心。

走過六十年的歲月，「一切以學生為中心」的理念已深入到每個TLI人心裡。

TLI教材的魅力

　　不斷整理編訂合宜的TLI華語文教材，已成為我一生的「分內」工作。事實上，我一直肯定——編訂理想的中國語文教材，是實現華文世界性教育不可或缺的要件。

　　凡是在TLI工作、學習，或參觀訪問過TLI的人，都知道TLI有「三寶」：師資、教材、教學法。

　　TLI的第一套教材完成於一九五七年。

　　一九五六年基督教語文學院建立之初，當時全世界還找不到一本中國人編寫的對外漢語教材。TLI試圖用一九四○年美國芝加哥大學出版的《中國語會話》（Conversational Chinese）作教材，但我們發現，這份教材無論是內容還是教學設計都不適用，於是請來外籍語言學家謝磊翹（Dr. George Shelley)和郭麗特（Miss Gratter）提供西方的第二外語教學理論，於是我一條條拿出來在基督教語文學院的課堂上進行試驗，在試驗教學中，不斷產生了新的教學思維與有效方法，很快就形成了TLI「教學法」的基礎理念。

　　教學實踐中製作而成的第一本華語教學初級教材，雖然是教材編寫者根據理論和經驗所設計的課程和教法，但並不能完全滿足學生們的需要。

　　一九六○年代，TLI與美國耶魯大學簽約合作，由TLI負責修訂耶魯大學中文教材《Speak Chinese》、《Chinese Dialogues》、《Read Chinese》及《Read about China》等教材。到了一九八○年代，TLI除了改編耶魯教材，也為教育部主編《中國語文》一套六冊，但仍然感到這些教材不能真正滿足學生的學習目的。怎樣才能編纂出一套以學生的實際需要為主的教材呢？為了實踐這個目標，於是我選送一名漢語基礎較好、刻苦好學又具奉獻精神的學生到英國進修語言學基本理論，回來後做學生代表，深入考察TLI的學生對教學內容和教學方法的需求；另外又選出幾位資深教師，一起針對學生的需

求，參考西方的第二外語教學理論，編寫出了TLI的第三套教材。在這個過程中，「一切以學生為中心」的「TLI教學法」也初步形成了。

一九六一年《TLI教學法》由耶魯大學出版，之後這一教學法在TLI的辦學實踐中經過六十年的不斷改善，為海內外許多漢語教學機構所採用。因此，從一九六〇年開始，TLI就開始獨立研發有關生活、商業、文化、新聞、外交、宗教等各類教材。一九六三年，TLI正式成立了「教材製作部」，後來改名為「TLI教材編研中心」，常年負責教材的研究和製作工作。

六十年來，教材製作部的編輯人員，都是我在TLI各分校中精心挑選的教師。他們一是具有語言學，特別是應用語言學的理論功底；二是在TLI任教多年，具有豐富的教學實戰經驗；三是對推廣漢語言文化有著強烈的社會責任感；四是任勞任怨有吃苦精神。

TLI教材的編研原則是在「一切以學生為中心」的理念指導下，實現教材的針對性、實用性、多樣性、科學性、系統性、時代性。

針對性

面對語言教學從專業化日益走向應用型的發展趨勢，TLI的教材必須針對不同國籍、不同年齡、不同母語、不同學習目的、不同學習期限、不同漢語級別的學生，設計出不同的教材，以培養學生的語言交際能力。

針對性也包含了教材編寫的地區性。比如，針對同一國籍、同一母語、同一學習目的的學生，為他們編寫的教材時還要考慮到他們分校所在的地區，編寫出不同的版本。

實用性

教材設計應從教學實踐角度出發，針對學生不同的學習目的，實現學習者應具備的語言知識、語言技能、語言策略及文化意識等。教材中應儘量選用最貼近這一目的之語言材料，設計出對應於這一目的之常用句型、對話情境，最大程度地實現教材的實用化和生活化。而不應只從漢語語法和對外漢

語教學理論出發選用字、詞、句型。

　　TLI為了能滿足各種不同背景之學習者的需要，本所的初、中級教材，分為許多不同的版本。為了進一步瞭解日後編輯的方向，編研中心對有「兩岸學習經驗」的學生們，就教材、教法等優、缺點及學習效果等方面，特別設計問卷調查。

　　綜合學生們的意見得知，關於對岸的教材，在內容上，普遍覺得文法的說明不夠明確，內容編輯不夠實用。而對於本所的教材則持高度的肯定，除了內容較實用、生活化外，文法的介紹也極有系統。

　　TLI實用獨有的特殊教材也是功不可沒，這套教材由TLI資深教師根據多年的教學經驗編寫而成，由簡到難，淡化語法，強化聽說、實用性技巧，讓人在不知不覺中輕鬆開口說漢語，很多學生都是因為著這套教科書來學校報名上課。此外，我們還會根據學生的需要設計不同課程，如貿易金融、新聞、中高級聽力、口語等等。

多樣性

　　除了針對性和實用性，必然要求TLI教材的多樣性。

　　從TLI課程不同級別的角度，必須編寫初級、中級、高級教材；同一種級別還要從不同的知識層面上編寫語音、詞彙和漢字的專用教材；學生的國籍不同母語不同，也要為他們分別編寫英語版、日語版、韓語版、法語版、德語版等不同語種的教材；學生的學習目的不同，則分別為他們編寫商務漢語、外交漢語、新聞漢語、軍事漢語、旅遊漢語等不同職業的教材；為華僑子弟要編寫兒童漢語教材；學制不同，要編寫短訓班教材，夜校班教材，長年班教材；為了技能訓練，要編寫聽力、口語、閱讀、翻譯教材；為了一些特殊的學習，要求編寫粵語、閩南語、客家話等漢語方言教材；為企業或特殊單位部門編寫應急性培訓教材；隨著各種新的教學方式的引入，還要編寫函授、廣播、電影、電視、網路漢語教材等等。如此種種，六十年來，TLI編輯出版的各類教材目前已達四百多種，堪稱琳琅滿目，五彩紛呈。

科學性

　　對外漢語教學是應用語言學的一個分支，TLI的教材編寫要嚴格遵照語言科學和教育科學的雙重規律。教材中涉及的詞彙、句式，不管是口語、書面語還是文言文，都要符合相應的語法。對各種語言現象的解釋要準確規範。內容的組織，課程的安排，知識點的銜接要符合語言教學的規律，由淺入深、循序漸進、前後呼應等等。

　　我對TLI教材的科學性，要求非常嚴格。

　　比如一九八八年，受臺灣地區僑務委員會委託編輯「美洲版兒童華語」，即動員了TLI編研中心十幾位資深老師投入此項工作。先於當年十二月正在臺北召開的「第二屆世界華文教育研討會」上，向與會專家、學者徵求意見。一九八九年一月，編研中心的老師們再到北投與當地五十餘位僑校老師討論編寫大綱。五月，請夏威夷大學中文教授賀上賢博士參與指導。七月，我親自攜已編出的第一至第四冊樣稿，到紐約、芝加哥、華府與當地四百餘位僑校老師一起做逐課講解與溝通，徵求意見。十一月，又由編輯代表宋靜如女士在波士頓「全美中文教師年會」上，以論文方式提出專案報告徵求與會代表的建議。之後，更由TLI齊陳德範副所長分訪美國諸多城市，與當地僑校教師進行商榷。

　　在如此廣泛徵求意見的基礎上，「美洲版兒童華語」終於在一九九一年初全部完成，包括課本十二冊、教學指引十二冊、作業簿十二冊，總計三十六冊，出版後自然受到海內外漢語教學界的普遍歡迎。

系統性

　　在教材編寫中，內容介紹和技能訓練要平衡協調，語音、詞彙、語法、漢字等語言要素要有一定的章法，學生用書、教師手冊、作業本、單元試題，及初、中、高級不同階段的教材銜接等。

　　舉例而言，「了」這個字有三個用法，一般大學裡的教材是根據情景對話來編，所以可能在第一課出現了一個「了」，第三課出現一個，第八課又

出現一個。而在我們的教材中，則是系統性地把有關「了」的不同句型歸納於同一課文裡面，便於學生理解、掌握「了」這個字的不同意義與用法。

時代性

六十年來，TLI教材除了保持著上述一貫的幾種特性，還始終保持著她的時代性。

隨著時光飛逝，社會不斷發展，新的詞彙、短語不斷出現，教材使用的語言材料也要不斷更新；另一方面，通過教學研究和實踐，TLI對自己的教學方法、課程設計不斷修正；TLI編研中心除了針對時代的需求創編新教材之外，對已有的教材原則上每年修訂一次，不斷改進和提高教材的實用性。這也正是TLI在對外漢語教學界始終保持魅力的原因之一。

早在上個世紀六十年代，為了便利外籍人士來華研習漢語新聞，培養和提高他們閱讀報紙雜誌的能力，我們就編研出了《讀報入門》，這本教材當然每隔一、兩年就要對其中的語言材料作出更新。到了上個世紀九十年代，由於海峽兩岸開放交流，不僅到大陸研習漢語的學生數量激增，出於各種原因，在海峽兩岸的TLI流動學習的學生也不斷增加，為了因應新形勢，TLI便動員兩岸從事漢語教學之資深教師，各自從不同的視角，在兩岸三地報紙雜誌、廣播電視中選取包括國內外政治、經濟、社會、軍事、體育、科技各類新聞報導，在《讀報入門》的基礎上，編輯出版了《兩岸新聞選讀》。該教材總計八十課，依教學法將生詞分為「專有名詞」、「關鍵字匯」、「精讀詞彙」、「句型」等四部分，一九九一年由中華語文出版社出版。由於選材豐富，教程設計合理，深受老師和學生的喜愛。

六十來，TLI培訓出的校友任職於世界各大廣播、電視、報紙、雜誌等媒體者已近千人。一九九〇年「普里茲國際新聞報導獎」得主紀思道及其夫人伍潔芳，就是在TLI研讀過新聞教材的傑出校友。

TLI在教材編寫中追求時代性的良苦用心，在聯合國接受大陸漢語拼音後，世界各國的外籍學生在學習漢語發音時也都採用這種拼音方式。為了因

應這種趨勢，本所淘汰了早期所使用的耶魯拼音，在保留注音符號外，發音部分均以漢語拼音取代。因此所有的教材再版時，均全面改為漢語拼音。

語言學顧問會

　　TLI網羅國內外一流語言學家、教育學者組成「語言學顧問會」，在卓越顧問及資深教師的通力合作下，獨立研發出版有關生活、商業、文化、新聞、宗教等各類教材，計二百餘種、四百餘冊。

　　為了不斷創新以適應時代需求，原則上每年修訂一次。其中包括國語（普通話）、閩南語、客家話教材，各類對外漢語會話、讀本、電視新聞、報章選讀及語言教學論述。

　　為了適合不同國籍、不同地區的學生使用，TLI的教材涵蓋了繁體字版、簡體字版、注音符號版、耶魯拼音版、漢語拼音版、英文版、日文版、法文版、德文版、韓文版，從初級到高級，可以說不管哪個國家、哪個地區、哪個行業、哪種漢語基礎的學生，在這裡都能找到適合他使用的教材，當然也受到了海內外許多漢語教學機構的歡迎。

TLI師資培訓

　　一九六一年TLI成立「對外漢語師資培訓中心」，並且明確提出對外漢語師資培訓的主要目的在於：教授如何協助母語非中文的外籍人士學習漢語，教學範圍由發音到日常生活、工作專業乃至民俗文化、古典文學等。

▲TLI開學典禮及師資培訓班第一堂課起始，何景賢院長從不缺席。

　　TLI的每一位教師均須接受本所專業師資培訓，經嚴格測試，並通過試教期後方得以任教。我們每年不定期的舉辦「華語師資訓練班」，招收海內外有志於從事華語教學的大學以上學歷之青年，予以密集的專業訓練，選取優秀而具有潛能者作為儲備師資，以強化本校師資陣容。

　　六十年來，師資培訓已經成為TLI「校園文化」的一個重要組成部分。TLI師資培訓的教學目標，是以理論與實務並重的方式，帶領學員在最短時間內清楚掌握對外漢語教學的基礎理論、基本教法，及各項教學任務應達成的目標水準與檢測方法，包括熟悉兩岸漢語教學現狀、教學理念的異同及各自的得失，認識各項專業漢語教學的難點以及跨越學習障礙的引導技能。

TLI師資培訓的課程規劃

　　（一）對外漢語教學通識課：包括對外漢語的教與學、兩岸漢語對比統合與繁簡字導向、文化素養與漢語教師的競爭力、兩岸漢語教師認證暨中文水準測試及教材介紹、第二語言學習等。

　　（二）發音教學：包括國語發音教學、臺灣國語與大陸普通話發音之異同、國語注音與漢語拼音之比較。TLI特別重視國語發音務須字正腔圓，教師必須明確瞭解發音的方法與部位，才能給予學生以正確的指導，所有TLI教出的學生在國語發音上務必置於首位。

　　（三）語法教學：包括漢語書面語法、口語語法、對外漢語教學語法的認知與教學技巧。

　　（四）課堂實際應用教學：包括口語教學與課堂活動設計、對外漢字教學的基礎與理論、漢字實務教學與課程活動設計、閱讀教學法的課室實際應用、兒童華語教學課程教材與教法、商務漢語課程教材與教法、華語教學教案編寫暨筆試。

　　（五）對外漢語教師師資認證：主要課程是國文能力、口語表達能力、華語教學法、漢語語言學及華人社會與文化。

　　（六）結訓驗收總評：包括示範教學暨結業式。TLI每年都會舉辦大大小小不同形式的師資培訓班，大型學習班是為整個社會培養對外漢教師資。

　　TLI為訓練有志於對外漢語教學工作者，使其明瞭對外漢語教學原理及方法，培養優良之對外漢語師資，以應推展海內外中國語文教育之需要，本校特舉辦「對外漢語教師培訓中心」。授課教師由中華語文研習所語言學顧問及具實際教學經驗豐富之資深教師講授，訓練期限為九十小時課時及四週實習教學，受訓期滿，結業成績合格者，發給結業證書，績優者可申請在本校北、中、南五校區任教，教學滿三年，表現優良者可獲保送美國TLI姊妹校大學擔任交換助教，領取獎學金並攻讀碩士以上學位，或由校方向國外各級學校推薦擔任對外漢語教師或助教。

　　訓練要求包含：具有正確之對外漢語教學理念；通曉對外漢語教學技巧，包括發音、句型結構、口語練習法及聽、說、讀、寫之教學步驟等；熟悉各類教材之特性及使用方法；瞭解中國語文之演變及理論之應用；通曉優良之外語學習與教學方式；熟悉教學大綱設計及語言測試方法；瞭解中國文化背景與異文化之差異。

　　課程內容包含：語言學與學語言；國語注音及發音教學；國語注音與漢語拼音之比較及練習；國語句型介紹；口語教學法及華語教材介紹；第二外語之學習與教學；教學計畫、測試及評估方法；文化素養與華語教師；示範教學觀摩及討論。

　　中、小型師資料培訓班多是TLI的幾個分校聯合或某一分校單獨舉辦，一般是為TLI在校老師進行全面的或某個方面的專業培訓。

　　TLI的「師資培訓文化」除了上述面向社會上一切有志於對外漢教者的培訓之外，還有一個重要的內容，就是進入TLI的新教師上崗前的培訓，TLI內部也稱之為「入門教學」文化，即不論你進入TLI前擁有何種學歷或參加過何種培訓的人士，在被錄取作為TLI的教師之後，就要立即接受TLI的資深老師們對「新進教師」的「入門教學」。

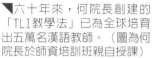
六十年來，何院長創建的「TLI教學法」已為全球培育出五萬名漢語教師。（圖為何院長於師資培訓班親自授課）

入門教學

　　一、逐一講授TLI針對不同國籍學生需求所研編的英、日、德、法、韓等版本基礎專業教材之重點和難點。

　　二、帶領新進教師熟悉各類教材的教學法應用及教學目標。

　　三、資深教師現身說法式講解不同年齡、不同國籍和母語、不同行業的學生在學習漢語的過程中經常出現的錯誤及在教學中正確的應對方式。

　　四、對商務口語會話、新聞閱讀、新聞演藝專業正音訓練及外籍軍警特約短訓等專業性強的教學，由相對專業精進的老教師向新進教師傳授經驗。

　　五、TLI一貫反對固步自封，主張博採眾長。每一次「入門教學」，除組織新進教師學習TLI教學法外，還會向他們講解世界第二語言教學史上出現各種教學法，指出其各自的教學目標與優點，希望他們取其所長融會貫通於TLI教學法之中；另外也會鼓勵他們注意將TLI之外，兩岸出版的各種優秀的教材轉換為對TLI學生有利的輔助教材。

　　六、輔導新進教師研究TOCFL、HSK、TECC、ELICPT等各類中文水平測試，以保證他們在將來的教學中和學生們一起突破各類測試瓶頸。

其他如組織對資深教師的教學觀摩、中華民族主流文化的知識演講、新進教師的試講與水平測試也是新進教師入門培訓的重要內容。為了滿足學生的不同的需求，TLI所招聘的教師，其學歷不只是漢語教學專業，還有經濟、法律、商貿、新聞等。不管他原來學的是什麼專業，進入TLI後都要經歷很長一段時間的培訓。

新老師入職時，我們會嚴格把關。從他的言談舉止瞭解到他的人品、個性，以及是否具備同外國學生交流的能力。語言表達當然重要，各方面知識的掌握也是重要的一部分。隨後就會對新進老師進行培訓，讓他們聽資深教師講課，寫培訓心得，然後組織資深教師聽他們試講。

根據試講的結果，我們會找出其中的問題，有針對性地進行下一次試講。下一次試講之後，資格符合留任TLI的老師，會對他進行第二次培訓，之後就可以正式進入課堂了。

TLI教輔主任還會經常瞭解學生的想法，督導新進教師不斷成長進步。除去開放式培訓和入門培訓之外，輪流選派優秀教師到姊妹校邊任教邊學習，也是TLI師資培訓的內容之一。

美國愛荷華州的布威斯達大學（Buena Vista University，簡稱BVU）是TLI最早建立的姊妹校。從上個世紀八十年代開始，兩校就互派教師和學生前往兩地任教與學習。每年，TLI都會從各分校選拔績優的教師到BVU教授漢語，這些教師在BVU一邊教書，一邊還可在BVU選修自己喜歡的課程。教書和選修課程常常給這些老師帶來雙重的收穫，令他們十分感動。

TLI是在臺灣第一個成立「對外漢語教師培訓中心」的學校。

六十年來，TLI為世界各地培訓的對外漢語教師已達五萬多人，不僅僅為TLI的發展做出了貢獻，而且惠及全球各著名大學的漢語教學中心。其中很多人在漢教界享有盛名，如美國史丹福大學高恭億教授、普林斯頓大學周質平教授、芝加哥大學趙智超教授、康乃爾大學施璧倫教授、威斯康辛州大學陳廣才教授、華盛頓大學陳恩綺與夏黃廣教授、夏威夷大學賀上賢教授、美國國防語文學院武學平教授、加拿大多倫多大學于春華和叢宜春教授、香港

中文大學伊驥鳴教授、新加坡南洋大學朱芳華教授、前總理李光耀的中文老師俞厚等，都是極具代表性者，均能為華語教學開創嶄新天地，發揚中華文化，薪傳華語種子。

▼TLI致力於培育對外漢語教學師資，秉持「以學生為中心」的教學法，嚴格、專業、針對性與人性化四特質。其中卓然有成、享譽海內外者如出席美國達拉斯市全美中文教師年會的TLI前華語文教授群：左起何景賢董事長、趙智超教授（芝加哥大學）、徐昭教師（華盛頓中學）、王孝敏教授（惠提爾學院）、林雲教授（西東大學）、周質平教授（普林斯頓大學）。

TLI教學法

獨具特色的「TLI教學法」是研究各種流派的教學理論，結合TLI的教學實踐、創造，不斷修訂完成的。

TLI教學法是一套科學、系統、周密，而且實用性很強的教學方法，內容十分豐富，其要點如下：

一、漢語教學首重學生的聽、說能力，讓「聽」與「說」成為自然反應後，再配合以「讀」與「寫」的教學。

二、初學班的前三十個小時著重發音練習，其後的每堂課上，也應該用一小部分時間來做發音練習。發音練習主要是糾正錯誤發音，包含聲調、語音、語調、重音與韻律。老師必須熟悉發音部位及方法，必須掌握改正學生

發音的特殊技巧。糾正錯誤是這項教學法的核心。

　　三、全程應使用中文授課，除非需要對比分析發音系統和句子結構，或是需要用另一語言說明抽象概念時，老師才可以適當使用學生母語。

　　四、上會話課時不要打開課本，教師要著重幫助學生分析聲音及仔細糾正發音錯誤。學生要做的就是仔細觀察老師的口型與手勢，以明白發音時舌頭及嘴型的正確位置與方法，以及詞句的語調意義。

　　五、語言習慣意味著人與人之間的默契，也就是表達某些概念時，會使用某些詞句。無法保證所有語言習慣都有合理的解釋，因此不要總是想著「為什麼這麼說」，重要的是「說什麼」和「怎麼說」。

　　六、「句型」是製造無數語句的「製造機」。學生應熟記句型，自然而流利地依照句型說出一個完整的句子比緩慢說出結構、文法正確的句子更重要。因此我們鼓勵學生不只要熟記句型，也要盡力模仿用中文母語人士的語速說話。

　　七、要幫助學生分析句子結構，幫助學生瞭解及練習目標語的基本句型，並幫助學生養成做句子的自然習慣。

　　八、除一對一教學外，當老師在指導某位學生發音或句型練習時，其他學生應該跟著默唸，在沉默中模仿。學習說外語的關鍵在於不斷地重複練習。

　　九、會話課的目的是指導學生表達完整的句子。獨立的單詞意義不大，單詞的價值在於和別的單詞組合成句子，練習時應該練習完整的句子而非單詞，同時也要模仿老師的臉部表情與手勢。

　　十、練習時應避免討論「詞彙意義」或「語法」，以掌控教學進度，並避免浪費上課時間。

　　十一、要充分利用各種教學道具。最常用的教具是黑板，黑板可以讓老師寫下句型、例句或呈現其它視覺教材，也能夠激勵學生參與。我們發現黑板最適合在以下幾個情況中使用：介紹新詞的拼音、以中文說明新詞或是以學生母語寫下對等的詞彙（需符合前文提出的母語使用情況）、提供練習

平臺方便學生一起練習、亦可利用黑板畫圖解說複雜的句型和詞彙之間的關係，同時可作為監督課堂進展的快速評量。

十二、老師要學習設計不同的教學技巧，對學生要因人、因材施教。

「TLI教學法」體現了TLI關於「對外漢語教學理論」的研究成果並且要求老師們，為了讓學生們能獲得最理想的學習效果，一定要讓他們對語言本身及TLI的教學原理有個基本的認識：

一、說話是最初，也是最主要的語言表達方式，其次才是讀認與寫字。所以，必須先學習聽、說，然後再學習認字、寫字。用聽力來記憶是很重要的學習方式，初學漢語，聽力的訓練應放在第一位，學生要學會合起書本跟著老師反復學習，如果老師所教與書本內容有出入，學生應以跟隨老師練習為主。

二、語言是一項習慣的建立。學習語言是要熟悉它的技巧，並非鑽研語言的體系。就如同學習開車無須瞭解車子的零件及架構，你只要專注於開車的技巧就可以了，所以學習語言必須花時間反復練習，即使老師叫別人回答問題時，你不妨自己牽動齒唇默默地把答案說出來，以充分掌握練習的機會。語言用詞彙和句子表達思想，是一個地區一個族群「約定俗成」，約定俗成的不一定都合乎邏輯，所以學習一種語言時，重要的是要「表達什麼」「怎麼說」，不要問「為什麼這樣說」。使用母語的人，一般潛意識地就會說出他的所要表達的意思，而不用花腦筋去想它的語法架構，這也是學習第二語言要實現的最終目標，上課時要強調及加強口語的練習。

三、要明確意識到，漢語是不同於其他語言的獨立的語言系統，有它自己獨特的語音、詞彙及文法。（一）漢語中有些發音是其它語言中根本不存在的。（二）除極特殊的科學用語外，兩種語言當中很難找到完全相對應的一對詞彙。比如「Table」這個極簡單的英文字，沒有一個中文字詞能完全代替它，中文「桌子」也包括英文的「desk」；再如英文「Carry」，中文對它的詮釋起碼有七種，每一種都有它特殊的含意：單手拿是witch one hand，雙手提是with two，背著是on the back，掛在肩上是over the shoulder等等，

如此一來，便不可能使用同一個英文字來翻譯，必需視整句中文含意（上下文）來決定其英文字的使用，學生們要留意觀察及學習兩種語文中字彙的使用方法和範疇，了解到中文翻英文應該著重在整個句意，而不是先逐字翻譯再組合。

四、每一種語言的形成，都有兩種不同但互輔的系統，即語音和詞彙。在語音的系統中，每個音都和字母相配合；在詞彙系統裡，詞彙或詞性為具有意義的單位（units）。而這兩種系統經一定的分類再結合便形成一更大的單位——片語、子句或一個句子。中文和英文在詞類及句型上是有出入的，因此學生們要勤加練習。而我們在練習基本句型的同時會教學生辨認出不同的新句型。

五、句型練習的基本概念是要學生們不斷反復練習相同的句型，而不要用同樣的句子。雖然同學們造不同的句子，但句型和結構不變。這是在做練習時必須強調的。

例如下列的英文句子：

我在打球（I am hitting the ball.）

接（Catching）我在接球（I am catching the ball.）

投（throwing）我在投球（I am throwing the ball.）

拍（bouncing）我在拍球（I am bouncing the ball.）

另一種句型練習方式為換句練習（transformation drill）即是將句型整個改變，學生根據老師所給的句子轉換成新的句型，如：

我喜歡玩球（I like to play ball.）

我在玩球（I am playing ball.）

我喜歡吃飯（I like to eat rice.）

我在吃飯（I am eating rice.）

他喜歡說中文（He likes to speak Chinese.）

他在說中文（He is speaking Chinese.）

　　做上述練習時，重點在於詞類，發音和詞義必須自動的融為一體。在學習一個新詞時，可以用不同的句子和形態將此詞帶入，以加深學生對這個語詞的認識和記憶。如為使學生記住「聰明」（clever）這個形容詞，可以練習多種句子，例如「他是個聰明的男孩」（He is a clever boy）；「那男孩非常聰明。」（The boy is very clever）；「他說我是聰明人」（He called me clever）。每一個句子都闡釋出這個形容詞不同的用途及定義。

　　六、語音也有文法——依照不同的分類型態而決定他們的發音。除了要練習每個語音的個別聲音外，我們還需要練習語音的型態，因為中文的語音和英文的型態不同，英文只有兩種主要的語音類別：母音及子音。子音和母音循一定的規則組成音節，任何音節都只能有一個母音（這裡指的是語音，而非字母），因此，我們可由母音數目來決定一個字有幾個音節。但中文裡，一個音節可能會出現一個或兩個以上的母音，如果不能分成兩個音節的話，我們很難發出如：「月」（yue[u]）這個字的音。有些語音練習可以不用瞭解其字義，但一個有意義的字彙如果不會發音就無法練習下去。因此，初習語言的學生，最好在一開始先花一個禮拜的時間全部練習發音，在學會如何正確使用字彙及組句表達意思前，應先將發音練習好。

　　七、學會語言的技巧，練習重於學習。一切解釋、說明的目的，主要是使語言表達更流暢、明白。所以，要促使語言成為一種自然的習慣，「過度學習」的原則是少不了的。其次便是分級，應由淺入深才能使學習逐漸生效。課程一旦安排好了，就循著這種基本的安排一步步地學習下去，切忌跳級練習，不要因為下一個單元的課程內容或其他教材較為有趣，便先跳過前一課或換用教材，如果這樣跳著練習，且不能按照進度反復練習，就很容易會忘記課室所學而前功盡棄。

　　八、多元的教學方式對學習成效影響相當大。除了讓學生們照著老師的引導去學習外，我們在教學上引用了許多生動有趣的教學活動，以利學生的學習。太長的句子可分成一個個小段落，老師以各種方式引導學生由發音、組句到能瞭解並充分使用整個句子為止。

　　九、誘導式教學（motivation）也是達到學習目標的一種途徑。當然，同學們都急欲學通這門語言，但有時學到某一程度或學到某段時間，到了一定的瓶頸階段，這時恐怕僅靠自發的力量就不能很好地推動學習了。基本的誘導式教育有課堂點名，規定家庭作業或小考，小考對一些同學（尤以來自歐洲的學生）特別感到新鮮。有些同學因為把小考看得太嚴重，便把它視成一種負擔而飽受壓力，同學們應對考試建立一種正面且積極的觀念，考試只不過是一種提供老師和學生學習進度的評估方式而已，老師可由小考瞭解到同學還需要加強練習的地方。考試兼具診斷和評估兩種功能。

　　十、希望學生回家後，除完成規定的作業外，還要自動複習當日所學的課程，用CD隨身聽或答錄機課外複習成效很大。在使用CD複習時，先聽練習部份，然後跟著CD重複練習，最好不要看書。同學們可以CD隨身聽或答錄機為輔助教學器材，只是CD隨身聽或答錄機無法更正出學生的錯誤，所以學生必須嚴格要求自己。另外，先錄下自己的聲音，再更正有錯的地方，也是有效的練習方式之一。

　　十一、在一種自然的狀態下學習會話是最有效的。比方去買東西，去教堂做禮拜，和中國朋友聊天等等，都是一些非正式而有效的學習方式。總之，學習語文就是要盡可能的進入社交場合，找機會將所學充分的發揮出來，很自然的表達出自己的意思。

　　十二、模仿老師的發音、語調及表情是很重要的。即使你覺得自己學的非常不自然及笨拙，也必須要有接受這份不自然的預期心理，模仿是語言語音學習的要訣之一[註1]。

　　十三、成年人在學習第二種語言時，會承受更大的壓力。從未接觸而顯得新奇神秘的語言，往往使他們產生畏懼。但語言的學習百分之九十靠的是努力而不是天賦，勤奮自律的學習者無需懼怕失敗。有些人會不自覺的認為

註1、對於說母語要求甚高者，太注意自己所說的話是對或錯、是否合於標準，或與小孩子說話時會刻意改變方式的人，特別難以做到這一點。

無法善用語言是一種逃避社會責任的藉口，但真正的失敗原因是他無法適應一個新的文化。

十四、夫婦兩人同班學習時，常有一快一慢的事發生，不論是先生或妻子都應理性的面對這種問題而不要因此而妨礙進度。男人在用自己母語說話時，往往能運用自如、流暢通順，特別是在公共場合時，更能妙語如珠，相對於使用第二種語言無法達到和母語相當的程度時，難免會產生挫折感；相反的，妻子則較能習慣新的語言會話。無論如何，夫婦雙方都不應有一方稍為落後而就此放棄學習，應該常使用第二種語言表達自己的意思，以完成學習的目標。

十五、師生關係也許是你和中國人建立的第一種關係。在中國的社會裡，老師的地位崇高且受人尊敬，在我們尚不能全面瞭解中國習俗而入境隨俗之前，最起碼要先做到「尊師重道」這一個傳統文化。舉例來說：不要在課堂上提出建議，特別是用英語告訴老師應當怎麼做。在課堂裡，老師負責教導學生，並控制課堂一切活動，而學生則應遵照老師所教的去做，學生有任何與語言學習無關的疑問或建議，都請在下課後或課外提出。這是建立有效的課堂秩序的需要，與「一切以學生為中心」之宗旨無關。

十六、學生應該明確，學習中文的目的不只是能開口和中國人說話，而是能做到和中國人相互溝通、交換意見和瞭解中國文化。要學會開口說話，必須先留意中國人說話的方式，即表情、輔助動作等。對部分傳教士來說，雖然福音的道理博大精深，但別忘了你是外國人，深受數百年來西方思想的薰陶，你可能要花時間來找出真正能用中文詮釋英文裡所謂「罪惡」、「正義」、「公平」及「法律」這些字彙的含義。如果想讓福音的傳播廣受中國人民的接受，在闡釋福音時適當加入中國思想及融入中國傳統習俗是必要的。

除了這些基本理念外，TLI還要求每一位老師都要瞭解和把握「漢語作為第二語言進行教學的優勢和難點」，因為TLI教學法正是充分利用其「優勢」進行教學設計，而把「難點」作為教學的重點予以解決。比如這一教學法，

從一開始就特別強調發音，尤其是聲調的練習。我們要求老師儘量不使用學生的母語，而是直接用漢語教學，並要求學生通過各種語境理解詞彙與句型的意義，讓學生完全處在漢語的環境中，學會用漢語思維。要求學生應熟記句型，自然而流利地依照句型說出一個完整的句子比緩慢說出結構、文法正確的句子更重要。

TLI教學法還特別強調老師的主觀能動性，提倡老師因材施教、因人施教，強調師生的互動與情景教學。因而，TLI的課程永遠不會是一成不變的，TLI的課堂也永遠不會是枯燥乏味的。

TLI教學法，六十年來，不僅在TLI各分校的教學中被證明卓有成效，也受到海外眾多漢語教學機構的普遍歡迎。

語言課上的「中華文化」

TLI相信成功的老師能幫助學生明白一點：無論你學習華語的時間長短或目標是什麼，其最終目的必須是「文化」薰習。只有充分學習及瞭解到一個民族或國家的「文化」，才算是一個成功的「語言通」，也才能順利解決通往學習目標道路上的疑難雜症。

漢教使命

一九六六年，我在就任臺北語文學院校長時強調：TLI，即臺北語文學院，是一所民營事業團體，經營宗旨是向全世界有志從事學習中國漢語和瞭解中華民族的優秀文化的人們，推展最效能的語文教育，讓漢語充分發揮她的影響力，藉語文的互通而促進世界和平，為實現文化多元化之世界大同而

努力。

「教華語」這門行業是以宣揚中華語言文字精髓，推展國際文化交流為基礎，終極目的在傳播中華文化，使「華語」成為國際上的強勢語言。這份重大的使命感吸引了我，更激勵著我，使得對外漢語教育成為我的終生事業與愛好。

華語教學是一種高品質服務性的文化工作，絕不是一般藉以營利補習的事業，本人與所有在本所任職的教師，都是為了理想和興趣，不計待遇、不辭辛勞為傳播及捍衛中華文化傾力以赴。對於我們的學生，不僅要求他們能正確而迅速的學會中華語文，更引導他們對中華固有文化有所認識。

個人畢生最大心願：

以教授中文為方法，弘揚文化為目的，

求中華香火之薪傳，達世界大同之理想。

優美的北平話

北平話不僅聲調優美、吐字清晰、傳意明確，更令人神往的是——北平話能完全自然地蘊藉著中國文化優美的精神內涵——禮貌、溫婉、親切、真誠，以及其他語言難有的藝術表達功能。雖然我在北平（北京）只待到十三歲，但北平話生活世界的一切——風土人情、社會狀態、教育環境，道德觀念、文化水準，卻留給我深不可移的影響，決定了我一生為人處世的原則。

離開北平後，有幸在成年作過數度環球性的遊學，到達不少國家，迄目前為止，還沒有發現過一個國家或一個城市的社會服務、待人接物，尤其是商業店員，能像北平一樣的普遍溫和有禮（至少是我居住在北平的那一段時間：一九三七至一九四七年）。

我始終以為：只有北平話的生活世界，才能使中國真正無愧為禮義之邦，在我那較異於常人的成長過程中接受的語文教育環境，不但使我成為完全以「國語」為本的中國人，也令我自幼便萌發一個心願，要把這人類最優美的語言傳習給全世界。

教授中國文化

其次，「教漢語」還必須教「漢語」之外的中國文化。

基於這個理念，我自接任院長那天起，便以「讓外籍學生能藉由學習中國語文而得入中華文化的門徑，得識精緻文化高層面的『宗廟之美、百官之富』」為旨，在TLI特設「文化中心」，為外籍學生開設各種文化課程，安排文化參觀及訪問活動。

一是在課程設計中，除「語言教學課」外，另外開設各種專門的「文化課」，如「中國文化特質」、「中國哲學思想入門」、「中國歷史」、「特殊禮儀」、「中國京劇」、「功夫」、「書法」、「國畫」、「裱褙」、「烹飪」、「插花藝術」、「中國結」、「針灸」、「茶藝介紹」、「琴棋書畫」、「陶藝欣賞」、「中國人的生活習慣——包括風土人情與食衣住行育樂」等，直接向學生講授中國文化。

二是配合我國的各種時令節日與慶典，舉辦或安排學生親身參與各種「文化活動」。如：春節時「帶老外回家過年」、元宵節觀燈猜謎、端午節參加龍舟競渡、農曆七月十五的「中元普渡」，還有在農曆八月十五有做月餅、賞月活動，組織學生實地參加民間的婚、嫁、喪葬禮儀，遊覽兩岸各地的名勝古跡，每年一次的「金鷗獎國際友人民俗才藝大賽」及水上活動「國際友誼先生、小姐選拔賽」，由TLI學子以其中文學習成果介紹其本國習慣及風土民情的「世界文化精華錄」，每週一次用中文進行的「成語歇後語介紹」活動等等。

TLI在對外漢語教師的訓練要求中明確指出：要求教師具有正確之對外漢語教學理念，通曉對外漢語教學技巧，包括發音、句型結構、口語練習法及「聽、說、讀、寫」之教學步驟等；熟悉各類教材之特性及使用方法；瞭解中國語文之使用方法；瞭解中國語文之演變及理論之應用；瞭解中國文化背景與異族文化之差異。

卷十二、TLI的辦學特色

TLI大事記

■1956年誕生的TLI，是臺灣第一所民營「專業的華語文教育機構」。當時建校名稱為「基督教語文學院」（Missionary Language Institute），於美國新澤西州立案，並建校於臺灣臺北市。

■1959年，TLI與美國國務院簽訂合約，負責美國在臺外交人員華語文訓練。TLI分別與美國臺灣協防司令部及美軍顧問團簽約，培訓美軍服役士官兵在臺華語文能力。前後共二十年，於臺、美斷交後方終止合約。

■1960年，TLI正式引進耶魯拼音製作華語教材，為臺灣使用「耶魯拼音」首校，影響臺灣華語教學界達四十年。

■1960年，TLI於12月在臺北校址舉辦「國際華語教學學術研討會」。出席學者：美國國務院外交學院、史丹福中心、康乃爾大學、師大國語中心及海內外語言學專家學者三十五人，為臺灣對外華語教學術研討會創舉。

■1961年，美國耶魯大學遠東學院出版TLI教學法《中文口語教學法實況研討》一書，作為該院教師培訓教材。

■1961年，TLI第一個創辦「一對一」為主的小班教學。

■1961年，TLI成立了中國第一個「對外華語師資培訓中心」，每年不定期舉辦「華語師資訓練班」。

■1962年，基督教語文學院更名為「臺北語文學院」（Taipei Language Institute，即「TLI」）。TLI與美國耶魯大學合作修訂編輯出版的第一套配有同步教學錄音帶的對外漢語教材《Speak Chinese》、《Chinese Dialogues》、《Read Chinese》（TLI Revised Edition）。

■1963年，成立「TLI教材製作部」後改名為「TLI教材編研中心」，是第一個獨立研製對外漢語教材的專門機構，編寫修訂及出版國、臺語，暨初、中、高級教材等十餘種。

■1963年，《臺英辭典》編輯委員會成立，TLI語言學顧問晏百里教授出任主編。

■1964年，美國馬里蘭大學與美軍顧問團協議設立「在臺美軍學分班」，中文教學由TLI負責。

■1966年，何景賢先生自美返國接任「臺北語文學院」院長，協助成立「美國加州州立大學國際教學計畫」，統籌加州學生在臺研習中文教學工作。

■1966年，TLI第一個提出「一切以學生為中心」對外漢語教育理念，並成為之後五十年來一貫堅持的原則。

■1966年，TLI第一個提出「教語言就是教文化」對外漢語教育理念，並從此在課堂內外採取多種中華文化實踐方式，將課程導入文化因素，致「TLI教學法」愈臻完美。

■1967年，TLI舉辦「海外青年暑期返國研習營」，這是國內第一次舉辦海外華僑子弟暑期漢語研修營活動。自此起，TLI獨辦十五年。之後，兩岸有關單位紛紛跟進，使此項華裔青年「尋根運動」四海複製、無遠弗屆，影響深遠。

■1967-1968年，TLI何景賢博士親赴印度德里大學創辦中國研究系釐訂及講授課程、編寫教材、培訓教師，並選送學生赴美國及臺灣研習中文，留印達一年餘，對中印文教交流貢獻甚偉。

■1968年，TLI何景賢博士因國際漢教貢獻獲選「國際青商會十大傑出青年」。

　　■1969年，在趙元任博士推薦下，何景賢博士應教育部請託主編《中國語文》一套共十二冊，並攝製教學影片於海外電視臺播出。這是中國拍攝的第一部對外漢語電影教學片。

　　■1970年，在臺灣發行TLI編輯的《聖經大辭典》，也是TLI編輯的第一部英漢對照的《聖經大辭典》。

　　■1970年，《臺英辭典》編輯完成，TLI以講義方式提供學生參考使用。費時三年的《聖經大辭典》終於本年付梓出版，為基督教會學生一大福音。

　　■1972年，於香港語文學院出版由TLI獨力編纂之全球第一部閩南語辭典《臺英辭典》。

　　■1973年，《中國語文》全套十二冊教材編制完成交由正中書局出版發行，深受海內外華語教學界重視，此部《中國語文》教材至今再版已八次。本教材分初、中、高三級，加上教師指引共十二冊，配有全套錄音帶，每一課均配有二十分鐘十六釐米電影教學片。這無疑是中國第一部具有國家水準的對外漢語教材，同時也是中國第一部多媒體對外漢語教材。

　　■1975年，奉教育部核定，校名從「臺北語文學院」改為「中華語文研習所」。

　　■1976年，TLI何景賢所長應臺灣教育部徵召擔任「中華綜合藝術團」領隊，展開巡迴東南亞及北美洲「宣揚中華文化」之旅，為期十一個月。期中四個月行程以「慶祝美國建國兩百週年文化特使團」在美國四十州演出一百場，圓滿達成中美文化交流任務。

　　■1977年，TLI編輯出版「商用中文系列教材」一套三冊，包括《商用會話》、《商用文書》、《商情分析與選讀》等，這是全世界漢語教學第一套商務中文叢書。

■1977年，TLI何景賢所長應教育部邀請，為由葉公超政委領導之五人小組成員，分訪美國東西兩岸與百餘位漢語學者研討「美洲版中國語文教材編輯計畫」。

■1978年，為擴大中西文化交流，體現漢語教學的「語」「文」雙修，TLI與電視臺合作，創辦了第一次「國際友人中華民俗才藝大賽」（金鷗獎），吸引外籍人士用漢語展示中華才藝絕活，包括演講、相聲、京劇、地方戲曲、中國音樂、中國功夫、民歌、民族舞蹈等等，此後十年（1978-1988）舉辦了六次，由臺灣中國電視公司與臺灣電視公司輪流全程現場直播。兩岸文化新聞部門後來紛紛舉辦類似活動，受到中外人士的喜愛，對中華文化宣揚影響深遠。

■1979年，TLI在美國舊金山創辦中國在國外的第一個以文化交流為目的非盈利性的漢語教學機構「中山文化學院」。

■1980年，TLI領銜主編的「美洲版中國語文」電視教學影片在舊金山海華電視臺播出後，一整年獲極高評價。此為世界第一套中文教學電視節目。

■1981年，「美洲版中國語文」一套十二冊由TLI負責編輯完成，由正中書局出版發行，深受國際學界歡迎。巴黎第三大學要求授權改編法文版，即予同意。

■1981年，TLI與美國愛荷華州布威斯達大學締結姊妹校，並協助成立中文系，開始每年交換師生，至今未斷。

■1982年7月，英文《中國日報》報導，TLI被評為世界十大語言學校之一，這是中國對外漢語界第一次進入世界十大語言學校的排名。

■1987年10月，TLI何景賢博士應美國阿拉斯加州寇博州長邀請，訪問該州，協助阿州州立大學籌設中文系，並榮獲頒「朱諾市榮譽公民」獎。

■1987年11月22日，何景賢博士出席美國亞特蘭大市「美國中文教師協會研討會」，提出「臺灣華語教學的質量分析」報告。並自11月23日起，訪問美國哈佛大學、麻省理工學院，研討教學合作事宜。

■1988年，TLI成為總部設於葡萄牙的「國際語言學校協會」第一個亞洲

區會員學校。

■1988年，臺灣教育部表揚全臺「華語文教育貢獻及績效獎」TLI教師十四人分別榮獲「績效獎狀」，何景賢獲「語文獎章」最高榮譽。

■1989年，由臺灣美國國際電臺（ICRT）與中國電視公司合作之「外國友人看臺灣」全省國臺語演講比賽，TLI以優異成績囊括國、臺語組前三名及總冠軍頭銜，戰果輝煌。

■1990年，中華語文研習所受僑委會委託編輯「美州版兒童華語」課本全套十二冊，自1989年起為期二年，完成全部編撰並交稿付印，繼續受託製作教材錄影帶。

■1990年8月，「第三屆國際漢語教學研討會」在北京香山飯店舉行，出席中國及國際代表三百人，何創辦人為臺灣首度及唯一代表。

■1991年，TLI創辦人以漢教專家身份，進入中國大陸晉見國家主席楊尚昆先生、政治局常委喬石先生、國務院總理朱鎔基先生、副總理吳學謙先生，臺辦主任王兆國先生。為臺灣第一人。

■1991年，TLI創辦人正式出任「國際語言學校協會」學術委員會主席，此為該協會成立以來第一次由亞洲人出任該職。

■1993年，TLI與北京語言大學簽訂「聯誼簡訊」，展開「兩岸漢語學術文化交流」破冰之旅。

■1994年，TLI創辦人發起並在臺北圓山飯店主辦「兩岸漢語語彙文字學術研討會」，邀請兩岸三地漢語界代表二十五人出席，參加人數三百人。此為兩岸首度學術研討會議。

■1995年，TLI創辦人發起第一次兩岸漢教機構合作組織大型會議，與北京語言學院共同召開了「兩岸漢語言文字合作研究學術座談會」，邀請兩岸專家研討縮小兩岸文字語彙差異之意見。

■1995年，TLI創辦人發起、獨家出資並親自主持編寫《兩岸現代漢語常用詞典》，這是促進兩岸漢語言文字交流與整合的第一部大型漢語詞典。

■1995年開始，TLI第一個展開以北京為基地，對日本三菱等企業線上培

訓日企員工三百人，獲得好評。

■1996年，TLI發起對外漢語教學史上大陸與臺灣第一次合作辦學，與北京語文學院共同舉辦「TLI對外漢教培訓班」（「TLI in Beijing」）。

■1996年，英國劍橋國際名人傳記中心頒贈何景賢「1995-1996年國際風雲人物獎」獎牌，以表揚他「對中國語言學及整合中國兩岸官方語言的歷史性貢獻成就」，為中國漢語教育界第一個獲此榮譽者。

■1997年，為推廣華語教育，TLI創辦人成立「財團法人中華語文教育基金會」。

■1997年，TLI開辦「東京中華語文研習所」，這是亞洲人在日本開辦的第一所對外漢語學校。

■2006年，TLI開始首創互聯網實現「真人一對一即時中文線上教學」。

■2009年，TLI與北京語言大學HSK漢語水平考試中心簽約，正式公告TLI為全球第七十四考點，也是臺灣地區第一個考點。

■2010年，為了進一步整合資源更加有力地宣傳中國文化，TLI憑藉她五十五年精心打造的「黃金招牌」，和在全球教學市場所累積的客戶資源、及教學資產，不失時機地將TLI全球機構大改組，成立了「TLI國際產學集團」，除了漢語教學和出版之外，還有文化傳播及資訊科技等單位。如「國際教育事業群」、「文化藝術事業群」、「產業科技事業群」等，分佈在世界各大洲，成為全球第一個以對外漢教為主，相關產業為輔的國際性的產業集團。

■2011年，TLI與北京清華大學IUP中心聯合舉辦兩岸對外漢教經驗交流，並出版兩岸第一部漢教學術合作專著《兩岸對外漢教心得論壇》，引起極大迴響。TLI網路學院首創推出「漢語雲教學模式」，同時，TLI大學正式成立。

■2012年，美國姐妹校布威斯達大學（BVU）副校長Dr. Evans到臺北TLI進行為期一週的訪問。自2012年起，何景賢院長同意恢復自1980-1988年中斷後的每年頒贈BVU優秀學生來華研習中文一年的「何景賢獎學金」。TLI和北京的國際青年研修大學續簽合約。

■2013年，TLI國際校友會董事會成立。日本佐藤集團與TLI合作，正式接管「TLI日本中國語中心」，於五月十日簽約，立即生效。新校址設於東京帝國大廈，另在大阪成立分校。

■2014年——

（1）「第八屆海峽兩岸現代漢語問題學術研討會——兩岸四地語言與生活」於2014年6月12-13日，於淡江大學臺北校區會議廳舉行。來自海峽兩岸、港澳地區及海外各地華語文專家學者與會進行討論，何創辦人應邀出席致詞。

（2）「第三屆兩岸四地現代漢語對比研究學術研討會」於本年度7月25-27日在中國煙臺魯東大學舉行，何創辦人、朱總裁應邀出席及致詞。

（3）10月24日，TLI假犇亞國際會議中心舉行「創新性思考人才培育」課程，共有三十位企業界主管參加。本課程採用案例式以及體驗式教學法，藉由對案例中主角的討論進行反思，或經由體驗活動中的感悟，了解到自身的不足，或是需要修正的部份，繼而在工作中自主的調整與改變。

（4）為慶賀TLI與北京語言大學姐妹校建立二十週年紀念。兩校聯合出版《漢語國際教育研討集》，新書發布會於2014年10月14日及11月14日分別於北京及臺北兩地舉行。

（5）中國企業家俱樂部於2014年11月3日至9日由團長馬蔚華理事長率領企業家會員來臺灣考察參訪，TLI集團何再生執行長親自全程陪同綠盟訪問團，進一步與大陸產業代表積極交流未來合作方向。

圖錄一、

兩岸一家親

子曰
君子以文會友
以友輔仁
——〈論語・顏淵第十二〉

■1990年10月14日，TLI何景賢院長訪問上海，會晤上海市書記兼市長朱鎔基（左一），針對兩岸學術及經濟交流意見。

■1990年10月，何院長執行《長流計畫》首訪上海汪道涵大老，溝通愉快，水到渠成。

■1991年1月，何院長會晤臺辦王兆國主任（中）及陳雲林副主任（右二）。

■1991年1月，何院長於中南海會晤國務院副總理吳學謙，右立者為國臺辦王兆國主任。

■1991年始，何院長多次會晤人大副主席王兆國。

山色橫侵蘸暈霞　湘川風靜吐寒花　遠林屋散尚啼鴉
夢到故園多少路　酒醒南望隔天涯　月明千里照平沙

蘇東坡〈浣溪沙〉

圖錄、一

408

■1991年7月30日，國家主席楊尚昆先生於北戴河接見何院長晤談二小時四十分鐘。

■1992年12月22日，廣州中山大學曾漢民校長於校長室誠摯邀請TLI何院長（代表其先翁何健民）與謝東閔兩位校友（1928–1931年）出席「中山大學校慶」。

■1993年何院長於人民大會堂會晤政協常務副主席葉選平。

■何院長（中）會晤人大副主席許嘉璐（右一），左為前北京語言大學校長楊慶華。

■1993年，何院長會晤教育部副部長韋鈺。

■1993年，何院長會晤國臺辦主任陳雲林先生。

■1993年，何院長會晤海峽兩岸關係協會常務副會長唐樹備先生（左）。

■1995年，由何院長（前右三）與北京語言大學楊慶華校長（前右四）聯合主持在北京召開的「兩岸漢語文字合作研究學術座談會」，諸位漢語學者於會後合影。

■1995年何院長與王兆國先生再度會面，促成多項合作。

■1999年6月，何院長
（右三）親率TLI教師
訪問團一行三十人參訪
北京語言大學，受到楊
慶華校長（右四）隆重
歡迎。

■2008年，何院長伉儷於北京「海峽兩岸交
流協會」拜訪陳雲林會長。

■老友孫亞夫（左一）、唐樹備（右
二）與何景賢夫婦話說當年。

莫笑農家臘酒渾　豐年留客足雞豚
山重水復疑無路　柳暗花明又一村

陸游　〈劍南詩稿・遊山西村〉

圖錄二、

之子于歸

詩云
桃之夭夭　其葉蓁蓁
之子于歸　宜其家人
宜其家人　而后可以教國人
　　　　　　　　——《大學》

■何院長尊翁何健民與摯友謝東閔（左）於1971年攝於紐約。

■1970年，何院長母親高寶鏞女士攝於美國麥阿密。

■1966年6月28日，何景賢四姐弟合影於舊金山金門橋。

■何景賢與朱婉清於1983年12月於臺北結婚。

■何景賢與朱婉清的結婚照。

■1984年1月8日,何院長與朱婉清女士於結婚酒會共切蛋糕,款待來賓。

416

■何院長與兒女孫輩們攝於次女
Sandra結婚典禮。

■TLI創辦人何景賢與知音妻子朱婉清伉儷情深，
共同努力興學。

■何院長與愛妻朱婉清女士攝於結婚
二十週年。

■何院長與妻子朱婉清、兒子何再生全家福合影。（攝於2014年10月）

弌言加之　與子宜之　宜言飲酒　與子偕老
琴瑟在御　莫不靜好
知子之來之　雜佩以贈之　知子之順之　雜佩以問之
知子之好之　雜佩以報之

〈詩經‧鄭風〉

圖錄、二

418

妻子的話、

TLI王國的永恆太陽——漢教之父何景賢
——中華語文研習所　朱婉清總裁

　　我和景賢相識在他四十八歲的哀樂中年，他是一位忙碌的教育家兼社會學家，日子過得內弛外張極為緊張，名義上在美國還有個家庭卻已經名存實亡，一個人長年獨居在臺北金山南路一幢零亂空寂的老公寓裡，白天獻身漢語教育事業，艱苦獨撐大局，心力交瘁，到了夜晚，面對斗室孤燈，冷灶空屋，就連一口熱水也喝不上。生了病，唯有悄悄鎖在房內發著高燒，無力獨自就醫，甚至無粒米充饑，工作上諸多困境也只能暗自吞咽、支手撐持，無人分憂。

　　這樣一個外面風光內裡愁的苦命工作狂，心中澎湃著對漢語教育的狂熱，卻絲毫不顧慮自身的健康與生活，任憑疾病與孤獨侵蝕，讓人憐惜而感歎，尤其當我接觸到他極度善良溫厚、篤實純真的心性，以及面對事業無私無我、認真負責、捨我其誰的胸懷，我從仰望他、瞭解他，開始傾慕他、迷戀他，最後深刻愛上他、離不開他，無怨無悔跟隨他。這份珍貴的情緣一方面來自景賢君子風範的人格魅力，另方面由於他對我所付出那份誠摯的關心照顧與相濡以沫。我們的關係從朋友、戀人，到夫妻、情同父女，乃至事業合夥人，合作無間共創幸福生活與嶄新人生，互信互諒，互相分擔與依賴，這份革命情感，打不破的默契、割不斷的臍帶，是生命共同體，也是比翼鳥連理枝，我們根本早已經是同一個人。

　　猶憶在三十多年前結縭之初，景賢竭盡全力付出大筆贍養費結束前段婚姻後，只剩下全部財產臺幣五萬元來充當結婚費用，我們買了一枚小小的戒指，付清了酒會、晚宴的開銷，把租來的禮服首飾還掉，一切重新開始。這種另起爐灶一切從頭來過的人生再出發，對一個年近半百的男人真是需要很大勇氣，但是他毫無畏懼、意氣風發地告訴我：「我是一個礦，妳開採後必

見寶石！」。

歷經三十餘年同命相依歲月後的今天，我可以驕傲地向世人宣告：我開礦成功了！無價之寶盡在何景賢這原礦之中蘊藏。我為自己坦率真誠的愛情自豪，當年不因為他的任何外在條件去選擇他，更不為任何阻力困難放棄他，彼此之間唯有互信互諒互助互愛，何其純粹與真實！且一路走來，歷久而彌新，愈老而愈堅，轉瞬景賢竟然八十歲了。

這真是很令人吃驚，我從未想過強人也會老，我摯愛的夫君也要面臨人生到頭最艱難的一道道病痛關口，可能會丟下我獨行踽踽！這個感覺令人沮喪與窒息，如果有一天，沒有了他，我怎麼辦呢？何以獨存於世？何以面對殘酷餘生？

景賢是個情感豐富而熱情洋溢的B型魔羯男，既樂觀又實在，他用他那最讓我著迷的好聽聲音安慰我：不要愁，我努力多活幾年，多陪陪妳，我為了妳不是已經很努力活到八十了嗎？我要說的是：八十遠遠不夠，因為你的事業正面臨轉型面向科技時代的挑戰，你還有多少理想尚未達成，你必須再使勁兒往後活至少二十年，親眼見到你當年二十二歲時開創的「漢語教育」這一獨門行業獨步全球，你的志業後繼有人。

我的年齡小景賢十六歲，所以在他面前永遠只能是個青春不老的小女生，他對我既溺愛又縱容，三千寵愛集一身，凡事讓著我，總是心疼我護衛我，像是個貼身保鏢，總愛搶著站在我前面替我擋風摭雨，老怕我受了誰的委屈欺負，這麼高齡的老爺爺了，常忘掉自己的身體狀況，還要去為我涉風險出意外，但對自己的健康安危則一點不上心、不考慮、不認真維護，讓我操碎了心，這真是令人憂慮的一個老小孩呀！

我這一生是幸福的，因為擁有景賢如山高如海深的愛，但我也是辛苦的，因為像他這樣熱愛工作的男人基本上完全不可能有自己的私生活，任何名勝山水對於他都不過一堆砂石泥土，任何美食美味也難敵青菜豆腐，景賢一生不重物欲、不圖享受，不好逸不惡勞，凡事躬親，永遠站在事業第一線上，所以Dr. MarvinHo這個TLI創辦人的名字響遍了全世界，只要是曾經在臺

灣學習過漢語的洋人，無論東洋西洋，誰都知道有個TLI，有個Marvin Ho.他是TLI的創辦人，也是代言人，更是形象大使，TLI是他的Baby，也是他的掌中寶心頭肉，早在一九五六的古早年代，當時中國正處於無窮的內憂外患，對外幾乎完全封閉，他就能預見六十年後的今天漢語會成為世界語言主流，以一個二十二歲青年人早熟的智慧他就能獨創出「漢教」這門行業！他是真的做到了。

是他，何景賢，在二十二歲的一九五六年就把「漢語教育」這個獨門行當放在了云云眾行業的尖端，兼具語言與文字的特長，開展一對一小班教學，蔚然自成一派體系，在過去這一甲子的歲月中，耕耘不輟、始終如一，稱他一聲「漢教之父」並不為過，他是漢語教育領域中的領頭羊、獅子王，以「一代宗師」尊崇他在漢語學教領域中的牛耳龍頭地位，相信沒有誰可挑戰。在此為景賢八十華誕以秀才人情祝壽，唯有著書立言一途，景賢的人生亟度辛苦憂勞都在努力工作，也沒有什麼休閒上的嗜好興趣，我們如果一起所謂「度假」，那一定是去開會或參訪，見到的人都是和TLI業務相關人士，吃的也一律公事飯，談的更三句話不離本行，無啥趣味。所以景賢空長了一付風流瀟灑的尖頭鰻形象，臉孔還有點「亂世佳人」男主角克拉克蓋博的意思，當年嘴裡常銜了一根雪茄煙，濃眉大眼大鬍子，張口是像播音員般標準好聽京片子，迷倒不少粉絲，卻只有我這褓姆兼小秘明白，他既不可能在家幫忙家務洗衣燒飯做模範丈夫，也不可能扮演浪漫情人製造羅曼蒂克驚喜，他唯一會做的就是每文錢都交庫奉獻給太座，名下不留任何財產，自己過著安貧樂道的滿足日子，還要一臉幸福地笑：我要錢做什麼？有好太太就有金山銀山！

「何語錄」中另有句名言：只要有我太太的地方就是我的家。

所以我們無論相見於天涯海角，那怕一間斗室一間旅館之內，只要兩人攜手同心、並肩齊步，家就存在於彼此默契之中。

從二○○○到二○一四，迫於臺灣政局的演變，政黨輪替，個人橫遭政治迫害，共有十四年我們不得已分居異地，夫妻登山各自努力，每天打的

國際長途電話費合計應該已經可以買幢房子了，但正因為電訊發達，千里傳音，聊解相思，我們對於對方每天的思想行動可謂瞭若指掌，既分享歡樂有趣生活點滴，也鉅細靡遺不厭其煩互倒垃圾，我們悲歡與共、榮辱相依，天涯若比鄰，彼此除了愛情親情和友情，還有對TLI的革命感情，對TLI比什麼都親。

哲人雖已老，雄風仍不減，八十歲何景賢的精氣神絲毫未遜於當年，仍然那樣活力十足，以TLI為唯一生活樂趣，每天工作八至十個小時，不辭勞苦地親自站在第一線教學授課、指導校務，且風雨無阻，即使生病也照舊上班，恆心毅力及對事業的企圖心，令人無法相信他的年齡真實性。我常祈禱上帝，賜給景賢健康和體力，讓他能快樂地享受TLI所帶給他的滿足與成就感，唯有TLI的成功和壯大，才是他生命之所繫、生存之所念，他那既平凡又不平凡的漢教理想，就是何景賢這個名字所代表的畢生夢想，所以何景賢和TLI之間乃是個完全的等號。

在景賢創辦TLI之初，是個身長玉立的韓劇明星造型，同仁們昵稱他「小何」，給他取個「火爆浪子」的外號，笑他做事雷厲風行、風風火火。而今他日益眉目慈祥，被歲月磨去了菱角，眾人尊稱為大家長，一部TLI六十年發展史和何景賢的八十人生史話不可分割，交熾成臺灣的漢語教育發源史與進化史，何景賢這個名字已經在青史上駐留鴻名，在後生晚輩心中留下崇敬與光輝，立德立功立言俱全，特以此何景賢的人生記錄給予世人一份記憶，他是TLI王國的永恆太陽，漢語教育的開山師祖，何景賢走過的路，值得研究漢語教育的後輩們參考藉鏡。

後 記、

從王道到經營之道——何景賢的人生哲學

何景賢從二十二歲青年時代開始白手創業，近六十年始終躬親於漢語教育第一線，創建了譽滿全球的TLI：中華語文教育產學集團。

他出生於中國大陸、成長於寶島臺灣、進修於美國本土，一生深受孔孟儒家、中華道統、中國古典文化的影響，塑造了哲學家的人格與超越世俗的人生智慧。他堅持要有胸懷、有志業、有魄力、有成果，經濟產值能造福國家和人民方足與談事業二字。

何景賢一生堅持邁向成功，所秉持的信念是「我有一個夢」：心中所抱持的夢想，必須用正確的思維和行動去實踐、圓夢。

TLI的企業精神是面向世界各民族菁英弘揚中華文化，在TLI 全球華語文教育事業裡，圓滿了人道和天道相應的內涵。人心與天心契合，事業從王道到仁道而得經營之道，何景賢把企業家的人格修煉放到了最高的位置。君子獨善其身，宗哲者兼濟天下，這是一種對世界人類的大愛。

何景賢畢其一生之功教導外籍人士中國語文，弘揚中華文化於全球，具備俯瞰中華文化的宏觀視野和獨到見解。他的經營哲學是濟世利人，於語言實踐中忠實貫徹文化傳承，事業和人生在驚滔駭浪中審時度勢、因勢利導而獲得業界稱頌的具體成就。

審度本書中出現的所有人事物，他們走過的奮鬥歲月和經歷的是非功過，件件都是足以借鑑的歷史軌跡。何景賢藉漢語傳播中華文化，精彩人生、豐富經驗、錘鍊成就，寫下來就是一本活生生的教科書。

藉由何景賢傳記的出版，記錄在他畢生崎嶇道路上頁頁珍貴史料，留給未來一份可茲參考的見證與回憶。

TLI六十史話
漢教之父——何景賢口述歷史

作　　者／何景賢　口述
　　　　　（總校訂：朱婉清、資料整理：黃小玉）
主　　編／劉郁君
美術編輯／臺灣中華書局編輯部

出 版 者／臺灣中華書局股份有限公司
發 行 人／張敏君
副總經理／潘偉祥
行銷經理／王新君
地　　址／11494 臺北市內湖區舊宗路二段181巷8號5樓
電　　話／02-8797-8396　　傳　　真／02-8797-8909
網　　址／www.chunghwabook.com.tw
匯款帳號／兆豐國際商業銀行　東內湖分行
　　　　　067-09-311980　臺灣中華書局股份有限公司

法律顧問／安侯法律事務所
印刷公司／秋雨創新股份有限公司
經銷發行／聯合發行股份有限公司　客服專線／02-2917-8022
出版日期／2015年1月10日初版一刷
定　　價／460元

國家圖書館出版品預行編目（CIP）資料

TLI六十史話：漢教之父：何景賢口述歷史/何景賢
口述. --初版. --臺北市：臺灣中華,2015.01
　面；　公分
ISBN 978-957-43-2024-0(精裝)
1.何景賢 2.口述歷史 3.臺灣傳記

783.3886　　　　　　　　　　　　　103023594